教育部哲学社会科学研究重大课题"'互联网+'教育体系研究"
(16JZD043)项目成果

中国基础教育大数据
2016—2017
走向数据驱动的精准教学

BIG DATA
IN ELEMENTARY EDUCATION OF CHINA
2016—2017
Towards Data-driven Targeted Instruction

杨现民　田雪松　等　编著

科学出版社
北京

内 容 简 介

本书是"中国基础教育大数据发展蓝皮书（2016—2017）"研究成果，聚焦数据驱动下的精准教学，助力中小学教学改革。

本书介绍了国内外数据驱动教学的最新动态，构建了数据驱动教学的系统框架，重点探讨了高效互动课堂的教学模式与数据分析框架、在线教学行为数据的分析方法与适应性学习平台的技术原理、学校导入教育大数据项目的模式与路径、学习分析技术新进展与数据挖掘技术的教育应用，最后提出了六大教育教学大数据发展趋势、面临的五大挑战并提出了相关建议。

本书读者对象包括电教系统从业人员、教育信息化研究人员、高等院校教育技术学/教育学/图书情报学等专业大学生、企业中从事教育教学大数据产品研发、运营与管理的相关人员。

图书在版编目（CIP）数据

中国基础教育大数据. 2016—2017：走向数据驱动的精准教学 / 杨现民等编著. —北京：科学出版社，2018.3
（"互联网+"教育体系丛书）
ISBN 978-7-03-035044-2

Ⅰ.①中… Ⅱ.①杨… Ⅲ.①基础教育-网络教育-研究-中国
Ⅳ.①G639.2

中国版本图书馆 CIP 数据核字（2018）第 032984 号

责任编辑：付 艳 崔文燕 / 责任校对：何艳萍
责任印制：徐晓晨 / 封面设计：润一文化

科学出版社 出版
北京东黄城根北街 16 号
邮政编码：100717
http://www.sciencep.com

北京虎彩文化传播有限公司 印刷
科学出版社发行 各地新华书店经销
*

2018 年 3 月第 一 版 开本：720×1000 1/16
2020 年 10 月第五次印刷 印张：16 1/4
字数：290 000

定价：88.00 元

（如有印装质量问题，我社负责调换）

专家委员会

专家组组长 余胜泉

专家组成员 胡钦太 柯清超 顾小清 刘三妍 狄增如
别荣芳 王 陆 郑勤华 李葆萍 张婧婧
方海光 郭 炯 宋述强 黄 罡 孙 众
魏顺平 卢 宇 陈 阳 沈志斌 周 岩
徐寅波 李文昌

编委会

杨现民 田雪松 孙 众 卢 宇
万海鹏 俞 雷 方 媛

主要贡献者

潘青青	刘雅馨	李　新	陈世超	晋欣泉
周　宝	李　璐	王林丽	王怀波	郭晓珊
陈耀华	朱雪梅	任翼峰	赵　宇	石义琦
康永平	姜　强	卢　艳	于波涛	张大鹏
陈　敏	马玉慧	吴焕庆	杨艳艳	邋　征
宋　洁	丁梦美	郭明丽	郭笑妍	

序 言

大数据理念与技术的快速传播与应用探索,为新时代教育系统的重塑提供了无限可能。教育大数据正在成为重构"互联网+"时代教育新生态与变革教育公共服务供给模式的关键性力量。通过对学习行为、教学行为数据的深度挖掘与分析,我们可以让教师和家长了解真实的学生,让学生认识真实的"自我",从而安排更适合学生的学习资源与学习服务,进而构建互联网时代促进个性发展的新教育体系。

"中国基础教育大数据发展蓝皮书"是国内较早启动的教育领域大数据研究报告项目,对于促进国内教育大数据行业健康发展具有重要意义。2015年首份蓝皮书发布后,受到教育信息化企业、教育行政部门及一线学校的高度关注,产生了良好的社会影响。该书是第二份蓝皮书的研究成果,相比于上一份报告,其研究主题更加聚焦、内容更加具体和深入,明确提出了数据驱动教学的新范式,基于大数据技术构建了高效互动课堂理论框架与5J模型,梳理了两种典型教学情境(线下互动课堂、线上网络教学)的数据体系与分析方法,分析了学校导入教育大数据的三大动因、四种模式、五大实施路径与六大实施策略,同时也对学习分析技术的国际进展和五种典型数据挖掘技术在教育教学中的应用思路进行了调研分析。

该书结构完整,围绕"数据驱动下的精准教学"这一核心,从理论、技术、方法、案例等四个方面展开分析和探讨，既有新的观点又有实用的数据分析方法和一线学校的实践经验，适合对教育大数据感兴趣的教育工作者、企事业单位的专业人士阅读，是一本值得推荐的好书。大数据技术与教育教学的深度融合还有很长一段路要走，需要"政产学研用"各方力量的协同配合和共同努力，期待大数据技术在教育领域的落地生根、开花结果。

余胜泉

北京师范大学教授、博士生导师

前言

"中国基础教育大数据发展蓝皮书"是一个系列研究项目，旨在汇聚国内知名教育学者、大数据专家、一线教育实践者与管理者的集体智慧，打造面向基础教育领域的大数据发展系列报告，以支撑和引领国内教育大数据的研究与实践。首份报告《互联网+教育：中国基础教育大数据》于2015年8月正式出版，被中国教育电视台、北京电视台等多家媒体报道，受到市场的欢迎和认可，江苏、浙江等地还将该报告作为开展校长信息化领导力、教育大数据等主题培训的专用教材。

经过一年多的行业与学校调研、多轮的专家研讨及编委会的反复修改，《中国基础教育大数据2016—2017——走向数据驱动的精准教学》终于完稿，书临付梓，内心甚是喜悦。本书在2015年报告的基础上进一步深入，聚焦数据驱动下的精准教学，涵盖教学范式转型、互动课堂数据体系构建、在线教学行为数据分析、学校大数据项目导入、相关技术新发展等五个方面，期望能够辅助教育行政部门决策、指导中小学校开展大数据应用实践以及推动教育大数据行业发展。

本书共包括六章。第一章梳理了三代教学范式的发展历程，提出数据驱动教学的新范式，介绍了数据驱动教学的国际动态，构建了数据驱动教学的系统框架；第二章基于大数据技术构建了高效互动课堂的理论框架与5J模型，设计了理科和文科两种高效互动课堂教学模式，梳理了互动课堂的数据体系，并对三种典型课堂教学分析方法进行了介绍；第三章构建了在线教学行为的数据体系，设计了教学平台六大通用功能模块的数据采集项目及其分析指标，介绍了四种教学行为数据分析框架以及适应性学习平台的系统框架与技术原理；第四章分析了学校导入教育大数据的三大动因，提出四种项目导入模式，设计了项目导入的五大实施路径与六大实施策略，并对当前中小学校导入教育大数据项目面临的现实难题与存在的误区进行了分析探讨；第五章介绍了学习分析技术国际最新进展，探讨了五种典型的数据挖掘技术在教育教学中的应用框架、应用过程与实践案例；第六章归纳了十项主要结论，提出了教育大数据六大发展趋势与面临的五大挑战，最后分别对教育行政部门、中小学校、教师与学生、行业从业者等教育利益相关者提出了建议。

本书在编写过程中得到了专家委员会成员，以及广大同行专家、中小学校信息化负责人、企业朋友的大力指导和帮助，在此谨向他们表示衷心的感谢。科学出版社的崔文燕老师及其工作团队为本书的顺利出版付出了艰辛的努力，在此深表谢意！受作者水平所限，书中不免有疏漏和不周全之处，敬请同行和广大读者批评指正。

大数据技术与教育教学的融合发展是一项长期而又艰巨的任务，唯有"政产学研用"多方协同方能顺利推进、成效方能显现，目前仍有诸多问题亟待深入研究，比如教师数据素养模型构建与培训体系设计、学校数据资产体系建设与管理、教育数据开放体系构建与隐私保护等。期待更多研究者和实践者共同关注、协同探索教育大数据。

杨现民　田雪松

2018年1月8日

目 录

序言

前言

第一章 教学迈入数据驱动新时代 ··· 1

　　第一节　教学范式 3.0 时代：数据驱动教学 ································· 1

　　第二节　数据驱动教学的国际动态追踪 ·· 7

　　第三节　数据驱动教学的系统框架 ··· 17

第二章 应用大数据技术构建高效互动课堂 ································· 34

　　第一节　从传统课堂到高效互动课堂 ··· 34

　　第二节　高效互动课堂的理论框架与 5J 模型 ······························ 36

　　第三节　高效互动课堂的教学模式与实施策略 ···························· 39

　　第四节　互动课堂数据采集框架与数据指标 ······························· 51

　　第五节　互动课堂数据的常用分析方法 ······································ 62

第三章 在线教学行为数据分析与适应性学习系统 ····················· 74

　　第一节　在线教学行为数据类别与数据指标 ······························· 74

v

第二节　在线教学行为数据的分析框架 ··· 84

第三节　适应性学习系统框架与技术原理 ··· 93

第四章　学校导入教育大数据项目 ··· 117

第一节　学校导入教育大数据的动因分析 ··· 118

第二节　学校导入教育大数据的四种模式 ··· 125

第三节　学校导入教育大数据的实施路径与策略 ································ 132

第四节　学校导入教育大数据的现实难题与常见误区 ························· 143

第五章　学习分析技术与教育数据挖掘 ·· 151

第一节　学习分析技术最新进展 ·· 151

第二节　数据挖掘技术在教育教学中的应用 ······································· 179

第六章　结论、趋势、挑战与建议 ··· 216

第一节　教育大数据的研究结论 ·· 216

第二节　教育大数据的发展趋势 ·· 217

第三节　教育大数据发展面临的挑战 ·· 219

第四节　对教育利益相关者的建议 ··· 221

参考文献 ·· 225

附录 ·· 235

附录1　中国教育大数据重要事件（2016—2017） ···························· 235

附录2　政产学研"共话"教育大数据 ··· 241

附录3　中国基础教育大数据实践地图 ··· 247

第一章

教学迈入数据驱动新时代

人类正从 IT（Information Technology）时代走向 DT（Data Technology）时代，大数据作为改变世界的新型科技力量，正在迅速融入各行各业。作为技术最难"攻克"的传统行业之一，教育在大数据技术与理念的冲击下正在发生着一场"静悄悄的革命"。随着国家教育信息化战略的持续推进，各级、各类学校的信息化环境得到快速完善，各种学习平台、移动 APP、数字终端、可穿戴设备等开始在中小学逐步流行。数字技术的常态化应用及数字化学习活动的日常开展为教育大数据的生成提供了得天独厚的条件。伴随着教育数据的持续累积与深度挖掘，大数据在构建新型教学生态、助力教学结构变革、再造教学流程方面的作用日益凸显。一场由经验模仿教学、计算辅助教学转向数据驱动教学的范式变革正在发生。

第一节 教学范式 3.0 时代：数据驱动教学

教学范式是对教学这一复杂活动的概括性解释，是某个时期或阶段教学综合特征的体现，它既包含教学理论与研究方法，又包含教学模式、学习策略及教学评价方式等。人类社会自诞生以来历经了农业时代、工业时代、信息时代，而教育范式作为社会的子系统也历经了多次重大变革。总的来说，从农业时代开始，教学范式经历了经验模仿教学范式、计算辅助教学范式及数据驱动教学范式三个阶段。随着时代的变革与范式转型，教育的科学性和技术的智能性也逐渐增强（图1-1）。

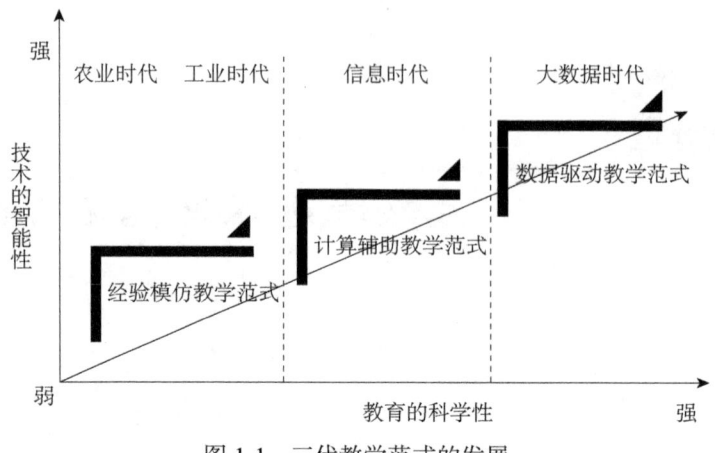

图 1-1　三代教学范式的发展

一、经验模仿教学范式

经验模仿教学范式是教学史上最古老的教学范式，它起源于希腊教学理念中的"模仿—再现"思想，盛行于农业和工业时代，其核心是将教学视为知识与经验的传递，该阶段的教学着重强调经验的模仿和知识的授受。17世纪捷克教育学家夸美纽斯提出"班级教学"之后，班级授课制得到了教育界的广泛认同，迅速成为当时乃至今日最普遍的教学形态。经验模仿教学也随之快速传播，成为教育界最有影响力的教学范式。夸美纽斯曾在《大学教学论》中提出"教育是把一切事物教给一切人类的普遍技术"，该观点认为就像是印刷器能够将知识复制一样，教育也可以把教学者讲授和书本中的知识当成"墨汁"复制给像白纸一样的儿童。夸美纽斯综合了"教授学"和"印刷术"的元素，把这种教学的技术称作"教刷术"，生动地刻画了经验模仿教学范式在知识传递方面的本来面貌（钟启泉，2012）。在经验模仿教学范式下，教学者在整体的教学结构中占据绝对的主导地位，学习者大多扮演被动接受者的角色，教学内容以书本知识、已有经验和技能为主，教学媒介限于纸笔、书本、黑板、粉笔等传统教学工具（图1-2）。

农业时代，经验模仿教学被视为知识传承的重要方式，人们对经验积累下的现有知识成果进行学习，长者或经验丰富的人扮演"教学者"的角色，将经验与知识授予他人，学习者通过观察和耳濡目染来获取知识。随着工业社会的到来，为了满足社会生产的现实需求，以知识传递和接受效率见长的经验模仿教学开始在学校教育环境下快速普及。学校培养的人才能够批量、规模化投入到社会生产劳动中，推动了该时期经济社会的发展，提高了社会生产力。但同

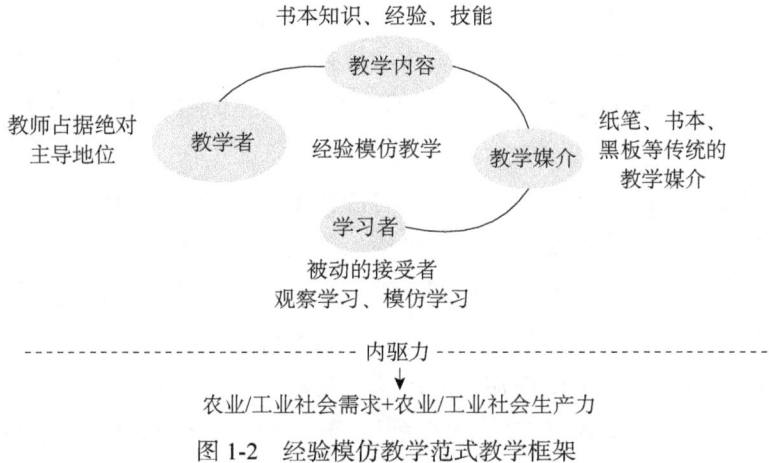

图 1-2　经验模仿教学范式教学框架

时这种经验性的、客观存在的知识被过度崇拜，深刻影响了人类的知识观和教育观。人们认为知识都是类似于客观存在的地下矿物，而教学者的职责就是探测并获取这些矿物，学习者则负责接收和存储已经被教学者获取的矿物，这种观念忽视了知识背后的科学发现过程，一定程度上阻碍了科学的发展（李清臣，2007）。经验模仿教学偏爱行为主义学习理论，在该理论的影响下，教学往往过于注重学习者外显行为的习得而忽视了学习者完满人格养成所必需的实践活动和心理活动。培养的人才缺少基本的探索和创新能力，知"鱼"而不懂如何"渔"。

经验模仿教学范式是传统教学中的重要范式，也是教学范式发展的必经阶段。尽管该范式存在明显的弊端，为教育事业的创新发展带来了诸多问题，但其对人类社会的贡献不容忽视。在东亚国家和地区现代化进程中，以经验模仿教学范式为轴心的学校教育在实现高速现代化过程中起到了关键性的作用。在当前的信息时代，经验模仿教学范式依然存在，但其主导地位正在被计算辅助教学和数据驱动教学逐步取代。

二、计算辅助教学范式

20 世纪 40 年代末 50 年代初，以信息技术为首的第三次技术革命席卷全球，人类开始以惊人的速度走出工业文明，步入信息时代（桑新民，1998）。多媒体、计算机及网络技术的出现改变了人类的认知及生活方式，教育也开始了技术支持下的变革探索之路。人们逐渐认识到，仅仅依靠知识的传递已经不能满足社会生产力的发展需求和人类自身的发展需要。社会真正需要的是能够发现未知，掌握知识源头的创造性人才，只有当人们具备了科学意识和能力，才能成为真正意义上的知识拥有者，才能在科学日益发达的现代社会中生存。教育应通过教学活动的设计与实施，培养学习者发现问题、探索问题及解决问题的能力（赵可云，等，2010）。

随着信息技术的发展与人们教育观念的转变，计算辅助教学范式逐渐形成并开始流行起来。该范式出现的初衷是希望借助技术的力量去解决经验模仿教学中存在的内容来源单一、呈现方式单调、学习者兴趣不足等弊端，进而提高教育教学生产力和生产效益。技术的介入是计算辅助教学范式最大的特征，互联网等各种新兴技术与媒体的应用使得知识的产生和传输速度持续飙升。教学内容开始超越传统的书本教材，延伸至广阔的互联网。教学内容的形态也逐步多样化，音视频、图片、动画等资源开始在教学中广泛应用。教学媒体也变得丰富起来，由传统的教学"老三样"（黑板、粉笔、课本）演变为"新四样"（电脑、网络、白板、多媒体课件）（图1-3）。

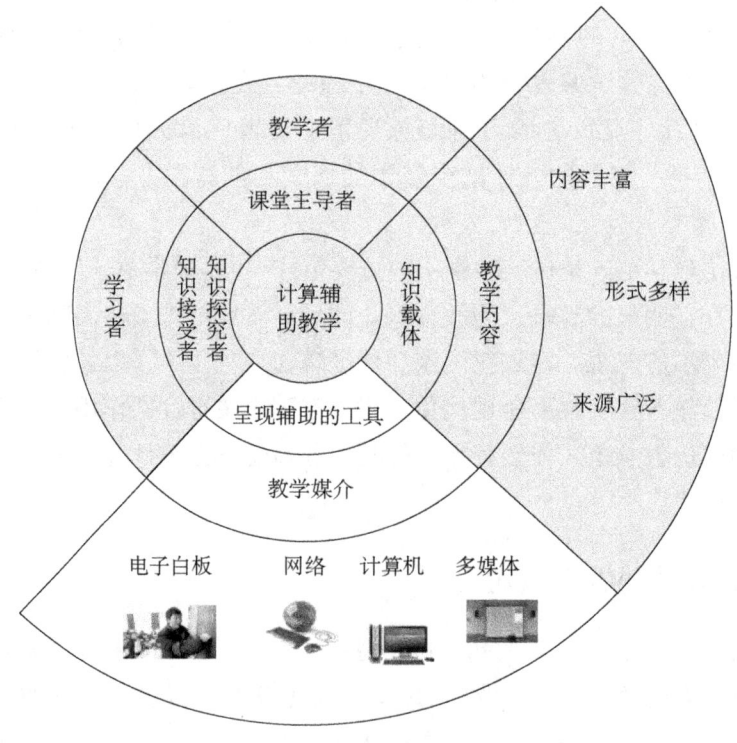

图1-3 计算辅助教学范式框架

计算辅助教学是一场由技术引发的教学范式变革。在这一范式下，尽管以教师与知识为中心的课堂教学结构，以及学习者在整个教学过程中被动接受知识的地位未得到显著性改变，但相比经验模仿教学范式，学习者开始体验和参与知识发现与探究的过程。在技术的支持下，该阶段的教学模式开始从讲授式教学转向探究式教学和项目式教学，其中代表性教学模式主要包括 Web Quest 教学、适时教学（Just-in-Time Teaching，JiTT）、研究性学习、项目式学习、基于问题的学习、基于资源的学习等。客观来说，这些模式虽然在实践中并未对学校的教育教学产生变革性的影响，但其在培养学习者知识探究能力与问题解决能力、推动基础教育创新发展方面确实发挥了积极作用。一个不容忽视的现象是先进技术层出不穷，其在教学中的应用却是"蜻蜓点水"，斥巨资购置的技术设备"进驻"校园后大多成为"摆设"，教师参加完各种信息技术应用培训后仍是运用以前的教学方式（陈明选，等，2016）。如何实现技术与教学实践的深度融合，如何提升计算辅助教学的精准性和个性化，是下一步教学范式转型发展的重要方向。

三、数据驱动教学范式

舍恩伯格与库克耶合著的《大数据时代：生活、工作与思维的大变革》（*Big Data: A Revolution That Will Transform How We Live, Work and Think*）被认为是大数据研究的开创之作，真正把大数据推向了公众视野（胡弼成，等，2015）。随着数据密集型科学的快速发展，数据成为了驱动社会创新发展、综合竞争的重要指标，也成为教育研究和利用的主要对象。与此同时，以大数据、云计算、泛在网络、虚拟现实、人工智能等为代表的新技术开始在教育教学领域"崭露头角"。学习空间超越了封闭的物理空间，走向虚实融合的无边界学习场域；学习过程从课堂、家庭、图书馆等断点式的学习活动，走向家校贯通、双线（线上、线下）融合的学习连续体。越来越多、越来越细的教与学的行为印记被网络教学平台、移动 APP、可穿戴设备等"真实"地记录下来。教学过程与结果数据的持续采集，逐步形成教学大数据，通过教学大数据的深度挖掘和多元分析，能够将数据背后反映的教学意义与价值清晰地呈现出来，进而辅助教师更精准地"教"、指导学生更精益地"学"。随着数据流在教学各个环节的生成与运行，一条具有正向反馈机制的教学链条开始形成，数据驱动教学范式开始出现。

在数据驱动教学范式（图 1-4）下，教学者和学习者的各种行为数据（如做题、点击视频链接、分享资源、在线提问等）均将以数字化的形式存储下来；教学内容以文字、图片、声音、视频、虚拟场景等形式在多种教学媒介（教育机器人、智能教学平台、VR/AR设备、3D打印、移动终端等）中呈现，教学者和学习者在使用教学媒介的同时将"教"和"学"的数据存储在媒介终端；教学媒介既是教学内容的呈现载体，又是教学数据的采集终端和传输渠道，为教学大数据的运行提供支撑。借助教育数据挖掘与学习分析技术，可以将课堂环境与网络环境中生成的教学数据"翻译"成有价值的信息，如学困生的识别、知识缺陷的发现、学科能力的诊断、教学目标的达成度等，进而为教学者的教学决策（调整教学方案、打造精准教学、实现全面评估、施行科学决策等）与学习者的学习决策（制订学习计划、定制学习资源、选择学习路径等）提供更准确、更及时、更全面的支持，推进数据驱动的精准教学和精准学习。

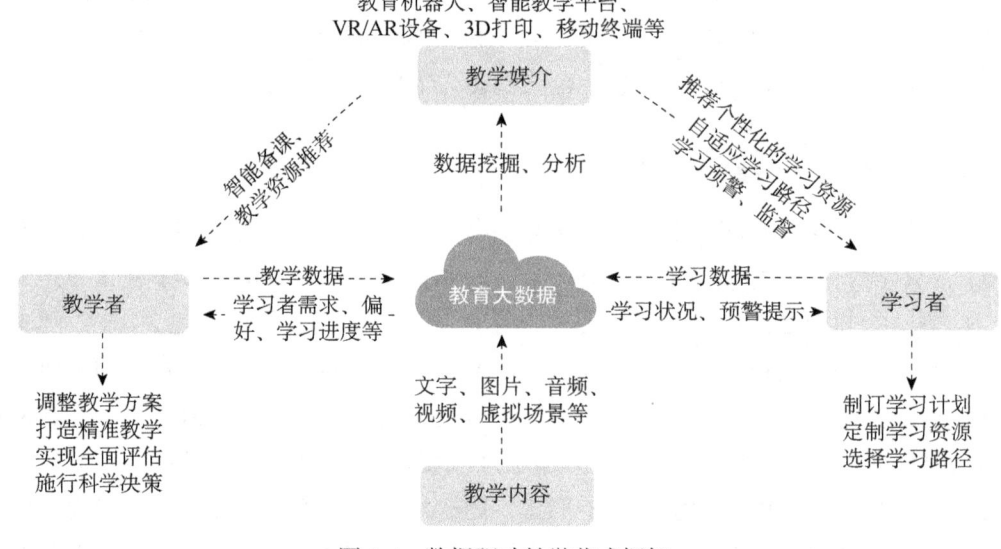

图 1-4 数据驱动教学范式框架

数据驱动教学有望超越计算辅助教学，逐步成为大数据时代主流的教学范式。近年来，随着大数据技术在教育领域应用探索的快速推进，数据驱动教学开始呈现四大特征。

1）科学化。数据驱动的教学突破了以往经验主导教学模式固有的局限性，教学的设计、组织、实施、评估等关键环节，甚至课堂环境下某道练习题的选择，都将以真实性数据为基础，凭借数据的支撑，实现课堂教学与线上教学的"有的放矢"。数据在教学中的嵌入式运用，将进一步彰显和提升教学的科学性，特别是有助于加快年轻教师的专业成长，让他们更有信心、更有胆量地利用数据开展各种创新教学模式与活动的设计。

2）精准化。高质量教学目标的达成离不开精准化的教学设计、精细化的教学组织及精益化的教学辅导。随着平板电脑、智能手机、光学点阵数码笔、智能手环等各种便捷式数据采集终端在教育教学中不断应用，教育数据采集的颗粒度越来越细、采集的频率和精度越来越高、采集的范围和渠道越来越广。通过对课前、课中及课后教学全程数据的全面实时采集与深度挖掘分析，能够精准识别班级群体和学生个体的知识与技能掌握状态、存在的学习问题、学科能力优势与缺陷等，从而做出精准化的教学干预。

3）智能化。人工智能技术与教育教学正在悄然结合，当教学数据持续累积到一定程度，教学系统将具备智能乃至智慧。近年来，适应性学习系统、智能学习软件、自动测评工具等开始在中小学校应用并产生了一定的实际效果和影响力。学习数据的持续汇聚和不断丰富，将进一步提高"学生画像"的精准度和"分辨率"。网络学习平台与软件工具能够更加准确地获取和分析学习者的学习进度、学习习惯、学习偏好等特征信息，进而推送更多符合其学习习惯和实际需求的优质教学资源。在数据驱动教学范式下，批改作业、搜集备课资源等诸多常规化机械性劳动，将由机器自动完成，教学者的工作重心将转向创新性的教学设计和个性化的、一对一的学生辅导。

4）个性化。互联网与大数据技术的介入，有望解决长久以来教育教学领域存在的规模化与个性化难以调和的矛盾。在数据驱动教学范式下，通过挖掘分析海量的学习者群体数据及个体数据，既可以发现隐含在教学背后的群体规律，还可以精准识别每位学习者的学习需求与学习特征。真实的教学数据不会"说假话"，它会赋予教师"显微镜"式的观察能力（看得更细）和"望远镜"式的预测能力（看得更远），让教师充分了解每一位学生，从而借助技术工具和智能平台开展真正意义上的个性化教学。通过"数据分析—特征发现—智能干预"一系列操作，实现"互联网+"时代学校教育的规模化与个性化。

第二节　数据驱动教学的国际动态追踪

大数据使教育教学变得更加高效和精准，在教育领域的潜力也逐渐被发掘。为进一步推动数据驱动教学的发展，各国召开了数据驱动教学的相关会议，并制定了有关数据驱动教学的计划与政策。在政府及各界力量的支持下，国内外开展了一系列数据驱动教学模式的探索,并基于教育大数据研发了智能学习平台和学习预警系统。与此同时,教师的数据素养教育也得到了相关部门及专家的广泛关注,开展了有关教师数据素养教育方面的研究,希望以此推动教育大数据的普及和发展,发现学生的真实需求,实现自适应的个性化学习,培养高质量人才。当前,世界各国都在积极探索数据驱动教学的新范式,国际动态主要体现在以下方面。

一、数据驱动教学计划的启动与实施

美国是教育数据决策和应用的领先者,大数据分析已经在美国的公立教育中得到快速应用,正在成为改革教学方法的重要力量。为了顺应这一趋势,国际组织及以美国为代表的多个国家纷纷推出了数据驱动教学计划。

1995 年,国际教育成就评价协会(International Association for the Evaluation of Educational Achievement,IAEEA)发起和组织第三次国际数学与科学评测(Third International Mathematics and Science Study,TIMSS)活动,美国、澳大利亚等多个国家都参与测评。该活动每四年对参与国家的四年级和八年级学生的成绩进行报告,提供有关国家、学校和课堂学习环境(每门课所花费的时间、如何授课及教师接受过的培训等)的广泛数据支持。

2000 年,经济合作与发展组织(Organization for Economic Co-operation and Development,OECD)发起国际学生评估项目(Program for International Student Assessment,PISA),美国、日本、英国等 65 个国家参与了测评。该项目每三年进行一次,选取 15 岁的学生,对阅读、数学、科学等科目的能力进行评价研究,根据测试结果评测各个国家的各个学科素养水平。

2005 年,美国开启数据质量运动(Date Quality Campaign,DQC),该运动鼓励并支持国家决策者去使用高质量数据,并且建议实施国家纵向数据系统,提高学生成绩。

2007 年,美国的夏洛特-梅克伦堡学校推出"绩效革新管理"(Managing for Performance Initiative)计划,该校通过数据仪表盘(Dashboard)、学校进度报告、学校质量评论及新开发的工具,解释、分析数据以做出科学决策,最终促进学生学习。

2009 年,纽约市教育厅实施 School of One(SO1)计划,该计划以学生为中心,采用大数据分析和适应性技术预测每个学生的学习进度和学习问题,根据个性化需求提供学习服务。

2010年，EDUCAUSE领导团队制定了"下一代学习挑战"（Next Generation Learning Challenges，NGLC）计划的战略目标，该计划通过分析学生学习数据，绘制个别学生的学习进度、跟踪学生学习掌握情况。该机构开发的学习和数据平台，专注于通过个性化的评估方式实现学生的技能提升，使学生真正理解和掌握这些技能。NGLC和教育创新中心联合发起挑战性增资，于2016年3月为学习项目评估等12个数据驱动教学项目颁发200万美元的学习项目评估奖学金，以支持学生实现更深入的个性化学习。

近年来，中国部分地区意识到数据在提升教育质量和助推区域教学变革中的重要价值，开始实施数据驱动教学的项目和计划。

2015年，中国的"快乐学"与北京海淀区开展了数学学科试点项目"欧拉计划"，涵盖了11所学校的37个班级、2500多名学生。该项目中，学生在答题纸作答之后，系统会记录学生的答题数据，自动判分并生成个性化学习报告，推荐相应的知识讲解资源，提供知识复习建议，同时能为学生自动生成错题本和能力提升作业。

2017年，大连旅顺口区教育局与大连现代学习科学研究院、大连必由学教育公司合作，启动旅顺口区"数据驱动提升质量"5年实施发展计划。该计划运用科学的教学评价工具和促进质量提升的教学评价指导相应的服务，建立"数据驱动，改进教学"机制，全面开展"以评促教、以评促学"活动，提高区域教育质量。

二、数据驱动教学模式的研究与应用

为了进一步提升教学效果，落实数据在教学中的具体应用，以美国为代表的学术机构、教育基金会、企业等开始探讨大数据在课程安排、学生诊断等方面的应用，提出并推广数据驱动的教学模式，以促进教师的精准教学和学生的个性化学习。

美国Menachem教育基金会提出了"数据驱动教学"（data-driven instruction，DDI）模式，该模式能够采集学生的学习、测试及定期评估等数据。通过对数据进行分析，教师可以深入了解学生的知识掌握情况，采取相应的措施，改进教学策略，促进学生更有目标地去学习，最大限度地获取学习经验。

"数据驱动的差异化教学"是Literacy How公司提出的重要教学模式，该模式主要通过数据分析和应用为每个学生建立学习曲线，设计和开发适合学生的课程，为学生设定具有挑战性的目标，并且通过数据监测学生的学习进度，建立基于数据的多维度评价模型，对处于危险中的学生进行筛选，实行个性化指导，帮助学生提升阅读和写作能力。

截至2016年，Uncommon Schools已经在波士顿、纽约等六个城市进行试点，该学校主要依靠数据驱动教学模式为低收入学生提供学习服务，给他们提供上大学的机会，主要采用包括评估、分析、行动和文化四个部分的教学模式，首先对学生进行一个重新的诊断，把握学生的优势与不足，然后根据学生需求进行有效教学，采取对应的教学策略，改善学生的学习成效。

2016年，新罕布什尔州的六所学校开启了No Grades，No Grades（NG2）个性化教育模式，该模式摒弃了原有的年级、成绩水平等指标，将学生的学习轨迹数据作为评估的主要指标，其目的是跨越从幼儿园到八年级的学习进度，考虑学生的真实需求，建立一种更为灵活有效的教育途径，对学生进行能力的评估，促进学生的深度学习。

匹兹堡卡内基梅隆大学倡导的开放学习计划（Open Learning Initiative，OLI）让学生通过学习仪表板进行学习。软件能够记录学生的学习轨迹，并将家庭作业数据传送到开放的学习仪表板，学生在进行练习时通过绿色"提示"按钮来呼叫虚拟导师，教师可以根据学生的学习情况调整学习进度。

近年来，我国部分地区和学校已经开展数据驱动的教学实践探索。2013年，针对贵阳市白云区9000名学生，教师以平板电脑为载体，将课本内容、课后习题收录其中，然后对学生做题习惯、计算能力和速度、学生性别等数据进行分析，在教学的各个环节为学生提供个性化的学习方案，以提高教学效率和教学质量。

2015年，新东方OKAY智慧教育与北京密云区教委在教育信息化领域展开深度合作。学生人手一台OKAY智慧平台智能终端，老师可以随时向学生推送资料或习题，学生在练习本上书写的原笔迹则被原封不动地抓取。老师可以随时掌握学生学情，如班级整体对某知识点的掌握情况、学生个体对知识点的理解程度等。学生数据则被全部记录和留存，用以支撑建立起完整的个人学习档案。

广州第一中学初中部将"小班化教学试验"与"教学数据化试验"结合起来，学生通过电子设备对老师的提问进行作答，随后对其他同学的答案进行评价。大数据系统记录并呈现学生的课堂表现，反映学生真实的学习轨迹和学习习惯，帮助教师调整教学进度。

大山教育结合"学习8"智能平台，打造了"1+5+N"的教学新模式，即1

个教研教学平台、5 个智能小助手、N 个在线教育内容资源提供商。该模式能够全程记录"老师+学生+家长"在"线上与线下"的互动教学轨迹，沉淀服务数据，以达到可视化分析学习需求，数据化指导教研标准，个性化针对教学的目的。

三、智能学习平台与预警系统的研发与应用

大数据使教师和机器能够了解每个学生的真实情况，从而为其提供个性化的学习资源、学习活动、学习路径、学习工具与服务（杨雪，等，2016）。目前，国内外已经有很多企业和学校开始重视数据分析平台的研发并应用大数据进行学习分析，帮助教育工作者更好地掌握和分析学生的表现数据，及时进行预警和干预，为学习者提供个性化的学习服务。

（一）智能学习平台的研发与应用

美国 Lexia Learning 平台能够根据学生的水平自动地提供脚手架，并向教育工作者提供必要的进度监测数据和资源，让学生通过个性化的学习路径掌握基本的识字和阅读能力，进而实现差异化教学。哈佛大学马祖团队开发的 Learning Catalytics 课堂管理交互平台将师生的问答交互搬到线上，通过即时反馈学生学习情况，迅速掌握学生的薄弱知识点，根据学生能力不同进行分组指导，为学生选择最合适的讨论伙伴，实现团队管理，帮助学生进行个性化学习。麦克费登（Macfayden）通过采集和跟踪 Blackboard 在线学习平台上学习者学习行为数据，构建学习者行为模型，分析学习者已有学习行为，预测平台中学习者的学习失败可能。经过实证研究，该模型的预测正确率达到 80%以上（徐鹏，等，2013）。Scootpad 给 K-8 学生提供数学和阅读技巧的自适应训练，通过诊断练习来确认每个学生的薄弱环节，确保他们得到个性化的学习材料。同时，教师可以创建有针对性的作业来为特定的学生进行指导。

日本的 Studyplus 是一个以学习管理+SNS 社交为主要功能的教育产品。学生将自己线上、线下的学习过程录入工具，产生更加精细的学习过程记录，即可得到自己学习情况的可视化图表，从而对自己的学习轨迹进行管理。Classi 系统是一款为 K-12 阶段的学校提供 IT 教务服务的软件产品，可以统计学生的成绩和出勤情况等数据，并与日本出版社合作，将学习内容纳入 Classi 的后台题库中，与自适应系统合作，为学生提供个性化的学习体验。Polyglots 是一款由日本人开发的英语新闻类应用，在用户使用应用时数据被自动记录，阅读量、阅读速度等数据以可视化的方式呈现给学习者。该应用通过"个性化信息推荐引擎"向学习者

推荐适合的学习内容，以供其随时复习，并提供单词测试来辅助学习。

韩国的 Knowre 学习平台以互动的方式为学习者提供分阶段的解题指导（包括文字解说和视频），分析学习者各个解题过程的单位知识数据（解题时间、视频收看情况等），并针对薄弱知识点提供个性化的提升方案。

澳大利亚的 Smart Sparrow 自适应学习平台能够对学生的错题和误区进行实时分析，根据学生需求改进教学，目前主要涉及科学、医药、工程等领域。Mathspace 平台能够自动识别学生解数学题的步骤是否正确，当学生在某个步骤发生错误的时候，其能够识别并且纠正，为学生提供真正的个性化学习指导。Wollongong 大学的学习网络可视化评估工具 SNAPP 可从论坛和学习管理系统中提取学习者的行为数据（如在线时长、下载次数）和交互数据（发帖数、讨论内容、互动次数），实时分析学生的学习活动，以可视化的形式展现、分析学生之间的联系并识别处于孤立的学生，方便教学管理者进行针对性的管理。

英国的 CogBooks 自适应学习平台通过智能引擎了解每个学生的学习情况，自动为学生绕过障碍，提供适应学生的学习路径，帮助学习者实现自我的形成性评价。伦敦南岸大学早期预警系统通过列出学生错过的讲座或拖欠的论文作业，预测并分析他们的学习进度是否落后，如果结果显示学生跟不上大学课程，他们将在一周内被告知。

我国的猿题库、作业帮等练考测评智能平台能够提供海量题库并实时提供学生的做题报告，评估学生的学习水平，帮助教师掌握学生的学习情况，促进个性化教学。快乐学习教育集团的"一起作业"智能教育平台提供了一整套以数据为核心，智能、高效的线上、线下作业解决方案，通过学生的作业完成情况，为其提供个性化的学习指导。台中教育大学及"中央大学"首创教师适应性教学辅助平台，帮助教师实时掌握学生的学习需求，制定适当的教学方案，持续追踪且评价学生学习状况，协助教师进行差异化教学，实现因材施教。有谱自适应认知学习平台能够帮助学习者诊断细分知识点的掌握状态，并向学习者推送合适的学习资源，帮助教师实时汇总整个班级对知识点的掌握情况，为教学策略的调整提供数据支持。

（二）学习预警系统的研发与应用

美国研发的早期预警系统（early warning system，EWS）通过追踪学生的数据，设计相关指标，判断学生是否存在辍学风险，并且对处于辍学风险中的学生进行针对性的教学干预，为其制订学习计划，帮助他们顺利完成学业。

Kickboard 数据分析平台能够全面跟踪、分析、分享学生的表现数据，同时对行为上处于"危险中"的学生进行适当干预，帮助学生回到正轨，让教师更全面地了解学生，同时将学生行为数据分享给家长和学校，在提升课堂管理水平的同时塑造积极的校园文化。

Civitas Learning 平台通过学生的分数、出勤率、辍学率和保留率的数据趋势，让用户知道导致辍学和学习成绩表现不良的警告性信号，以便采取防范措施，学生和老师可以在平台中规划调整自己的课程。

普渡大学的 Course Signals 通过一种数据算法——"Student Success Algorithm"（学生成功算法），能找出哪些学生正面临退学的风险，或者有哪些课程需要更多的老师。

Degree Compass 可以在学生注册课程前，通过机器人顾问评估个人情况，并向学生推荐他们可能有优秀学业表现的课程，还能预测学生在某门课程中可能取得的成绩。

安德尔加森（Monika Andergassen）等研究者使用 Web Usage Mining 工具对学习者在考试准备过程中的行为数据和学习结果进行相关性分析，发现学习者做题的时间间隔、练习题和考试题的覆盖范围与成绩成正相关。

纽约州波基普西市玛丽斯特学院（Marist College）基于 Pentaho 的开源商业分析平台（Business Analytics Platform）开发分析模型，通过收集分析学生的学习习惯（如点击线上阅读材料、是否在网上论坛中发言、完成作业的时长等）预测学生的学业情况，及时干预并帮助问题学生，从而提升学生的毕业率。

四、教师数据素养教育的开展

教育系统每时每刻都在产生新的数据，教师只有具备一定水平的数据素养才能充分挖掘和有效利用这些数据并将其转化为有价值的信息，进而辅助教师进行有效的决策。目前，教师数据素养教育已经得到了各国专业机构的高度重视，各国不同程度地开始了教师数据素养相关的研究，纷纷建立了有关教师数据素养的相关标准和规定，并初步取得了一些成果。

（一）教师数据素养的相关标准和规定

美国早在 2005 年的数据质量运动（Data Quality Campaign，DQC）中就提到了教师数据素养的重要性，并提出了教师必备的十项关键数据素养技能。美国州际学校领导者认证联盟制定的《教育领导者标准》（*Standards for Educational*

Leaders）和州际教师评价与支持联盟制定的《核心教学示范标准》（*Model Core Teaching Standards*）中明确提出了教育者必备的数据素养技能。美国大学教师教育协会（American Association of Colleges for Teacher Education，AACTE）、国家专业教学标准委员会（National Board for Professional Teaching Standards，NBPTS）和国家教师教育认证委员会（National Council for Accreditation of Teacher Education，NCATE）等专业组织强调在标准中纳入数据素养。全美州首席教育官理事会（Council of Chief State School Officers，CCSSO）制定的美国州际新教师评价与支持联盟（Interstate New Teacher Assessment and Support Consortium，INTASC）标准已经被许多州用于教师数据素养能力评估。

2014 年，美国 19 个州将数据素养纳入不同层次的教师资格认证，在不同层次的教师资格认定中标识相应的素养要求，使数据素养成为教师的基本素养。2015 年 10 月，美国全国教育管理政策委员会（National Policy Board for Educational Administration，NPBEA）发布了新的《教育领导者专业标准》（*Professional Standards for Educational Leaders*），建议各种层面的教育领导合理地运用评价数据，掌握学生进步程度，提升教学水平。

（二）教师数据素养的相关项目和培训

早在 2003 年，国际社会科学情报服务与技术协会（International Association for Social Science Information Service and Technology，IASSIST）就提出培养数据素养方面面临的一些挑战，并开展了相关培训项目。2004 年，该机构基于"英国数据档案（UK Data Archive）行动计划"，对教学项目中使用数据的情况进行了调查，旨在增加教学中可使用的数据资源，提高教师和学生使用数据的能力。

2005 年，Codding 等在教师群体中开展了数据使用技能的培训，培训教师如何解释某些类型的评价数据，并且使用这些数据制定可观测、可实施的教学计划。

2007—2014 年，美国教育部教育科学研究中心（Institute of Education Sciences，IES）资助了俄勒冈数据项目（The Oregon DATA Project，ODP），该项目旨在培养教师获取、分析和运用数据的能力，指导教学实践，满足学生的个性化学习需求，最终提升学习绩效。目前，该项目已培训五千多名教师。

2009—2012 年，美国国家科学基金会（National Science Foundation，NSF）资助了一项中学科学教师数据素养教育项目，旨在培养教师运用数据进行决策的能力。

2010—2011 年，美国特拉华州教育局每周对四所小学的全部教师进行 90 分钟的数据素养培训，以专业化协作学习社群（Professional Learning Communities，PLC）的形式提升小学教师数据处理能力。

2011 年普渡大学、斯坦福大学、明尼苏达大学、俄勒冈大学获得美国博物馆和图书馆服务研究所（Institute for Museum and Library Services，IMLS）的资助，联合开展了一项为期两年的"数据信息素养培训"项目。同年，由比尔和梅琳达·盖茨基金会和卡内基公司支持的 Shared Learning Collaborative 项目允许美国各州和学区整合已有的不同来源和格式的学生数据，使数据的集成和调用更方便，帮助教师顺利获取和使用学生数据。

此外，在威斯康星州每年都举行"知识和概念考试"（Wisconsin Knowledge and Concepts Examination，WKCE），教师每年必须参加 3 次"数据挖掘"（Data Retreats）活动，深入分析每个学生的 WKCE 数据，找到学生学习的弱点，然后由教师协商，共同设计全班的课程、小组活动及差异化的教学方案。

（三）教师数据素养的相关系统和平台

教育数据系统和平台能够帮助教师获取和分析学生的表现数据，为教师素养能力的提升提供必要的支持。

美国的纵向数据系统（Statewide Longitudinal Data Systems，SLDS）将各个地区的数据连接，并赋予教师访问学生数据的权限。

南非部署了小学监测反馈系统，为教师和管理者提供数据服务。

美国特拉华州创建的教育透视仪表板（Education Insight Dashboard）为教师提供了审视数据的广角视图。教师只需要访问一个系统，便能获得学生、班级、学校等数据的分析结果。

苏波维茨等开发了"教师分析学生知识"（The Teacher Analysis of Student Knowledge，TASK）工具，用于测量学生的学习轨迹，分析学生在特定内容领域内的数学思维能力，制定有效的教学反馈计划。TASK 工具在某种程度上能够测量教师的教学素养和教学能力。

KickUp 是一个专注教师测评的标准化 SaaS 工具，其测评数据来自教师的自查报告及学年内各项教学结果的反馈。这些数据可以记录教师的成长历程，从而辅助教师改善教学设计，进行教学决策。

五、数据驱动教学相关会议的召开

为进一步促进数据在教育教学领域的应用，将"数据驱动教学"理念正规化、规模化和国际化，为教育研究者提供探讨和交流的平台，以推动数据驱动教育时代的到来，全球各个国家相继举办了相关主题的学术研讨会。

自2011年开始举办的学习分析与知识（Learning Analytics and Knowledge，LAK）国际会议迄今已举办六届，旨在为从事学习分析的学术机构、管理者、软件开发者和企业提供交流平台，其交流内容逐渐成为反映学习分析研究风向标的重要观测点（牟智佳和俞显，2016）。

2013年4月8—12日，第三届会议在比利时的鲁汶大学召开，会议以"学习分析中的辩证法"为主题，探讨学习与分析相交的"中间空间"，通过认知信息分析来改善教学，寻求将分析工具明确地连接理论和实践活动的途径。

2014年3月24—28日，第四届学习分析与知识国际会议在美国印第安纳州波利斯成功举行，会议以学习分析研究、理论和实践的交叉点为主题，探讨了教育数据挖掘、数据可视化等方面的发展（吴永和，等，2014）。

2014年12月15—18日，第一届"IEEE STC CC and RDA"数据教学研讨会在新加坡召开，主要探讨在线和校园教育建立有效的大数据课程的教学模式。

2015年11月30日—12月3日，第二届"IEEE STC CC and RDA"数据教学研讨会在加拿大温哥华召开，该研讨会通过云计算、大数据等技术推动集中式学习资源的开发，以协调欧洲的数据科学课程，并探讨了云计算、大数据、数据科学课程和教学方法的未来发展方向。

2016年9月21—23日，由韩国教育部主办的以"e-Learning for Smart, Connected World"为主题的2016韩国在线学习会议在首尔举办，本次会议展示了教学内容、教学技术、教育平台、VR技术、AI设备及智能教室等方面的产品。

近年来，我国也开始围绕"大数据与教学变革"这一核心议题举办数据驱动教学方面的学术研讨会。

2015年12月30日，辽宁省基础教育测评中心主办的"大数据下的学业水平诊断与评测"课题成果汇报会暨研讨会在沈阳市第九中学成功召开，会议对通过大数据对学生的多维度评测成果进行了展示，提供了个性化的学业水平评测报告，帮助学生有针对性地提升学业成绩。

2016年4月21—22日，在台湾省台北市召开了"学习数据分析与应用"研讨会，研讨会主要对学习行为模式分析、Open Data分析和应用等议题进行探讨，同时邀请国内常见的MOOC平台研究者分享资料分析的方法与成果。

2016年6月17日，北京市第三十五中学举办了"数据驱动改善教与学经验交流会"，交流会重点探讨了如何帮助区域及各校建立数据驱动改善教与学的有效机制，以及如何促进借助专业化评价工具使教学走向精确化、专业化、个性化。

2016年8月28日，四川省教育科学研究所与四川极课教育科技有限公司共同举办的"大数据时代的极课教育创新研究"课题研讨培训活动在成都召开，会议探讨了如何利用大数据进行学业数据采集、分析评价、课堂教学反馈提升，实现个性化学习与指导，全面提升学业质量。

2016年12月15—16日，第三届全国数据驱动教学改进专题研讨会在河南郑州召开，会议以"数据的力量"为主题，旨在聚焦评价改革、数据驱动教学改进和创客教育，总结、梳理、提炼郑州市取得的新经验、新成果。通过分享、研讨、推广经验，解决实际操作中出现的新情况、新问题，促进基于学校的行动研究，提升校本教研的品质。

2017年3月18—20日，基于大数据分析教学质量与精准测评研究论坛在重庆市南坪中学举办，研讨会开展了以大数据分析教学问题并指导教学改进的主题报告，阐述了教育教学创新的教育理念，共同探讨评价了学校的教育教学质量和教学管理等问题。

第三节　数据驱动教学的系统框架

无论是将新兴技术引入教育领域，创造教育新形态，形成"互联网+教育"，还是对传统教育进行延伸和改造，实现"教育+互联网"，其目的都是使教与学的互动更有效。"互联网+"使传统教育环境实现了"互联在线"和"数据化"。只有将教学行为、教学主体、教学过程、教学作品等都迁移或延伸到互联网上，传统教育环境才能实现"在线"，从而形成可以随时使用的、流动的数据。"在线"和"数据化"使得教与学主体及学习伙伴间能以最低的成本进行学习交流和智慧共享。数据只有互相连通且流动起来，才能体现其最大价值。随着"互联网+教育"的常态化应用、智能移动终端的普及、教育数据的连通和流动，教育大数据将迅猛发展。

我国在《促进大数据发展行动纲要》《教育信息化"十三五"规划》等系列文件中提出"探索发挥大数据对变革教育方式、促进教育公平、提升教育质量的支撑作用"和"发挥教育大数据在教育管理平台建设和学习空间应用等方面的重要作用"，由此可知大数据与教育已经呈现深度融合的趋势。作为教育教学的主阵地，学校、课堂是产生教育数据的重要来源,也是深化教育改革质量的落脚点,因此,大数据促进课堂教学的整体优化与变革是实现大数据有效改进教育方式和提升教育质量的突破口(图1-5)。

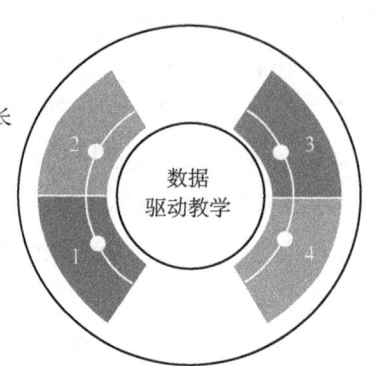

图1-5 数据驱动教学的系统框架

一、大数据促进教学模式创新

教学模式是在一定的教育思想、教学理论、学习理论的指导下开展的教学活动进程的稳定结构形式,是开展教学活动的一套方法论体系,是基于教学理论而建立起来的较稳定的教学活动框架和程序。宏观上,教学模式要把握教学活动整体及各要素之间内部的关系和功能;微观上,教学模式要突出活动序列的有序性和可操作性。教学模式通常是依据理论指导的演绎法和经验总结的归纳法产生的。随着数据挖掘技术和学习分析技术的发展,从数据上发现新问题分析新现象的研究思路,为教学模式的产生和应用带来新的机遇。

(一)大数据支持分层差异教学

分层教学是在班级为单位的课堂教学环境下,为满足学生个性化发展所采取的教学模式。它建立在集体授课制追求标准化、高传递率的基础上,同时还要关注学生群体之间不同的教学模式,是落实"因材施教"教育理想的基本方式。课堂中的大数据采集通常有三种来源:第一种是客观数据,可以直接分析和统计学生触控点击题目选项结果或者输入的数值;第二种是主观数据,学生利用智能移动终端自带的文本输入、录音和拍照等提交数据,由系统根据前期设计好的编码规则进行文本分析,对图像或语音识别后进行内容分析;第三种是衍生数据,系统根据学生提交的客观数据或主观数据实时分析,学习仪表盘加以反馈,教师根据显示结果进行分层教学,如推送适应不同层次学生的学习资源,推荐不同的学习策略和路径等。

依托平板互动学习系统的高三生物《可遗传变异》复习课中,学生在知识与技能上的目标是阐明染色体变异与基因重组的区别、正确解释交叉互换和易位及能运用文字和图像信息,进行推理判断得出结论,即识图辨析的能力。在过程方法上,通过小组讨论掌握从不同角度分析知识的能力;在情感态度价值观上的目标是关注染色体疾病对于人类当前和未来的影响。在1∶1平板电脑课堂上,学生通过平板互动学习系统提交有关染色体变异随堂小测试的答案,师生可以从仪表盘上即时看到每一个学生的答题情况,以及所有答对和答错学生的自然分组,甚至可以看到犹豫不决的学生名单和所用时长;学生们还可以进行小组讨论,写出交叉互换的案例并对比分析原因,拍照上传后进行组间互评;根据学生提交的主观和客观数据后的衍生反馈,教师可以了解哪些组或者哪些同学在知识点上存在问题,就可以即时推送有针对性的强化或补救资源,进行分层教学。

(二)大数据构建高效互动教学

教学效果不仅要从教学质量的高低程度上来评价,也要从教学效率的提升比例上来评价。建立高效互动教学一直是学校教育追求的目标,大数据好比是一双"水中望月、雾里看花"的慧眼,帮助教师从不同角度判断教学动态,从而提高教学互动的效率和质量。

李红美等(2015)学者开发了基于智慧教室的教学应答系统(Audience Response System,ARS),构建了课前、课中、课后贯穿一体的教学互动模式,并将其运用到高中历史课堂与数学课堂,以实现高效互动的课堂教学。面向智慧教室的ARS教学互动模式包括四次教学互动反馈:第一次为复习性检查反馈,即检查学生在讲授新课前已学知识或预习情况;第二次为新授效应性反馈,即在讲授新课后检查学生对新知的了解情况;第三次为巩固深化性反馈,即根据具体练习题反馈了解学生对新内容的认知深度;第四次为运用发散性反馈,即根据相关的思维练习题反馈获取学生对根本规律的理解程度及举一反三的能力。在课堂中,ARS教学应答系统实时回收全班同学的作答情况,并以柱状图、直方图等形式进行可视化呈现,帮助教师及时掌握班级整体与学生个体的学习情况,再确定后续采用何种教学策略,如小组同伴讨论、班级整体交流、教师具体讲评等,使教学效率大幅度提高。

Lindgren 等（2016）开发了 MEteor 行星交互式模拟仿真系统，它可投影在大型（9 米×3 米）地面及墙壁幕布上，精确表示天文物体的位置。MEteor 使用的激光扫描技术可以精确跟踪学习者的实际位置，让学习者变身为在宇宙中移动的行星。该系统应用于美国中学七年级的物理课堂，学生模拟宇宙中的行星运动来探究重力和行星运动的关系，基于激光技术的 Meteor 系统实时采集学生的位置数据，将学习者的行动路径反馈至屏幕和地板上，教师可通过观看学生行动路径记录与分析结果，掌握学情，并即时讲解与引导，提升了学生在课堂中的参与度、积极性和交互性。

谭威（2014）将 Hiteach 智慧教室系统引入小学数学课堂，使课堂互动更为高效。教师在课堂上可以考查当堂知识点，并可立即收到学生数据的反馈，了解学生的掌握情况。教师也可将 PPT 上的页面"抓"入 Hiteach，发送到每个学生的平板电脑上进行展示，学生可将自己的学习、作答页面上传共享。HiTeach 内建了学习诊断分析接口，可以与私有云及公有云技术的 ADAS 云端诊断分析系统相结合，将运算数据上传云端并取得包括成绩统计、排名、答对率等数据图表及学生的学习态度与学习能力诊断分析报告，实时帮助老师有针对性地进行辅导，打造数据驱动下的高效互动课堂。

（三）大数据深度助力翻转课堂

翻转课堂从表面上看是改变了传统教学里"课上集体聆听讲解，课下独自完成作业"的学习流程，变为学生"课上完成作业，课后聆听讲解"，实际上是转换了传统课堂里"师讲生听"的角色定位，为学生创造了更多的与同伴和教师进行深度沟通与个性化问题答疑的机会。翻转课堂体现了"混合式学习"的特点，更符合人类的认知规律，有助于构建新型师生关系，促进教学资源的有效利用和研发（何克抗，2014）。最初翻转课堂多是借助微视频等多媒体形式实现课下教学，随着大数据时代的到来，课堂"翻转"的质量与深度达到了新高度。

余燕芳（2015）构建了移动学习的 O2O（online to offline）翻转课堂学习平台，将学生课上、课下的学习时间与学习模式进行重构和设计，融合"移动微课程+移动微考试+快速课堂录像+离线学习+微文档+学习沟通+学习群组+报表统计"等功能，为学习者提供了更符合认知习惯的学习路径。在线上学习中，教师上传微课程等学习资料至平台，并发布学习任务、组建学习小组等；学生则在线浏览学习资源，完成学习任务，参与线上讨论。在线下课堂中，学生对相关学习内容与任务进行汇报，提出自己的疑问，教师则组织班级进行讨论，回答学生提问等。在学习过程中，教师实时收集学生的基本信息、在线学习行为、提交的学习资料等客观数据，利用大数据分析技术探究影响学业表现的因素，预测学习需求，对线上资源推送和线下课堂教学进行针对性的设计与动态调整，从而实现O2O翻转课堂学习的精准量化评估。

Lai 等（2016）在小学四年级的数学课堂中，创建了基于数据分析实现自我调节策略的学习系统，以实现数据驱动的翻转课堂实践。该系统由外部学习系统、自我调节监控系统、教师管理系统及数据库组成。其中外部学习系统用以支持学生课前的电子书阅读及测试答题；自我调节系统则用来设定学习目标，并进行学习前后的比对，评估其学业表现及自我调节能力；在教师管理系统中，教师可以发布学习资源，查看学习过程与学生反馈。学生在学习过程中所产生的日志记录与行为表现都会被记录在数据库中，包括学习时间、测验正确率、制定的学习目标、交互记录等数据。系统依据客观数据计算评估学习目标的偏差与时间管理能力，帮助学习者进行自我调节。同时，教师可以在系统中查看学生的学习情况，并依据学生的评论与反馈了解错误率较高的问题与知识点，在课上进行针对性的讲解。这不仅实现了课外预习、课内交流的翻转学习，而且借助大数据分析结果提高了翻转课堂的质量与有效性。

（四）大数据灵活再造教学流程

"互联网+"时代下，传统教学环境不断向信息化、智能化方向发展，大数据支持的智慧课堂是聚焦于教学信息化的必然产物。与传统课堂相比，大数据支持的智慧课堂将课堂教学与信息技术进行深度融合，创设基于数据认知、促进知识建构的教学环境。此时的教学流程不再局限于教师提前预置的静态步骤，而是可以根据学情的变化进行灵活再造。

刘邦奇（2016）认为智慧课堂包括学情分析、学习测评、教学设计、情境创设、探究学习、实时检测、总结提升、课后作业、微课辅导、反思评价等十个教学步骤，并将这些步骤归类于课前、课中和课后三大环节。例如，课前，教师通过智慧课堂信息技术平台查询学生的历史学习成绩与作业情况，精准分析学情，进行教学设计；学生借助平台学习微课，预习新知。课中，教师创设情境导入新课，布置学习任务，并依据课堂反馈进行讲解；学生在智慧课堂信息技术平台进行任务探究，完成课堂测试题，提交任务成果。课后，教师依据课前、课中情况，依托信息技术平台给每位学生布置个性化的课后作业，并推送针对性的辅导资料；

而学生则可以在提交作业后，得到平台的自动批改和及时反馈，了解自己存在的问题，查缺补漏。

有了多源数据的持续性收集、即时性分析和可视化呈现，这三类十环节的教学流程可以根据实际情况进行灵活调整，使技术服务于教学、教师服务于学生，取得教与学双赢的局面。比如作业自动批改可以在课中进行，便于教师及时判断学生知识掌握程度，针对性的辅导资料是在作业自动批改后由教师人工推送或系统自动推送的。

专栏 1-1   51 批阅系统

作业和试卷批阅是教师的常规工作，也是产生日常教学大数据的重要途径。为了实现作业和试卷数据的自然采集与智能分析，北京拓思德教研团队主导开发了 51 批阅系统。该系统不改变师生传统书写习惯和教师批阅习惯，只需教师使用点阵笔批改试卷和作业，则会自动生成学业报告，大大减轻了教师负担。

教师只需导入试卷或者作业，系统就能够自动生成相应的测验模板，进而直接打印或者印刷即可进行测试，极大地提高了学校教学测试的便捷性（图 1-6）。测试结束后，教师使用点阵笔在试卷上完成批阅，数据会实时上传至服务器（区域服务器），自动进行分析并生成可视化报告。

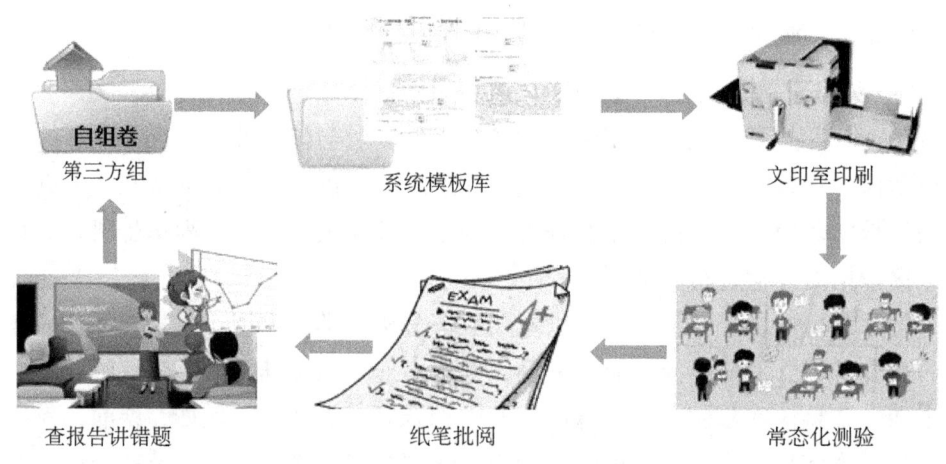

图 1-6　51 批阅系统使用流程

该系统实施简单快捷，只需从云端下载客户端安装即可部署完毕，不需要复杂维护，同时支持校内任何网络环境，保证学校数据私密安全。系统提供的数据分析服务如下：

（一）自动分析学习能力

系统能够同步识别教师批阅情况，并自动计算分数，生成可视化报表。教师不仅可以随时登录下载进行二次编辑，还能第一时间下载日常教学所需的各类报表，如班级成绩表、每小题详情统计、每小题全年级均分横向比较、各大题全年级均分横向比较、各题型全年级横向比较及每人错题情况和得分情况、每人学科学习走势等，方便教师快速掌握班级和年级层面的成绩分布、学生个体的学习能力及各知识点掌握程度。以上报表均可以输出为 PDF 或者 Word 文稿，方便打印。

（二）直观呈现学情数据

该系统以图表、动画等直观易懂的形式表明每个学生的学习能力走势及单个或者多个班级、年级的学科学习情况。同时，基于每个班级的学习情况，为教师提供班级中需要重点关注的学生、重点讲解的习题、知识点等内容和相关数据，帮助教师科学诊断教学问题、优化教学方案。例如，教师通过折线图展现学生的学习轨迹，查找成绩波动较大的学生，给出相应的学习建议。

此外，系统具有题型错误分析与跟踪错题快速迭代的功能。教师可以针对错题库进行组合查询，将错误率较高的题目放入错题本，为学生自动生成个性化学习包，提高临界生的转化率，以达到优等生提优，学困生补差的效果。

（资料来源：企业参与"中国基础教育大数据（2016—2017）应用案例征集活动"上报的案例。）

二、大数据实现精准学习评价

学校和课堂是天然的教学数据集中池。教师的行为、学生的表现、互动的过程、学习的结果等，都在这里产生与演变。1∶1学习、BYOD、移动学习等学习形态的出现，让学习过程可以被追踪存储，为评价提供多模态的数据来源。在小数据时代，有限的数据分析能力使得教学评价的来源通常聚焦于教学行为，如利用现场观察或视频记录、编码分析的方法来归类教师的教学行为及与教师行为相呼应的学生行为，确定课堂教学的效率与质量。而对于学习评价，多数放在作品的内容分析、成绩的差异性分析及量表的统计性分析中。评价基本是传统的抽样式、群体式，而大数据技术在教育领域的应用，不仅能实现以人为中心的感知和评价，还可以依靠以数据分析为中心的数据化认知。精准学习评价以多种教学情境为背景，通过不断获取、整合和分析学生学习过程中的学习行为、认知建构、情感体验、思维变化、学业表现及学习空间信息等多模态数据，来制定教学中的学习改进方案，形成有效学习的新形态。

（一）建立可信及多元评价维度

教学大数据具有明显的异构、多模和多源的特征。异构是指数据有结构化和非结构化，多模是指有文本、语音、视频等，多源是指来自多种采集设备和方式。教学中不仅要有学习结束后的总结性评价，还要有实时运算提供的过程性和即时性评价。因此，要建立基于大数据的可信及多元评价维度需要将多种数据进行综合分析，建立异构、多模和多源特征共存的多元数据分析模型。多元数据通常有三种分析方法：第一种是阶段性方法，即先分析完一种数据再用另一种数据；第二种是特征拼接法，建立特征关联模型进行相关性分析；第三种是语义信息融合方法，判断每一种数据特征的含义，以及不同数据特征之间的语义关系，这也是根据人的思维方式设计的人类思考方法。

苏仰娜（2016）以《多媒体课件设计与制作》的校园混合课程为例，基于Moodle平台创设在线与面授相结合的混合式学习模式，从课前前置性评价、课中过程性评价、期末总结性评价及社会评价四方面出发，不仅收集学生在面授课堂中的学习表现、特征，还利用Moodle平台的测试、讨论、报表与日志、互动评价与电子档案袋等功能，实现对学生在线学习活动的跟踪，收集视频观看、访问时间、测试成绩、交互讨论等学习日志，再根据面授学习与在线学习中收集到的数据，对学生的课程学习进行综合性评价，从多角度记录学生的成长过程，让多元且可信的学习评价贯穿整个教学过程。

句酷批改网是一款基于语料库和云计算的英语作文自主批改在线服务系统，全国已有数万名学生使用其进行写作训练。教师通过批改网创建班级并布置作文，学生在完成作文后提交至网上对应班级。提交后，批改网从"内容相关、篇章结构、句子、词组搭配、词汇和流畅度"等6大维度和192个子维度对学生的作文进行全面智能评价。一方面系统可以根据学生作文与数据库匹配程度自动打出作文整体得分，并对用词、搭配、表达等方面提出修改意见，学生可通过平台给出的修改意见完善作品，并进行重复提交；另一方面批改网里还提供"按句点评""按段点评""学生互评""论坛"等功能，让教师查看每位同学和全体同学的得分情况和修改意见后，再添加完善作文点评意见，消除了人工批阅和机器批阅无法整合的弊端，创建多角度、综合性、智能化的学习任务评价模式（杨晓琼和戴运财，2015）。

（二）透视知识缺陷，发现能力特长

随着大数据与可穿戴技术、情感计算的结合及在教育领域的应用，研究者可以整合学习者心理行为、体态行为、情感表现等个性化的生物数据和行为数据，为学生个体和特定学生群体刻画出数字化学习肖像特征，揭示学习者真实学习状态，既能透视知识缺陷，又能发现能力特长。

武法提等（2014）以学生电子书包中电子学档系统所记录的结构化、半结构化及非结构化的大数据信息为分析对象，以学生个性化学习、个性心理学和学习分析为理论依据，构建了基于电子书包大数据的学生个性化分析模型。该模型以学习内容个性化、学习评价个性化、学习活动个性化和学习方式个性化为分析维度，对电子学档中的数据进行汇聚分析，为学生提供个性化的学习评价。系统根据上述测评结果，将对每个学生进行个性化学习资源的推送，并在知识讲解方面给予学生个性化的指导。基于大数据构建的个性化学习分析既关注显性的外在行为表现，又考虑隐性的内在心理状态，既发现学生的不足，又能展示学生所长，并能将学习者的生物数据与行为数据二者融合，为精准个性化评估奠定数据基础。

在学习过程中，除了通过问卷量表获取学习者的相关维度数据，体态行为也是体现学习者个性化学习特征的重要因素。例如，眼睛在学习者信息获取、加工、分辨等方面占有重要地位（张琪和杨玲玉，2016）。眼动技术是通过追踪眼睛活动状态获取相关指标，捕捉用户学习行为，研讨用户学习偏好。Chen 等（2015）学者采用眼动跟踪系统收集了 63 名大学生在物理课学习中的眼动情况，探索眼动指标与学习成绩之间的关系。其中，眼动指标包括平均注视时间、平均眼跳距离及重复阅读时间比。研究结果表明，眼动指标能够成功预测学生的学业表现，平均注视时间是最强因子，重复阅读时间次之。而将眼动技术应用于学习分析仪表盘中，可以收集对仪表盘不同模块的注视数据与眼动指标，发现学生的偏好，给学生提供更具针对性的学习分析数据。

（三）建立双向教学反馈流

教与学是双向互动的过程，教师和学生也是相互依存，共同成长，不存在完全脱离学生的教师，也不存在彻底摒弃教师的学生，即使是自组织的学习者群体，也有人在某时某地发挥"教师"的作用。因此，面向教师和学生的双向馈流才是促进教学质量和效果改进的有效方式。

韩后等（2015）依据有效学习的思想提出促进有效学习的双向反馈系统设计模型，并开发实现了原型系统 iLearning。该系统从学生内部处理、教师外部干预、技术支持环境三方面搭建模型架构。通过全面记录和分析学习过程和结果数据，iLearning 将为教师与学习者分别提供个性化测评报告。一方面，测评报告帮助学习者提供知识点掌握情况、答题情况、学习过程行为、学习结果及相应的学习建议等反馈内容,帮助学习者了解当前学习状态,明确下一步学习目标。另一方面,教师通过测评报告了解学习者的整体学业表现,实时掌握学习者的学习兴趣、学习薄弱环节、学习行为偏好等情况,分析其影响学业表现的因素,并对不同情况的学生提供适宜的教学干预,如针对性教学、个别化辅导等。韩后和王冬青(2015)将iLearning系统实际应用到《计算机导论》课程中,结果表明,基于双向反馈流的评价系统能提高学生的学习效果,促进学生的有效学习。

王伟东等(2015)也做了类似的研究,他们以互动反馈系统(interactive response system,IRS)为基础,构建了一对一数字化互动反馈智能课堂学习环境IRS++。相比之前的IRS系统,IRS++系统中将服务器升级云服务端,在管理平台软件中加入教学管理平台、自主学习平台、问卷调查平台和测验考试平台。其中,教学管理平台支持学期计划、课表排定等教务管理,自主学习平台、问卷调查平台和测验考试平台则服务于课内外的教学活动。IRS++对课堂开展过程中师生教学活动的各项数据进行及时全面的采集,并将学习内容、学习状态、学习情况等数据存储到基于语义网的知识库中,进行基于大数据的学习分析,向师生提供双向反馈流,以改善教与学的双向互动效果。

三、大数据优化教学决策

教学过程是由一系列决策组成的活动集合。宏观的决策形成了教育政策,微观的决策转化为教学模式与策略;面向全体学生的决策支配着学校教学改进方向,面向个别学生的决策提供了因材施教的可能。对于教师而言,教学决策的获得通常依赖于理论的学习、实践的经验积累、"师傅"的言传身教、自身的教学感悟等。但是教育学不仅是一门基于理论和经验的学科,更要借助"互联网+"和大数据所具备的在线和数据,利用量化分析和数据化认知,成为一门基于实证研究的学科。大数据技术的全局纵览、细节深挖能力,为教学决策提供了科学依据。

(一)全程记录:了解整体教学链条

大数据将教学研究从阶段性和切片式的部分研究,扩展为全流程、群体性、公众性的全局性研究。对于教学研究而言,可以从群体取样和面向特定时间段的截断式研究,进入面向整个学生群体和完整教学链条的贯通式分析。全样本全过程的分析,可以获得全景式的学习情况诊断,是大数据教育创新研究模式之一。

美国 STEM 教育"管道"（Pipeline）理论是自 1988 年起由当时八年级学生全样本开展的为期九年的国家纵向教育研究（National Educational Longitudinal Study）。这项全局性研究发现，"管道"理论中的连接点就如同从八年级学生通向 STEM 职业生涯所经历的重要事件，如高中毕业、大学入学考试、主修 STEM 专业、大学获得 STEM 学位等。在"管道"的末端，水滴流入杯中，代表一小部分人群最可能成为 STEM 行业的从业者，这与最初进入 STEM 管道的大量学生数量形成鲜明对比。自美国国家教育统计中心提供了该研究的数据后，研究人员和政府制定者通常使用一个越来越窄的管道来比喻获得 STEM 学位或走上 STEM 职业生涯的全过程分析链，影响了美国 20 年来在科学教育方面的政策制定（马修·卡纳迪，等，2015）。

2012 年 4 月美国哈佛大学和麻省理工学院联合创办了 MOOC 平台 edx。到 2016 年，两校基于四年来平台所开设的 290 门 MOOC 课程和 450 万累计学习者的在线学习数据，联合发布了《哈佛 x 和 MITx：在线课程的 4 年》研究报告，总结出六项核心发现。

1）学员数稳步增长，在报告发布前的 1523 天里，平均每天新增 1554 个用户，且在 2016 年初大面积取消免费课程认证之前，累计获得认证的人数持续增长。

2）学员背景多元化，以一门典型的 MOOC 课程为例，课程约有 7900 名学员，33%是女性，73%拥有本科学位，29%来自美国，年龄平均为 29 岁。

3）六成付费用户获得课程认证，其中有意获得认证的参与者、深度参与者和付费者（为身份验证付过费）获得认证的比例，均高于平均水平且逐类提高。

4）计算机课程成为 MOOC 中心，一门计算机类课程为其他计算机类课程、STEM 课程、社科类课程、人文类课程输送的平均学员数，分别是 772 人、514 人、366 人和 239 人，即计算机类课程输出和输入的学员人数均是最多的，特别是输出人数彰显出其强大的"导流"功能。预测今后计算机类课程仍将扮演 MOOC 网络中心（Hub）的角色。

5）STEM 类在线课程最难拿到认证，而且与计算机类和人文类课程相比，STEM 类课程中女性学员的比例非常低，课程里的国际学员人数更多。

6）在线学习可以事半功倍。一般而言，在线课程学习时间要比传统课程线下学习时间要短，其中中位数与传统在校课程的平均占比为 30%。数据分析发现大多数获得认证的学员投入了不到 50 个小时，甚至有 1%的学员仅投入 23 分钟。不过这个结果也与课程内容有关，像《微积分》《量子物理》这样的课程，线上学习时间反而比传统线下学习更长（Chuang，Isaac & Ho，2016）。

这是一份来自在线课程四年来全样本数据的全局性研究，为今后在线学习及校园混合学习政策制定、课程设计提供了相对宏观的视角。

（二）细节凸显：发现隐藏的学习差异

在传统教学环境下，教师很难发现隐性的学习细节，比如安静内向学生的学习表现波动，班级某些同学在特定知识点上的动态差异，或者学习伙伴之间潜在的相互影响等。进入大数据时代，通过"在线"和"数据化"的课程记录，教师和研究者有能力透视隐藏的学习特征、动态与差异，使课堂教学细节得以凸显，读懂课堂，读懂学生。

比如 iTeach 平台、UMU、畅课等多种基于平板电脑或智能手机的学习互动系统，学生通过点击测试题选项、输入答案内容等完成练习测试学习，教师通过学习系统的即时统计功能，就可以发现某位学生或者某几位学生在特定知识上有薄弱环节，而互动学习平台上还会标记出哪些学生在回答过程中出现了犹豫及犹豫的时间。教师能够快速发现总是在犹豫的学生，或者频繁出错的学生，帮助学习者定位其在知识掌握或者学习状态上的问题，共同采取补救和改进措施。

除了借助移动终端的校园混合课程外，在线课程中也可以通过面向每一位学习者进行数据收集和分析，帮助教师以显微镜的方式透视学生的学习状况。如教师可以通过一门课程中视频和作业的情况判断全体学生和每一位学生的参与度，用每周课程任务的分数和表现预测之后的课程总成绩，及早准确地识别出那些没法完成课程的"危险"学生，并基于预测出的可能性，帮助教师设计干预措施，以提高课程完成率；也可以通过课堂论坛中的文本特征、交互网络等全数据，影响学生的语言，从而定位出学生中的意见领袖，他们使得课堂学习环境变得更为投入，协作并且富有建设性，而这些人会与教师共同成为提高课堂学习质量的主力军（Moon et al., 2014）。个性化学习组织 Education Elements 设计的 Highlight 平台，能够识别学习者个体的行为模式，并提供差异的个性化推送服务。Taskstream 平台能够对每个学习者参与的项目和活动进行追踪，并提供有针对性的交互式行为表现报告和学习评价。

（三）科学决策：动态调整教学进度与节奏

学习分析以学生与学习情境为研究对象，以学习活动过程中产生的大量交互数据为基础，包括学习过程中的登录和点击等行为数据、测试和作业等表现数据、投入和成就等情感数据等,配合学生背景和特征等属性数据进行综合收集、分析,并以可视化方式,及时动态地呈现学生群体及个性状态,帮助师生共同发现课堂学习中的问题,为教与学提供科学决策的基础,开展动态调整教与学进度和节奏的依据,进而优化教与学的效果。依据有效的学习分析,教师就具备了更强大的教学智慧,开展更为科学的教学决策。

孙众等(2017)以校园混合课程的动态设计为切入点,一方面收集传统环境下能获得的学习者个人属性特征、前期知识基础、兴趣态度等非智力因素数据;另一方面积累学习者在线学习的全过程全样本数据,综合起来开展学习预测。结果发现班级干预比个别干预更能激发学生的在线学习参与度;面授在线相结合的教学干预比单纯的面授干预更能建立良好的社会化学习网络;深层干预与浅层干预对于中低分组的学生均有正向促进作用,但深层干预对于学弱群体的教学改善作用更为明显。另外,分析使用微信发布课程信息的全过程数据后可知,用户对于课程学习内容的微信阅读峰值是在每天晚上六点后的两三个小时内,这个时段不仅是微信使用的高发时段,也是公众号学习内容得到最大阅读人次和较高转发次数的时段。因此教师即时调整,将原来随机发布内容的方式,改为晚上六点发布,且在微信学习群里同步公告,提高了学习资源的传送及阅读的有效流量。

Kloft 等(2014)学者,根据一门 MOOC 中全样本数据集做全局性研究,计算课程每周活跃的学习人数、辍学比例、人均请求数量、新用户人数,根据机器学习算法、神经网络等,分析在线学习中的学习者表现和辍学率等多维视角。Barba 等(2016)学者也做了类似的研究,通过学习动机与课程参与度分析 MOOC 学习者的持续学习意向。研究者借助问卷回收学习者个人基本信息、前期 MOOC 学习经验、课程学习动机等因子,基于在线学习平台追踪学习过程中的视频观看量、测试点击量等课程参与度,建立模型预测学习动机与课程参与度对学业表现的影响。结果发现,课程参与度中的测试点击量和学习动机是影响学习持续学习意向的重要因素。因此在 MOOC 学习过程中,教师可通过关注学生的在线学习行为,了解课程参与度,分析其持续学习的意向,调整教学步调,对学业表现不佳的学生进行及时干预与激励,从而帮助其坚持完成课程学习。

四、大数据提升学习质量

（一）改善学生的元知识：从数据中读懂自己，优化学习策略、方法和能力

元认知（Metacognition）是由美国心理学家弗雷维（Flavell）于1976年首次提出的概念，是指对认知的认知，或二级认知（second-order cognitions）。元认知与学习能力密不可分，是"授人以鱼，不如授之以渔"中的"渔"，即获得知识的能力、方法和策略。大数据不仅要从知识掌握的精度和速度上给出新的解决方案，更要在学生元知识的改进和强化上给予有力的帮助。不仅要提供给学生基于数据分析的学业诊断报告，还要配合数据分析结果，给学生提出基于学习策略、方法、能力方面的改进建议。

赵蔚等（2015）学者采用知识推荐技术与本体技术，创建学习者知识和知识资源，在教学模式的指导下实现知识资源个性化推荐，并将其应用到某大学C语言的课程中，检验其实际效果。系统经过分析学习前的先导知识、获取学习者的知识背景、判定学习风格、分析学习者知识能力四个过程，挖掘判断学习者的学习偏好、知识能力层级等，并依据这些数据向学习者推荐难度适宜的学习资源，指导学习者认知到原有学习方式的不足，调整学习方式，优化学习过程。另外，姜强等（2017）基于Few仪表盘设计原则和Kirkpatrick四层评价模型设计了学习分析仪表盘。系统在收集学习者的基本特征、自我调节能力、学习心理、在线学习行为等客观数据后，进行深度的挖掘与分析，发现学习者的学习规律，并利用图示和文本可视化呈现个性化学习进展与成绩报告，提供个性化的定制反馈。依托学习分析仪表盘形成的学习数据可视化报告，能够帮助学生深度了解自我，认识到学习行为、认知力、学习动机及学习内容，有利于学习中的自我监控、自我反思与自我调节，最终培养学生建立良好的元认知。

（二）优化学生的社交空间：发现最优同伴

不同学习群体在学习行为中的信息感知维度、信息输入维度、信息理解维度、信息加工维度等方面存在较大差异。向不同学习风格的学习者推荐恰当的学习伙伴，以便学习者及时解决学习问题，尽快完成学习任务，提高学习效率与质量。通过对学习者的行为特征进行建模，可以有效判别不同学习者的学习风格，学习风格相似者可以成为学习伙伴。

费洪晓等（2017）通过采集待识别学习者的学习行为特征与待匹配学习伙伴学习者的学习行为特征的样本信息，对二者的特征进行提取和变换，建立特征之间的相似关系；然后将待识别学习者的学习行为特征与其相对比，分析判别学习者学习行为特征的匹配程度，为学习者动态匹配出最佳学习伙伴，进而提高学习者的学习质量与学习效率。

李浩君等（2014）在移动技术支持的协作学习环境中，在学习伙伴分组策略需求应用现状的分析基础上，剖析学习者的学习风格、认知能力、知识水平、学习需求等个性特征，并充分考虑移动技术支持下的协作学习环境中的移动性、情境性等特征。通过最近邻分类法（K-Nearest Neighbor）计算学习者之间的相似度及类别权重，将学习者分类，为活动导学者提供一张可视化的学习伙伴关系图；教师则可根据伙伴关系图，为学习者动态推荐最佳的学习伙伴。

李洪修等（2015）以 Moodle 平台为基础开展"诗词鉴赏"主题学习。教师和学生通过申请注册和资格审查进入用户界面，教师和学生通过注册申请加入"诗词鉴赏"虚拟学习共同体，在该学习领域中，参与主体大部分为各年级的语文教师和热爱诗词、欣赏古典文化的学生；教师根据情境导入功能和学生共同选择有价值的学习目标，并根据目标进行学习分工，小组学生利用 Moodle 平台下的多种交互功能开展协作学习。这样学生根据相同的学习兴趣和需求，很容易找到适合自己的学习伙伴，最终在学习过程中完成知识的建构和形成稳定的共同体文化。

（三）变革学生的学习方式

当大数据进入学习情境后，学生的学习方式不再只是完成既定的学习任务，根据教师给出的指导意见和评价进入下一阶段的学习，而是可以通过与数据即时互动，佐之以教师的帮助，对症下药，精准学习，实现基于教师经验指导和数据分析结果而形成的多元外力开展学习。

方海光等（2016）探究了基于教育大数据的量化自我 MOOC 自适应学习系统。该在线学习系统可以挖掘与学习者学习风格偏好、学习方式、学习环境、管理方式、学习结果等相关的数据，记录学习者在学习过程中实时产生的大量数据，包括通过节点数、问题提问数、测试重复率、完成率及正确率、作业得分、置顶（精选）问题数、回答问题花费时间等，产生的数据实时发送给自适应学习推荐引擎。自适应学习推荐引擎根据学习者的交互及其表现水平、学习者特征库、知识图谱及资源库，预测学习者需要在恰当时间内依次学习哪些内容和资源,由此推荐学习路径才能更为有效地提升学习效果,并且将这个结果可视化地呈现在 MOOC 系统上,动态反馈给学习者当前学习状态,推荐学习路径对学习者的学习行为进行干预。与此同时,学习者可以根据 MOOC 系统给予的反馈,结合自身实际情况及学习偏好,实现自主导向进行自适应学习。

大数据支持的过程性评价,既能给教师提供有利反馈,又能让学生认识到自己的优势和不足,实现积极的自我导向的学习方式。"作业盒子"和"一起作业"等均是基于作业场景开展学习评价进而精准对接个性化辅导的综合平台。它们以学生的日常作业作为学习评价数据的切入点,相对于非连续性的考试结果数据来说,连续的日常作业数据更有利于在学习过程中及时反馈、及时激励,从而保证评价的积极效果。"作业盒子"对留作业、做作业、提交、批改、分析、点评、辅导答疑等一系列操作进行了轻松易用的设计,同步采集学生作业中的过程性评价数据,对每位学生的学习进行过程性评价和数据累积分析;同时,基于学生的作业数据,"作业盒子"能够准确地描绘出学生的知识图谱和能力模型,作为教师给学生提供针对性学习辅导和学生自我评价的依据(陈丽,等,2017)。以测带学的新型学习方式就这样通过大数据支持的学习系统建立起来,并逐渐与课堂教学相结合,成为大数据的新型学习方式。

(四)打造全新的教学研究范式

大数据时代的到来,使科学研究范式的发展经历了从实验科学范式到理论科学范式,再从计算科学范式发展到数据密集型范式的变化。传统教育研究方法是假说驱动的方法,即发现问题,提出研究假设,数据收集分析,证实或否定假设,得出结论并推广。科学大数据支持的新型研究范式则是先制定理论模型和相应的数据标准,再对数据进行信息化加工如收集数据、建立数据中心,接下来要进行算法研究,通常是多种数据分析算法的综合或对比使用,然后根据多假说进行迭代筛选,用新的数据对结果进行验证,最后得出结论进行推广。

学习分析属于教育研究的范畴,要符合教育研究的范式发展规律。大数据支持的科学研究创新给学习分析带来了全新的研究模式。如前面提到的面向全过程全样本数据的全局性研究,如持续收集数据开展纵深跟踪的价值持续性研究、基于失败数据的教学新问题和新规律的研究、基于多模态生物特征数据的因果性研究等。虽然目前大数据在教育研究中的应用还处于初步发展阶段,上述多种创新模式还缺少丰富成熟的案例支持,但是可以预见,随着智慧学习空间、学习终端和学习网络的普及,以及校园混合学习的不断推进,大数据技术支持的学习研究会产生越来越多的创新模式,更加符合学生身心发展规律的研究发现和成果应用,从而更加智慧地、科学地开展教与学。

第二章

应用大数据技术构建高效互动课堂

课堂是学校教育教学改革的主阵地,也是落实学生核心素养发展的关键。抓住了课堂就牵住了教学改革的"牛鼻子",抓好了课堂就把握住了教学质量提升的关键。近年来,各级、各类学校的信息化环境大大改善,为教学过程与结果数据的多维度、全程化采集创造了很好的条件。贯通课前、课中与课后的教学数据流正在形成,数据驱动的教学设计、教学组织与管理、学业辅导等教学业务开始走向精准化、精细化和精益化。大数据具有重构课堂教学流程与教学生态的潜能,将推动经验主导、低效重压、整齐划一的传统课堂转向全向互动、数据把脉、精准反馈、轻负高质的高效互动课堂。

第一节 从传统课堂到高效互动课堂

一、传统课堂高度"缺钙"

随着信息技术在教育领域的广泛应用,技术与教学的融合更为深入,课堂教学模式也发生了变革。但我国现有的大多数课堂教学仍然存在着模式化、静态化等问题,课堂互动往往是教师"动",学生"不动",不能很好地满足学生的个性化发展需求,整个教学活动陷入"课堂效率低—学生掌握差—课后拼命补"的怪圈(图2-1)。如何利用大数据技术提高课堂效率并促进学生的个性化发展,是当前学校教育教学面临的现实挑战。

基于此,本书应用大数据技术构建高效互动课堂,以期打造低耗高效、轻负高质、全向互动的新型课堂,提升学校教育教学质量。

图 2-1 教学课堂恶性循环怪圈

二、什么是高效互动课堂

高效互动课堂是指在大数据技术和信息化教学媒体的支持下,以促进师生全向互动为抓手,以"低耗高效、轻负高质"为目标,为每位学生带来最大获得感的课堂形态(图 2-2)。"高效"是指在有限的课堂教学时间内,最大程度地提高适切教学目标达成率;"互动"则是指课堂教学中师生、生生之间及师生与教学内容和教学媒体之间的全向互动。高效互动课堂的特征主要表现为以下四个方面:

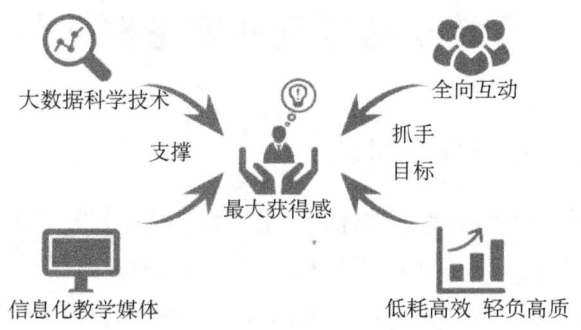

图 2-2 高效互动课堂概念框架

(一)全向互动

高效互动课堂借助多样的技术手段量化师生的教学行为,帮助教师优化教学计划,增强学生的课堂参与度和积极性。电子书包、交互式电子白板、平板电脑、点阵笔等设备为课堂互动提供了现实环境,方便实现人与人、人与设备、人与资源的多维全向互动,使课堂教学迸发出新的活力。

(二)数据把脉

高效互动课堂利用大数据技术持续分析课堂数据,为教师及时了解学情、调整教学计划提供了数据支持。教师通过传感器和智能终端同步记录学生的学习路径,追踪其学习过程,全面掌握学习者的学习现状,为教学"把脉",实现对症下药。

(三)精准反馈

高效互动课堂立足教学过程,通过分析教学数据能够掌握学习者的不同需求。不仅能帮助教师实时捕捉有价值的信息,根据学生出现的学习问题进行及时干预、优化教学内容与教学方法,还能帮助学生进一步巩固、深化和运用所学知识。

(四)轻负高质

丰富的媒体支持、高效的互动体验与精准的学情分析,促使教师在最短的时间内尽可能高质量地完成教学任务。教师在有限课堂教学的时间内,既能保证课堂教学有足够的信息量,又能聚焦班级存在的共性问题和学生的个性问题,帮助学生及时查漏补缺,布置少而精的学业任务,真正实现高效教学。

第二节 高效互动课堂的理论框架与5J模型

一、高效互动课堂理论框架

本书围绕课堂教学四要素(教师、学生、教学内容和教学媒体)(方海光,等,2014),以四大教学理论(双主教学理论、掌握学习理论、强化理论和最优化教学理论)为指导,应用数据科学技术(数据采集、数据处理、数据分析与数据应用服务),构建高效互动课堂理论框架(图2-3)。

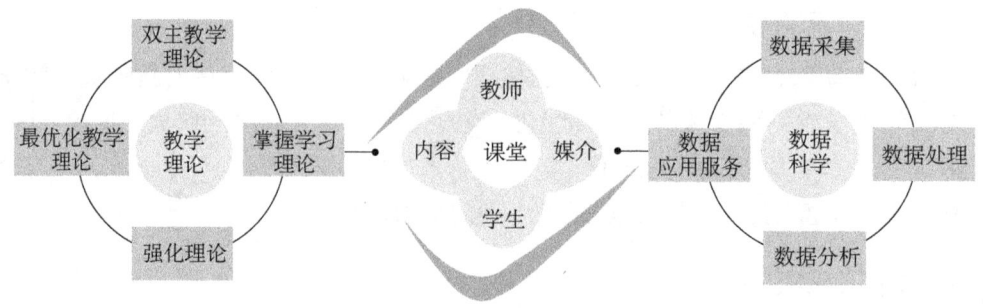

图 2-3 高效互动课堂教学理论框架

（一）双主教学理论

双主教学理论强调学生的主体地位和教师的主导作用，旨在避免在教学过程中只使用一种教学模式，使教师或学生单方面主宰教学而导致的"满堂灌"现象（何克抗和李克东，2000）。教师在鼓励学生自主参与的同时，引导学生采用更合理的学习策略掌握学习内容，正确理解知识并创新应用，提高学生的自学能力，师生协同构建动态的、有生命力的课堂。

（二）掌握学习理论

掌握学习理论由美国当代著名的教育心理学家布卢姆（Bloom，1968）提出。所谓"掌握学习"就是在"所有学生都能学好"的思想指导下，以集体教学（班级授课制）为基础，为学生提供个别化辅导，从而使大多数学生完成课程学习任务。教师应注重个别化纠正性教学，根据学生身心发展特点和学习需求，因材施教，培养多元型创新人才。

（三）强化理论

强化理论由美国心理学家和行为科学家斯金纳（Skinner，1969）等学者提出。该理论强调在学习中应遵循小步子和及时反馈的原则，将大问题分成一系列的小问题，循序渐进。教师应着眼学生的动态发展，善于运用全面、辩证的评价方法与策略，有针对性地强化、加深学生对学习行为的认识。

（四）最优化教学理论

最优化教学理论最早由苏联著名教育家巴班斯基提出。该理论立足于提高教学效率，旨在以最小的代价使每个学生的学习潜力得到最大限度的发挥，使教育教学过程达到相对最好的效果（巴班斯基和吴文侃，1982）。教师应掌握学情，运用整体的眼光规划教学过程，使之形成一个有机整体，提高课堂教学效率。

二、高效互动课堂 5J 模型

本书基于高效互动课堂理论框架和概念框架，设计了高效互动课堂 5J 模型（图 2-4），由精心设计、精细授导、精练研习、精准评估和精益辅导五部分构成。该模型在不影响师生正常教学行为习惯的前提下，以"低耗高效、轻负高质"为目标，采用纸笔互动的方式，自然、持续地记录课堂教学产生的数据，并进行实时分析和可视化呈现，以在有限的课时内最大程度地提高教学效率。

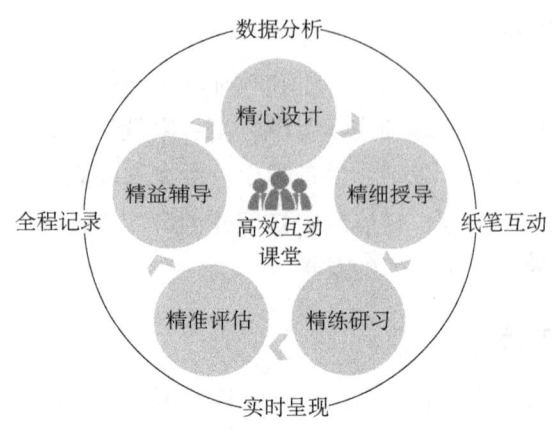

图 2-4　高效互动课堂 5J 模型

（一）精心设计

基于对教学内容的精准把握，教师在课前为学生提供自主性学习材料，如微课、练习等。通过对学生的学习行为进行数据分析，教师可发现学生课前普遍存在的疑难问题，有针对性地确定教学模式与策略。此外，教师可以根据学生的学情反馈及实际教学要求，选取合适的问题作为情境导入，引起集体思考与共鸣，做到课堂教学预设与生成的辩证统一。

（二）精细授导

教师根据精心筛选的教学内容，细化知识体系，抓住重点，突破难点，帮助学生在掌握知识的同时，实现探究与创新能力的提升。同时教师依据课堂数据的实时反馈，动态调整教学方法与策略，引导学生自主发现问题、解决问题，让学生真正成为学习的主体。学生可根据各科学业分析报告与教师的及时反馈，加深对知识的理解，掌握各知识点的内在联系，构建知识框架。

（三）精练研习

为了检测学生的学习效果，教师需要在学生学习完某一知识点时，提供与之对应的具有较强精确度和细致度的精选习题。通过对学生答题情况进行统计分析，教师不仅能快速聚焦并集中精讲高频问题和经典错题，还能根据学生作答情况，掌握每一位学生现有的认知水平、学习难点、学习偏好、学习误区等特征，实施个性化纠正教学。

（四）精准评估

大数据技术能够为教师教学评价和学生学业评价提供全面客观的数据支撑。

首先，基于课堂教学过程与结果数据建立个体多维模型，教学管理者定期评价师生发展情况，并存储至云端。其次，采用多元评价的方式，开展教师评学、学生评教、同伴互评及自我评价活动，并依据相应的评价指标，量化评价结果，实现个性化评价。

（五）精益辅导

通过剖析学习行为数据中潜藏的规律，教师不仅学生能够把握自身知识掌握程度和薄弱点，还可以开展个性化的一对一辅导和分组辅导。教师可根据本次和历次的学业评估报告，分别从横向（优劣势学科分布情况）和纵向（各科学业进退步情况）进行比较，有的放矢地提供学习反馈与建议，减少盲目搜索辅导资料与服务的时间。

第三节 高效互动课堂的教学模式与实施策略

一、高效互动课堂教学模式

根据上述对高效互动课堂的概念解析，结合高效互动课堂的理论框架与5J模型，本书提出了如图2-5所示的高效互动课堂教学模式，由课前精心设计、课中精致教学、课后精益辅导三个教学环节构成。

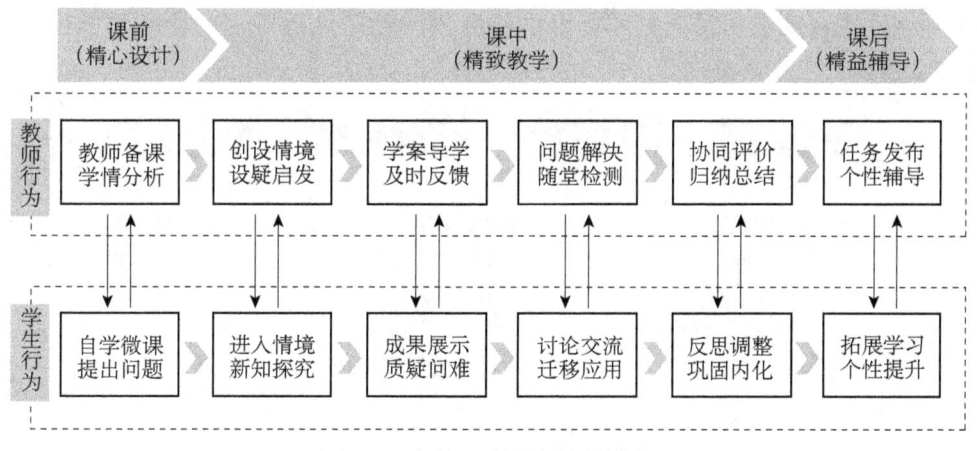

图2-5 高效互动课堂教学模式

(一)课前:大数据促进精心设计

首先,教师根据教学大纲和教学计划进行备课,并选择合适的内容(如教学重点和难点、旧知识点的回顾、概念性知识讲解等)作为课前自主性学习材料。其次,教师将其同步上传至网络课堂学习平台,学生可自行安排学习进度,观看教学视频并针对遇到的问题提出疑惑。网络学习平台能实时采集学生观看微课时长、完成习题时长及正确率等学习数据,并通过对大量数据进行分析生成个体和班级学情分析报告。最后,教师可随时查看学生的任务完成情况,通过学情分析报告快速诊断学生个体及群体现有的知识储备和疑难问题,根据需求精准定位教学目标与重难点。

(二)课中:大数据支持精致教学

在高效互动课堂中,教师根据课堂数据的实时反馈可以更好地掌握学生学习情况,及时调整并改进教学内容与教学方法,激发学生的创造性思维,提高学生课堂学习的积极性与参与度。为了进一步细化高效互动课堂教学设计,本书将课堂教学分为文科类(语文、英语、政治、历史等)和理科类(数学、物理、化学等),以进行针对性的教学模式设计。

1. 文科类教学模式

文科教育的核心是经典教育,承载着不同传统的思想路径和智慧形态,既是人们理解祖辈及其过去的最主要路径,又是塑造未来的桥梁(魏书生,1990)。只有广泛地理解经典文本,才能探索更多可能的世界。因此,文科类教学重在开放思想,引导学生主动发表见解,激发学生形成创造性思维。文科类教学模式如图2-6所示。

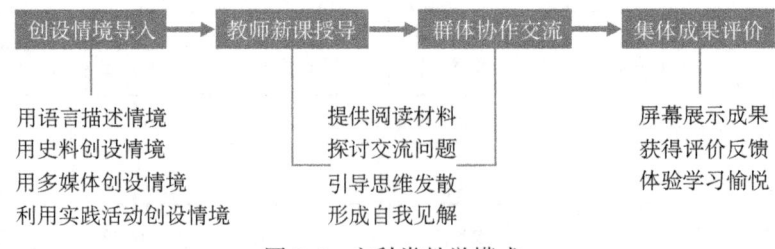

图2-6 文科类教学模式

(1)创设情境导入

根据建构主义学习理论,学习是在一定的"情境"下进行的(陈请和刘儒德,

2009）。因此，情境创设应从学生的学习兴趣与实际需求出发，充分调动学生的积极性，激发学生深入思考。此环节建议时长为5分钟。

教师依据平台统计分析的学情报告和不同的教学内容，选择不同的导入情境，如利用语言描述文字资料和图片，提供准确的史料，使用多媒体呈现视频资料，回顾学生亲自体验的实践活动等。例如，在《圆明园》的教学设计中，教师在课前要求每位学生借助相关工具自行了解圆明园。根据平台统计情况，教师将已参观过圆明园的同学分组，在课堂教学中通过小组自制简介微视频和实地参观感悟的形式引入，设置"同学们都知道圆明园的哪些景点""印象最深刻的景点是什么并向大家介绍它"等问题，激发学生说出自己的想法，学生在教师问题引导及自主思考的驱动下，自觉主动地融入学习情境中。

（2）教师新课授导

学生理解课程内容后，主动进行自身的知识建构，将新的学习内容与自身原有知识结构中的知识关联起来，在有限的时间内获得更多更系统的知识，即为有意义接受学习理论（West & Kellett，1981）。因此，课堂教学不能局限于教师单方面向学生传授教学内容，还需注重培养学生发散性思维。此环节建议时长为10分钟。

教师引导学生在新旧知识之间建立逻辑关系，采用分化整合策略安排教学进程，帮助学生获得并领悟新知识。首先，教师应宏观把握整节课的教学安排，按照学生认识事物的规律，逐步深入地讲解知识。其次，采用小组协作探究的教学方法，提供阅读材料，促使每位学生主动思考，形成个人见解。例如，在讲授《圆明园》一课时，教师先向学生介绍圆明园如今已被毁灭的状况，再向学生呈现圆明园昔日的辉煌，让学生对圆明园产生强烈反差情感的同时，讲授历史发展背景。在教师引导和剖析下，学生对其背后的原因有了充分了解与掌握。最后，学生通过协作探究，总结圆明园丢失的文物有哪些，现已找到哪些，以此来拉近历史与现实的距离，激发学生强烈的爱国主义精神。

（3）群体协作交流

处于群体中的人与人会形成相互的复杂关系，这种关系会影响他们的行为，并最终影响到群体的行为。因此，在有效促进师生、生生之间的交流与协作的同时，教师要让学生由被动学习变为主动建构，激发学生的学习热情。此环节建议时长为15分钟。

教师根据组间异质、组内同质、优势互补的原则对班级进行分组，结合各组任务完成进度和解决思路，适度地引导学生解决问题。例如，在《交通工具的演进》教学中，教师通过提供阅读材料，促使小组共同探讨"促进交通工具演进的因素有哪些？""交通工具的演进对人类社会发展产生了哪些影响？"等问题，对未来的交通工具进行发散联想，并介绍创作来源。该环节让学生始终处于主体活动中，不仅充分发挥了师生间、生生间的相互交流和协作的功能，还能培养学生的合作意识和团队精神。

（4）成果集体评价

教学评价的目的是全面了解学生的学习过程和学习结果，应着眼于学生的发展，注重学情诊断，改善学习效果（Rodriguez，2014）。教师在评价学生成果的过程中，应意识到同伴互评与自我评价的重要性。此环节建议时长为 10 分钟。

首先，教师通过屏幕同步展示，实时掌握各组解决问题的思路和各成员的贡献。其次，按照制定的评价指标体系，结合各组最终成果汇报与过程性表现，用发展的眼光审视学生学习成果，指出其不足与改进建议，给予全面、客观的评价。最后，引导学生进行同伴互评与自我评价。例如，在《孝文帝改革》中，各学习小组通过探讨，已认识到孝文帝改革卓有成效。随后，教师展示对改革持怀疑态度的材料，结合扩展资料与本课所学，促使学生主动思考如何看待孝文帝改革。教师借助白板呈现各组不同的见解，集体讨论，引导学生发表看法，并说明理由。

专栏 2-1　　　　《荷塘月色》教学设计

教师运用电子白板、点阵笔技术、互动课堂系统技术，将班级分成 6 组，以小组协作的方式，引导学生感受荷塘月色的意境美，品味文章语言美、结构美。本课时主要针对课文第 4～5 段，对荷塘月色的描写进行赏析，旨在理清文章思路，把握作者情感的发展变化，教学具体过程如下。

（一）创设情境

导入新课之前，首先，教师提供大多数学生熟知的朱自清先生的作品，并回顾之前学过的各种散文名篇。其次，教师利用电子白板呈现作者简介，概述朱自清先生的成长历程，进而引导学生准确掌握本文的写作背景，深入了解作者来到荷塘的原因，使学生产生强烈的求知欲望，为学习课文内容打下基础。

（二）新课授导

朗读是培养学生语言感受力、品评力的有效手段。本课教学中，教师通过配图配乐,要求学生按照自己的方式自读课文并挑选学生展示,借助点阵笔投票统计功能,进行班级点评活动,调动学生参与的热情。同时,教师结合班级互评情况提出问题"如何正确朗读课文",播放标准的配乐朗诵,让学生听清字音,体会文章的感情基调,把握文章大致结构,达到使学生整体感知课文内容的目的。

(三)协作交流

1. 圈点批注

经过诵读,学生对文章有了初步感知。随后,教师运用电子白板呈现"从文中找出你觉得用得非常好的词语,想想好在哪里"这一开放性问题,学生以小组合作的方式,分别对第4~5段进行圈点批注,品味作品的语言美。点阵笔技术可在电子白板中同步呈现学生批注情况,这不仅能够在学生之间相互启发,还能帮助教师及时掌握学生的理解程度。基于此,教师对班级绝大部分圈点的典型词语重点讲解,对批注个别词语的同学进行针对性提问,使其发表独到见解,帮助学生准确理解文中词语的含义。

2. 品读赏析

在学生感性体验的基础上,教师引导学生逐步深入思考,进一步提出"作者分别怎样对荷塘、月色进行了描写?它们美在何处?它们包含了作者怎样的感情?"等问题。各小组积极研讨,互相交流见解,达成一致意见后,选出代表回答。教师基于点阵笔技术随时查看学生的思考路径,掌握每组观点并考虑下一步如何指导学生正确分析作者情感。

(四)成果评价

首先,电子白板同步展示学生批注与小组讨论情况,各组派代表阐述观点;其次,同伴互评,班级共同交流;最后,在学生充分发言的基础上,教师使用点阵笔批注功能,做必要的启发指点,尤其指出那些容易被忽略的情感。同时,也要对提出创造性观点的学生进行赞赏与鼓励,与学生共同梳理、提炼作者的写作思路与情感。

资料来源:该教案根据北京市第一中学杜涧清老师的教案进行改编。

2. 理科类教学模式

理科的逻辑性强,学科各知识之间环环相扣、紧密相连(田爱丽和吴志宏,

2014）。教师应注重知识的连接性，在夯实基础知识的同时，促使学生主动探究知识。理科类教学模式如图2-7所示。

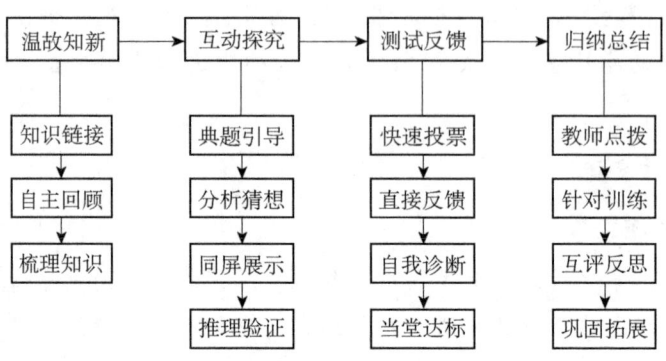

图2-7　理科类教学模式

（1）温故知新

教师应按照一定的阶段顺序和学生发展的心理结构开展教学活动（Kendall et al.，2013）。需引导学生抓住新旧知识之间共同的原理或本质，实现新旧知识的高效衔接。此环节建议时长为5分钟。

根据学情分析，教师能够从学生原有认知结构中确定可以引入新知的相关旧知，缩短学生已知与未知的距离，激活学生学习动机。例如，在《平行四边形》一课中，教师与学生一起回顾和绘制所学过的平行四边形的种类，使学生进一步熟悉平行四边形的概念与特征。同时，教师需及时抓住学习过程中出现的新问题，引起学生的认知冲突，帮助学生更好地实现新旧知识的过渡，完善自己的知识体系，为掌握平行四边形的判定方法做好准备。

（2）互动探究

在课堂教学活动中，教师需始终坚持以学生为主体、教师为主导的教学理念。教师应注重将学生由外部刺激的被动接受者和知识的灌输对象转变为信息加工的主动建构者（Scardamalia &Bereiter，2006）。因此，学生应在教师的指导下，采用自主探究的方式，不断完善知识体系。此环节建议时长为20分钟。

首先，学生对本专题典型例题自主进行尝试练习，大胆猜想，自主推理验证。其次，学生进行合作探究，在教师的指导下，优化解题方法，完善解题步骤。借助点阵笔技术，教师能够同步掌握各组学生的答题思路、进度及成员参与情况，适时剖析解题思路，促进学生主动参与，主动探索，主动思考，主动实践，进而完成知识建构。例如，在《函数表示法的应用》一课中，学生采取小组合作学习模式，先组内独立完成，再组间集体讨论。教师通过提供不同的具体实例，促使学生探讨不同函数表示法的应用。然后借助同屏展示，让学生了解到各小组的完成进展与思路，激发学生的学习积极性，形成互动、互促的学习氛围。最终以小组成果汇报的形式完成小组互评。

（3）测试反馈

为了检验教学效果，教师应根据教学目标编制一套能反映学生对教学内容掌握的广度与深度的测试，以此了解学生当前学习掌握情况。基于实时统计结果，教师应给予学生即时信息反馈，以加强学生对教学内容的认识和理解。此环节建议时长为10分钟。

首先，测试题的数量要适中，注重知识基础的同时突出重难点，答题加统计的时长最好控制在5分钟以内。其次，学生可使用投票系统进行答题，能够快速统计结果，便于教师及时开展下一步教学活动，对共同问题与高频错题集中精讲，进行必要指导和补充。最后，学生可自我诊断存在的不足与差距，分析原因，并有针对性地安排学习路径。例如，在《平方差公式》教学活动中，为了使学生深刻理解公式$(a+b)(a-b)=a^2-b^2$，教师采用判断题型和计算题型进行当堂测试。其中，判断题可帮助学生对经常出现的错误作具体的分析，计算题则强调运用平方差公式进行计算。学生经过思考，能够进一步了解平方差公式的本质特征，加深对字母含义广泛性的理解及对公式的掌握。

（4）归纳总结

认知心理学研究认为，工作记忆在短时间内只能记住7 ± 2个独立的信息单位（Miller，1983）。此外，由于教学内容具有一定的系统性和连贯性，教师应将各种类型的练习、问题的思考与回答与学生已有的知识结构紧密联系，基于测试结果，及时解决疑难问题，适时点拨。同时，借助投票系统进行学生评教。此环节建议时长为5分钟。

首先，教师选取不同的方法（如讲解法、列表法、图示法等），帮助学生梳理知识脉络，进行自我评价，使其真正达到系统理解、整体掌握知识的目的。其次，针对不同层次的学生，提供不同的训练方案，促进学生认知结构的逐步完善，将所学知识进一步系统化、概括化。例如，在《函数的奇偶性》的归纳总结教学环节中，教师根据前一阶段的测试结果，在深入理解教材和学生的基础上，采用问答形式，概括总结本节课所学的奇函数和偶函数的规律，使学生及时巩固新知，培养学生的归纳概括能力和语言表达能力。

专栏 2-2　　《正比例函数的图像和性质》教学设计

教师运用电子白板、点阵笔技术、互动课堂系统技术，以小组协作探究的方式进行授课。由于学生已掌握描点法，能够将函数解析式与图像在直角坐标系中建立对应关系，但在理解从特殊的函数特征到一般的函数性质归纳过程中仍存在较大的困难。因此，本课侧重让学生体会"知识形成"的过程，探究正比例函数的图像特征、画法、性质。教学具体过程如下。

（一）温故知新

首先，复习上节课学习过的正比例函数的有关知识。其次，教师利用电子白板的遮盖、放大功能，让学生指出呈现的正比例函数，并说出其自变量取值范围。最后，导入新课。教师提出问题"你会画正比例函数图像吗？"，使学生开始学习今天的教学内容。

（二）互动探究

1. 教师带领学生回顾画函数图像的一般步骤。

2. 采取小组团队的学习形式，各组在学案中画出正比例函数 $y=x$、$y=-2x$ 的图像，比较两者的异同，引导学生总结出"两点法"画正比例函数的图像。借助点阵笔同步展示学生画的轨迹，教师通过观察作图过程，便于发现存在的共性问题，并利用电子白板及时辅导与点评。

3. 用"两点法"画出不同 K 值的正比例函数图像。各小组通过观察函数的图像，共同研讨、归纳函数的性质，并填写在学案中。团队成员用点阵笔的不同颜色表示不同的图像，借助电子白板展示其成果。教师在引导学生正确总结正比例函数性质的同时，展开同伴互评与自我评价。

4. 以上是通过直观的观察图像得到的正比例函数的性质，为了体现数学的严谨性，教师利用几何画板验证同学们的各种猜想。

（三）测试反馈

教师提供六道随堂测试习题，使用电子白板的计时功能，限时回答。借助投票系统进行答题，实时统计学生答题情况，直观反馈教学效果。教师可根据错误率，有的放矢地选择知识点进行重点讲解，或对个别学生进行重点辅导。

（四）总结归纳

教师在电子白板中以填空题的形式呈现本节课的重点知识，帮助学生梳理知识脉络，促使学生总结自己的进步与收获，及时弥补不足。

资料来源：该教案根据东北师范大学附属中学朝阳学校王利霞老师的教案改编。

（三）课后：大数据优化精益辅导

课后，教师根据每位学生的课堂表现，给予针对性的点拨和指导，布置相对应的课后任务。首先，教师基于课堂数据反馈信息，调整教学策略，加强教与学的协调性，使学生处于最佳的学习状态。其次，通过分析学生认知的形成过程，教师甄别哪些内容需要精讲，哪些内容需要略讲，减少课堂授导的盲目性。最后，课后辅导不能仅靠教师的努力，还需要家长、学习小组的监督与协助。课后辅导是对课堂教学内容有益的、必要的补充，能及时弥补学生在课堂中存在的知识漏洞，也能消除部分学生的知识误区。三方共同寻找行之有效的辅导方式，在最短的时间内达到最优化效果。

专栏 2-3　　基于点阵技术的高效互动课堂解决方案

拓思德高效互动课堂由基于数字光学点阵技术的"3+1"产品体系架构组成（图 2-8），包括 E 笔微课、E 笔板书、PPClass 互动课堂和 51 测评。在不改变师生传统纸笔书写的前提下，高效互动课堂将数字化教材、数字化课堂笔记、数字化课后作业、数字化考试及远程辅导完美结合，把教育信息化落到实处。

课前，教师使用 E 笔微课软件，通过纸笔手写的方式录制微课资源，摆脱键盘束缚，自动生成教学视频。随后将其上传到平台并发布学习任务，引导学生进行课前预习。学生登入平台在线答题、完成任务，平台自动记录学生的答题情况，并传给教师。教师不仅可以了解学生的预习效果、课后任务完成情况，还能迅速诊断学生存在的薄弱知识点，进而制定合理的教学方案。

课中，教师使用 E 笔板书软件让授课变得更加灵活高效，也可利用 PPClass 互动教学系统，通过点阵数码笔来实现与学生之间的深度互动。

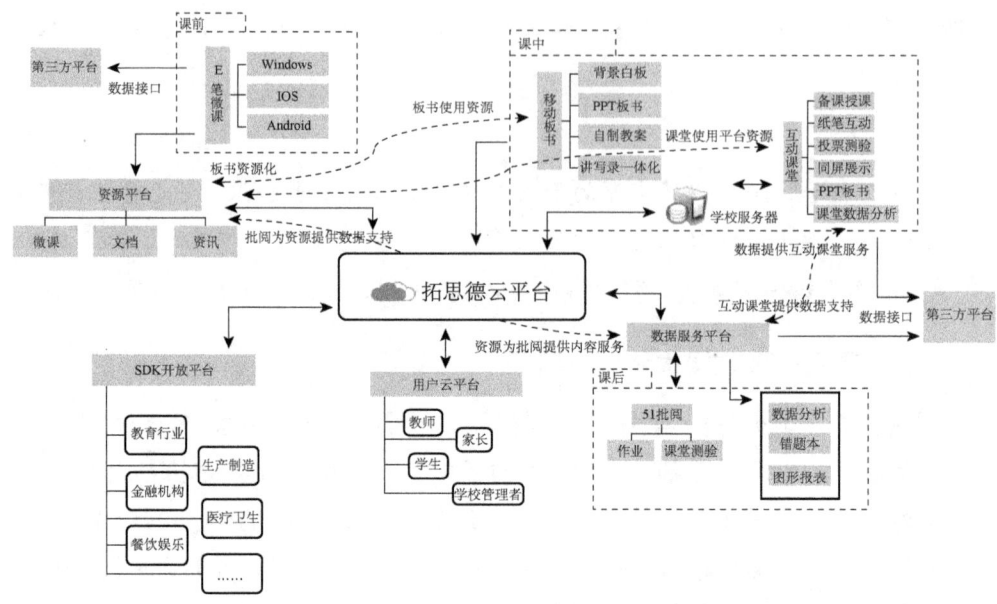

图 2-8 拓思德产品架构图

在课堂上，教师使用 E 笔板书教学应用软件，可以便利地进行移动书写教学。通过使用光学点阵技术，教师纸笔书写的内容可以即时同步在大屏或投影中动态显示。软件同时还支持使用 PPT 讲解和批注等其他常用的教学功能，并将教学内容录制形成通用视频格式。此外，E 笔板书软件还可以记录教师在课堂上的各种授课行为和行为时间，并以这些教学过程中产生的自然教学行为数据为基础，进行客观的教学行为数据分析。

课上，利用 PPClass 的白板功能，教师能够随时随地讲授教学内容，借助同屏展示功能可同步批阅学生的书写内容，对普遍存在的问题及时讲解，实现学生与教师、学生与学生、师生与教学资源之间的多向交流。此外，教师可根据点阵笔工作状态进行班级考勤。其次，教师利用测评功能进行知识点的随堂测验，用传统的纸笔书写方式，将学生的整个思维过程清晰地记录下来。借助系统智能的评判，教师不仅能够快速了解学生的答题情况，省去了传统课堂收卷、阅卷的环节，还能对学生们的答题进度一目了然，有助于进行过程性评价。最后，利用 PPClass 的投票功能，教师既可以发起对知识点的投票，帮助学生完成学习效果的自我评价与诊断，还能发起对教学效果的评价，促进自我教学反思，不断改进教学策略。

课后，学生可以通过课堂学习数据保存功能，重现课堂教学记录便于复习。此外，教师可以利用51批阅系统快速批改作业，并将结果数据实时同步至电脑端与移动端，一方面便于开展课下精准辅导，另一方面可以利用作业数据辅助下一节课的教学设计。

资料来源：企业参与"中国基础教育大数据（2016—2017）应用案例征集活动"上报的案例。

二、高效互动课堂教学策略

高效互动课堂教学模式能够充分践行"教师主导，学生主体"的教学理念，有效利用大数据优势，提升课堂教学的质量，在有限时间内让每一位学生获得最大化效益。结合课前、课中和课后教学阶段的实际需求，本书提出了高效互动课堂教学策略体系（图2-9）。

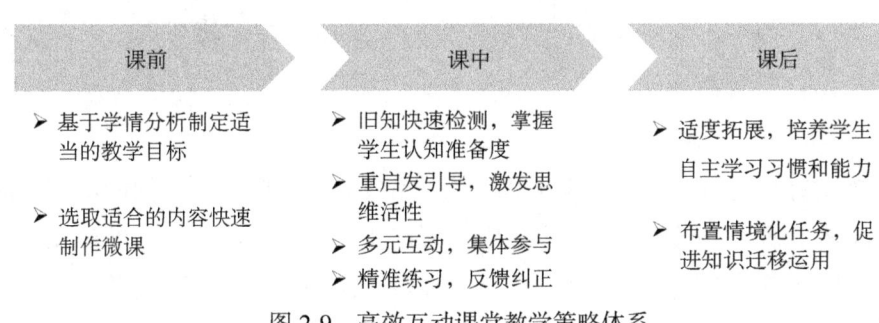

图 2-9 高效互动课堂教学策略体系

（一）课前教学准备策略

1. 基于学情分析制定适当的教学目标

教师可通过在线课程系统追踪记录学生学习过程行为，分析其学习经验和风格，掌握学情。教师要考虑学生已经学会什么、想学什么、能学什么等一系列问题，进而有针对性地设计出可实现的教学目标，满足不同层次学生的不同需求（顾小清，等，2016）。

2. 选取适合的内容快速制作微课

首先，教师应选取适宜的知识点生成微课，知识点的选取不局限于教学重难点，既可聚焦解决实际问题，还可介绍相关背景信息，又可设置悬念，激发学习兴趣。其次，教师依据教学风格和教学内容，选取不同的制作方式，为课程的展开做铺垫。微课的制作方法主要有教学录像、屏幕录制、多媒体讲解、动画讲解及视频剪辑等（孟祥增，等，2014）。

（二）课堂教学组织策略

1. 旧知快速检测，掌握学生认知准备度

根据教学需要，测试题目难度设置要有一定的层次性。教师可借助投票系统进行知识储备检测，将学情分析可视化，少而精地选择教学内容，对学生未掌握的知识加深巩固，已掌握的内容则不再讲解，力求课堂教学的每一分钟都能让学生获得最大效益。

2. 重启发引导，激发思维活性

在授课过程中，教师应抓住知识主线，突出重点，并注重启发学生发现问题，引导学生主动思考解决方案，对不同学生的不同思维做出合理的判断和决策，真正做到与学生友好对话，调动学生的主观能动性，使其自主投入学习过程中。

3. 多元互动，集体参与

高效互动课堂不同于传统的互动教学，不仅有师生间、生生间的语言交流讨论，还能够借助大数据技术对整个教学过程产生的数据实时分析，准确反馈，促使学生集体参与教学活动，实现师生与多种媒体技术的多元互动。

4. 精准练习，反馈纠正

教师通过布置适量的随堂检测题来检验学生的学习效果。所选习题应突出教学重难点，具有一定的启发性、典型性。学生完成后，系统将其思考过程与结果可视化，教师采用共性问题精讲、疑难点精讲、个别问题个别辅导的策略，帮助学生做到"堂堂清"。

（三）课后教学辅导策略

1. 适度拓展，培养学生自主学习习惯和能力

学习不仅是使学生掌握基础知识，更重要的是促进学生学习能力的发展。基于学生的现有认知水平，教师需结合学生的兴趣、性格、能力等因素适当地安排不同层次的拓展性训练，并提供相应的指引，促进学生自主质疑探究，获取知识的同时培养自学与自主探究能力，实现全面发展。

2. 布置情境化任务，促进知识迁移运用

为充分激发学生的学习热情，教师可将学习任务情境化，如针对某个问题展开在线分组辩论、在特定场景中进行角色扮演等。学习任务是学生课堂已学过的、与生活息息相关的内容，并且具有一定的挑战性。此外，教师可引入适当的小组竞争机制，以检验学生的知识迁移运用能力。

第四节 互动课堂数据采集框架与数据指标

丰富多样的教学活动既包括基于移动设备的线上活动，又包括应用多种教学模式的线下活动，课堂数据随着其开展而不断生成。由于教学对象、目标、内容及所依据的教学理论存在差异性，教师会设计不同的教学方案。动态生成多元的教学过程使得课堂数据的采集更加复杂。

依据课堂教学要素的不同（方海光，等，2014），课堂数据可以划分成四种类别：师生行为、教学评价、师生情感及课堂管理（图2-10）。通过平台采集、视频录制、图像识别和物联感知四类常见的数据采集技术（邢蓓蓓，等，2016），可以方便地获取课堂教学活动产生的大量数据，并存储在数据库中，为进一步的数据分析与应用奠定基础。

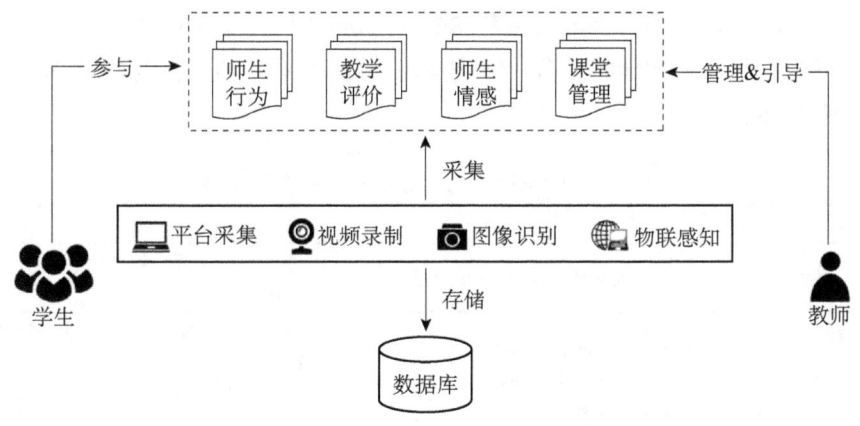

图 2-10 互动课堂数据采集框架

课堂教学不仅依赖于教师教学行为、学生学习行为及师生、生生间的互动行为，还受到教学环境、教学条件等因素的影响。因此，课堂教学将产生多样的教学数据（图 2-11）。

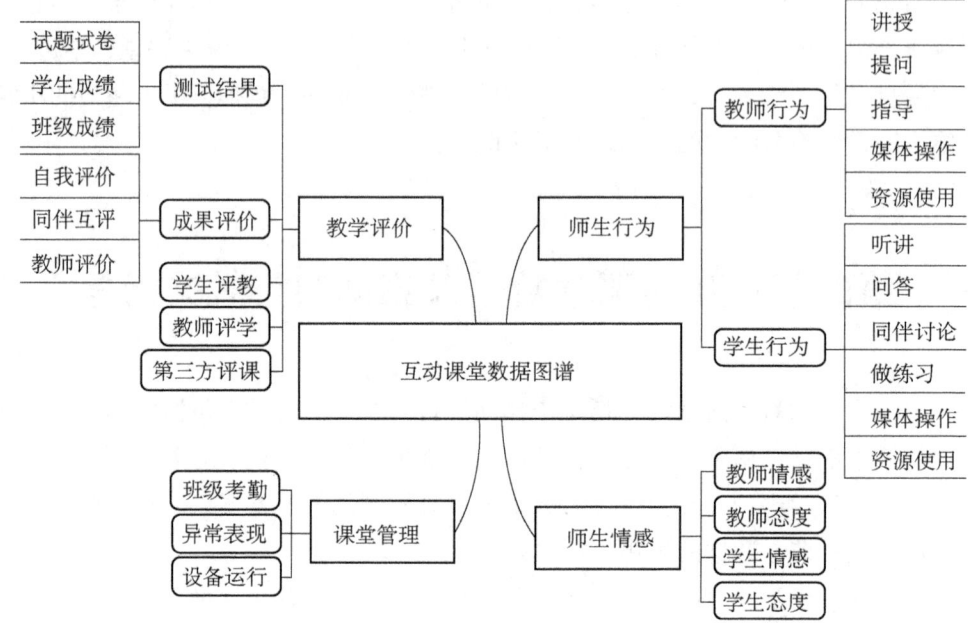

图 2-11　互动课堂数据图谱

一、师生行为数据类别与数据指标

课堂教学应充分体现学生的主体性、教师的主导性。教师是学生学习活动的引导者与管理者，发起的某种行为能够持续引起或促进学生给予响应。此外，学生的学习行为与教师教学行为保持着基本的对应关系。师生行为的数据类别、指标与价值见表 2-1。

表 2-1　师生行为的数据类别、指标与价值

数据类别		数据指标	应用价值
教师行为	讲授	讲授时长、板书时长、板书书写路径	分析师生言语比率，把握课堂教学的组织结构
	提问	提问次数、提问时长、追问次数、追问时长、问题类型、教师挑选学生回答的方式、教师回应方式、教师回应次数	分析课堂提问的有效性，反思问题设计的深度和技巧；分析教师回应方式，引导学生进行发散性思考
	指导	分析学情指导时长、教师班级指导时长、教师班级指导次数、教师班级指导轨迹、教师个别指导时长、教师个别指导次数、教师个别指导轨迹	分析教师指导情况，动态调整教学规划

续表

数据类别		数据指标	应用价值
教师行为	媒体操作	媒体类型、媒体操作次数、媒体操作时长、媒体操作路径	分析设备/资源使用率,了解教师信息素养
	教学资源	资源类型、使用次数、使用时长、使用路径、书写路径	
学生行为	听讲	听课时长、走神次数、走神人数、走神时长、记笔记次数、记笔记时长、记笔记轨迹	分析课程教授的有效性,关注学生对教学活动的参与度
	问答	响应时长、思考问题时长、学生回答方式、主动回答次数、主动回答人数、主动回答正确次数、被动回答次数、被动回答正确次数、学生回答类型、学生回答时长、主动提问次数、主动提问类型、主动提问方式	分析学生对教师发起活动的响应程度,了解向师性;分析师生对话深度,评估教师语言表达能力、有效提问能力与教学引导能力
	同伴讨论	组内讨论次数、组内讨论时长、参与组内讨论次数、组间讨论次数、组间讨论时长、参与组间讨论次数	明确团队中各成员的分工与参与度,分析学生的学习主动性
	做练习	答题次数、答题时长、每道题答题时长、班级答题平均时长、答题顺序、答题轨迹、班级平均每道题答题时长、答题正确率、知识点错误率、知识点错误分布	细化与量化答题行为,挖掘学生对不同知识点的掌握情况、思考时间和应用层次等
	媒体操作	媒体操作类型、媒体操作次数、媒体操作时长、媒体操作路径	分析学生学习路径,掌握学生思维模式;分析学生学习偏好,了解适合学生的学习资源
	资源使用	资源类型、使用次数、使用时长、知识点的学习频率、书写轨迹	

随着信息技术的发展和网络覆盖面的扩大,大量信息化教学设备被广泛应用在教学中。首先,教室中安装的智能录播系统可实时采集课堂中师生各种表现行为。其次,点阵笔技术能完整采录师生的书写过程,全程记录教学轨迹。最后,在信息化教学活动中可利用设备平台与管理技术同步记录教学过程中师生的媒体操作路径。

专栏 2-4 　　四建模三分析

为了进行系统的课堂数据挖掘与学习分析,科大讯飞提出了"四建模三分析"的教育大数据研究方法。具体来说,"四建模三分析"的内在含义与着力解决的问题如下。

■ 行为建模:通过对学生主动发生的学习行为进行学生建模,着重了解学生主观学习行为与学习结果之间的关系、学生学习行为模式的共性与差异、师生与生生互动的联络拓扑。

- **经历建模**：通过学生与教师的互动情况，着重对学生的学习感受进行建模，用以了解学生学习的主观评价及对授课教师的侧面评价。
- **画像建模**：通过对包含互动对象、学习行为、学业结果数据进行建模，对学生进行聚类分组，充分刻画地学生的用户画像，以及发掘联络人网络中的有影响力节点。
- **领域建模**：通过学生学习路径及其关联的知识点数据，自动化地对知识图谱进行建模，构建学科领域的知识图谱。
- **组件分析**：通过对学习过程中的各种客观行为（组件）进行分析，获得其与学生学业结果的联系。
- **策略分析**：通过对教学者教学风格和教学策略进行抽象与归纳分析，获得其对学生学业结果的影响。
- **趋势分析**：借助对影响学业结果的主观、客观、策略等因素的分析，对学业进行趋势预测；与此同时，借助网络文本数据分析对校园舆情进行管窥。

资料来源：科大讯飞大数据研究院《跨越鸿沟：从数据到应用——基于智慧课堂数据的教育大数据应用初探》研究报告。

二、教学评价数据类别与数据指标

教学评价是教育教学活动中的基本行为，需同时考虑教师的教和学生的学，既要注重对教学过程的评价，又要注重对教学结果的评价。课堂教学评价测试结果、成果评价、教师评学、学生评教及第三方评课等数据，以及教学评价的数据类别、指标与价值见表2-2。

表2-2 教学评价数据类别、指标与价值

数据类别		数据指标	应用价值
测试结果	试题试卷	题目类型、题目数量、题目难度、题目区分度、试卷信度、试卷效度、知识点覆盖面	分析知识点重复率，避免教学盲区；分析试卷质量，生成校本题库
	学生成绩	各科各题型成绩、各知识点成绩、各知识点错误重复率、各知识点平均答题时长、班级名次、年级名次、各科成绩标准差、各科成绩平均值、各科成绩极大值、各科成绩极小值	即时可视化呈现所有学生练习和评测结果，帮助教师实时了解学生知识点的掌握情况；
	班级成绩	班级考试人数、年级考试人数、各科年级平均分、各科年级的分数段、班级各科的平均分、班级学生年级分布情况、班级优良率、班级及格率、各题型班级平均分、每道题的班级错误率、每道题的年级错误率、知识点的错误重复率、各知识点班级平均分、各知识点年级平均分	分析学生学习行为数据，判断影响学习效果的因素，构建学习力模型；分析学生学习过程，从问题讲解、推荐拓展知识等方面，给予学生个性化指导

续表

数据类别	数据指标	应用价值
成果评价	自我评价时长、自我评价次数、自我评价轨迹、同伴互评时长、同伴互评次数、同伴互评轨迹、教师评价时长、教师评价次数、教师评价轨迹	全面记录多元化评价过程，客观评估学生发展
教师评学	学习态度、学习参与度、学习效果	诊断学生课堂表现，消除学习者学习障碍
学生评教	教学态度、教学内容、教学方法、教学效果	即时精准掌握学生对课堂教学的满意度，调整教学方案
第三方评课	教学过程、技术运用、教学技能、教学效果、课堂管理	客观评价课堂教学，促进教师反思

在教学评价之前，教师首先需录入试卷的题目类型、数量、难度等数据。其次，教师使用点阵笔技术采集学生全过程答题情况，或利用网评网阅技术扫描答题卡，可视化呈现教学效果。同时，教师可利用图像识别技术扫描纸质内容，快速统计评价指标分数。此外，教师基于移动设备的平台，通过点击加分奖励（积极行为）或减分惩罚（待改善行为），自动获取各项评价数据。

专栏 2-5　　　　学习者学习绩效分析框架

上海教享科技有限公司在其研发的智慧校园大数据产品中，构建了围绕学生个体的九大分析框架（学习者特征分析、学生情感态度分析、学生行为维度分析、学生认知维度分析、学生学习的参与度分析、学生学习轨迹分析、学生学习模式分析、学生学习课前/课堂/课后学习的活跃度分析、学生学习绩效分析）。下面将重点对学生学习绩效分析框架进行介绍。

学习绩效评价是指运用一定的评价方法、量化指标及评价标准，对学习者学习目标的完成程度和投入程度进行的综合性评价。学习绩效评价研究通过制定学习绩效指标项来评判学习者学习绩效的高低，并对学习者如何提高学习绩效提供指导。

学生绩效评价是学习过程与学习结果的综合体现，可以从以下三个方面进行评价：学习行为、学习满意度、学习结果。其中，学习结果表现为学习结束时获得的成绩，包括章节练习的成绩、课程测试成绩、上交作品的成绩、平台积分等客观成绩；而学习过程主要体现在学习行为的变化和学习者满意度这两个方面。其中，学习行为的改变是指学生在资源使用、交流协作、作业测试等方面的行为在学习过程中的前后对比；学生满意度是学生期望、感知质量、感知价值等方面的满意程度。通过对学习者满意度的测量，可以调整与完善课程、平台，以便更好地为学生服务，提高学习绩效。

1. 数字课堂学习行为分析

分别从学习资源使用度、交流协作程度、作业测试变化程度三个方面对学生在数字课堂中的学习行为进行评价。其中，学习资源使用度包括学生浏览学习资源、上传资源、下载资源、点评资源等数据（包括时间、次数、频率、内容等）；交流协作程度包括分享资源、发表主题、参与讨论、讨论发帖回帖等动作相关数据；作业测试变化程度主要针对学生完成课程测试、提交课程作业及完成课程点评的时间、次数等数据变化的情况进行综合分析。

2. 学生满意度分析

分别从学生学习期望度、学生感知度两方面来对学生满意度进行量化分析。

学习期望度分为三部分：学生对数字课堂质量的预期、学生对数字课程的预期、学生对数字课堂支持服务的预期。其中，学生对数字课堂质量的预期指数通过采集学生在不同时间段（课前、课中、课后）使用数字课堂的时间、次数、操作频率、评价等数据来进行量化；学生对数字课程的预期通过采集在课前、课中、课后等不同时间段对某门特定课程相关内容的响应快慢来进行评价；学生对数字课堂支持服务的预期通过学生对数字课堂中课程内容、相关资源的更新等所作出的响应快慢来衡量，其包括对更新内容的点击次数、阅读时间、评价时间、评价内容等相关数据。

学生感知度分为学生对教学质量的评价及学习努力与成绩的评价两部分。学生对教学质量的评价分为主观数据和客观数据，主观数据主要包括对课程的评价内容、评价分数的数据；客观数据则包含学生在数字课堂中对教学内容的响应快慢，如对课程内容的响应快慢、课中课后测验作业的完成情况与分数等数据。学习努力与成绩的评价是对学生在数字课堂学习过程中学习努力和取得成绩的比例，学习努力程度通过采集学生在某门课程，乃至整个数字课堂中操作、响应次数等数据获得，其与学生在作业、测试中的成绩相对应。

3. 学习结果评价分析

学习结果评价分为两部分内容，一部分是对学生对数字课堂的使用情况进行量化评分，包括使用时长、操作次数、发帖回帖数、上传下载等；另一部分是对学生在数字课堂中的测试成绩进行评价，包括章节练习的成绩、课程测试的成绩、上交作业的成绩等。

资料来源：企业参与"中国基础教育大数据（2016—2017）应用案例征集活动"上报的案例。

专栏 2-6　　　　基于大数据的学习品质测评

北京师科阳光信息技术有限公司长年致力于应用科技服务教育，2017 年与乐星球公司联合推出了基于大数据的学习品质测评解决方案，开发了学习品质测评系统（图 2-12）。该系统旨在有效利用心理学测评手段，采用桌游的方式对 1-3 年级小学生的学习能力和学习品质进行客观评价，为教师掌握每位学生的学习能力进而开展精准教学提供依据。目前，该系统已运用在北京市朝阳区白家庄小学等学校，受到了广大师生的欢迎。

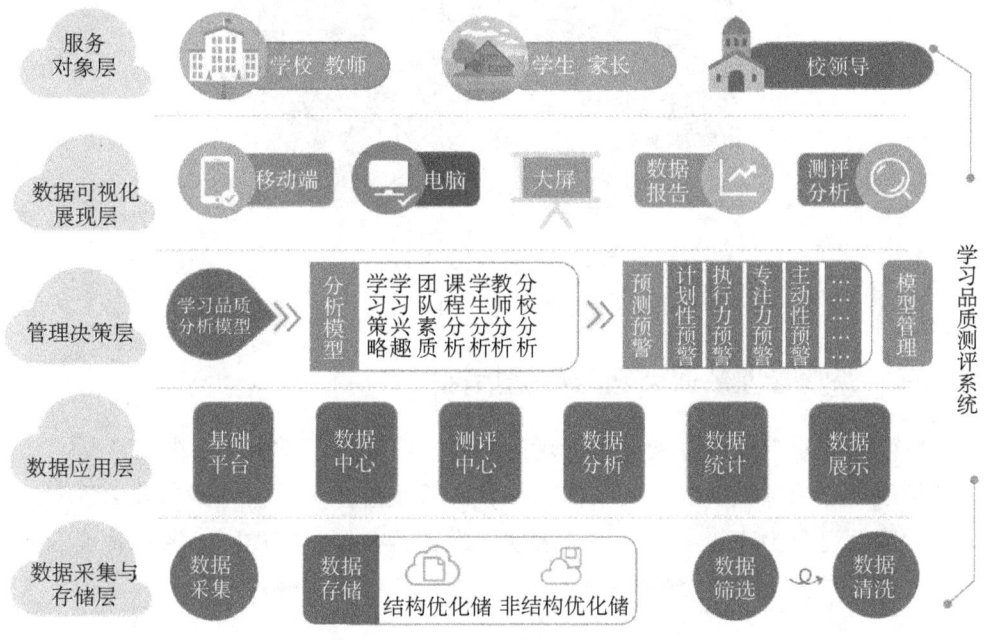

图 2-12　学习品质测评系统架构

学习品质测评系统的数据采集指标主要包括三个分量（学习策略、学习兴趣、团队素质）和九个维度（计划性、执行性、反馈性、积极主动性、专注力、心理韧性、合作意识、领导力和说服能力）。教师对学生在游戏化学习过程中的表现进行观察和评价，最终得出学生学习品质的各项发展指标。

在游戏化学习课堂上（图 2-13），学生以小组或个体为单位按照教师制定的规则开展游戏化学习，教师通过"学习品质测评系统"的移动端对学生的表现进行评分，测评结果自动提交至云端服务器，经过系统分析自动生成学生个体测评报告。该系统将学生的学习品质进行直观的图表化呈现，并实时同步到数字屏幕上，有助于教师和管理者第一时间了解学生个体及群体的在学习策略、学习兴趣、团队合作等维度的表现情况，并进行比较分析与发展趋势分析。该系统在了解学生三个分量九个维度的对比情况及发展趋势的基础上，能够为家庭教育与学校教育提供针对性的实施建议，以促进每一位学生健康、快乐、个性地成长。

图 2-13　游戏化学习课堂

资料来源：企业参与"中国基础教育大数据（2016—2017）应用案例征集活动"上报的案例。

三、课堂管理数据类别与数据指标

良好的课堂管理是开展教学活动的基石，应服务于学生，服务于课堂。信息化教学设备是课堂教学的重要载体，能够有效改善教学质量并提高教学效率。课堂管理数据可分为班级考勤、异常表现、设备运行等数据类别，课堂管理的数据类别、指标与价值见表 2-3。

表 2-3　课堂管理数据类别、指标与价值

数据类别	数据指标	应用价值
班级考勤	班级总人数、缺席人数、缺席次数	即时掌握课堂人数，计算学生出勤率
异常表现	异常人数、异常次数	实时监控学生行为，准确分析异常表现的原因
设备运行	设备数量、设备类型、使用次数、运行状态、故障次数	分析设备使用率，优化配置教学设备，提高利用率

管理者利用点阵笔技术和在线学习平台与管理技术可以实现对班级出勤率、缺席学生及原因、异常学生的行为与行为频次的采集和管理；使用日志搜索分析技术可以实时监控各种类型设备的使用次数和运行状态，有效把握教育资源的优化配置与应用诊断。

专栏 2-7　　　智能巡课——大数据助力徐州学讲计划

1. 徐州学讲计划简介

2013年底，徐州市教育局在全市中小学推行"学进去、讲出来"教学行动计划（简称"学讲计划"），明确指出"学讲方式"是以学生自主学习作为主要学习方式，以合作学习作为主要教学组织形式，以"学进去""讲出来"作为学生学习方式的导向和学习目标达成的课堂教学方式。在"学讲"课堂上，教师和学生的行为发生了重大的改变。教师有目的、有计划地逐渐从讲台上"走下来"，更多地"参与"到小组学习中，成为站在学生后面的助学者。"学讲计划"的核心是通过学生的"学进去""讲出来"凸显学生的主体地位，让学习真正发生，让深度学习成为可能。

2. 智能巡课的开展方式

徐州市教育局在"学讲计划"推进过程中，为了破解教学信息隐性化难题，量化巡课效果，推出智能巡课系统。该系统设计了两大类量化巡课的指标体系，分别是监控性指标和研究性指标。监控性指标包括教师低效行为率、班级游离人数及乱堂率，研究性指标包括教师集中讲授率、讲台站位率、围坐率、小组合作活动率、自学比率及练习检测比率，以此来客观描述师生外显行为。

该系统设计的基本思路是按照教师活动、学生活动及课堂秩序等维度，将课堂上呈现的师生外显行为及课堂状态归纳为一系列观察指标，并在巡课过程中如实记录。通过对采集的数据进行基于大数据的分析，总结出课堂在教师讲授、小组合作等方面的具体特征，形成对学校日常课堂教学状况的全景描述。其原理类似于医学上通过CT扫描仪对人体进行扫描，对许多片段的综合分析可以描述出人体的全貌。用事实说话，用数据说话，有效地提高了教学日常管理的针对性。

3. 智能巡课应用分析

徐州市教育局利用智能巡课系统开展了六方面的数据应用分析，分别是基本统计分析及其可视化的现状报告、发现学校问题、课堂教学行为分类、发现教师个性化教学行为特征、发现关键问题及预测发展趋势。

■ 基本统计分析及其可视化的现状报告：2015年3月，徐州市教育局对全市四星级高中进行教学视导，对16个校区的865个班级巡课829节。依据制定的两大指标体系，统计师生外显行为的数据信息，对当前"学讲计划"中教师和学生的行为产生直观的认识。

■ 发现学校问题：依据指标体系中的教师低效行为率，徐州市教育局以15%作为临界值，当教师低效行为率超过15%时则认定该学校在开展"学讲计划"进程中存在问题，为数据问题学校。

■ 课堂教学行为分类：依据指标体系中的学生课堂活动比率，将学生的活动方式划分为自学、合作活动、练习检测、回答问题、听课等类别，以此来分析课堂教学的开展情况。

■ 发现教师个性化教学行为特征：此应用主要是分析微观、个体的教师行为特征，发现单个教师存在的问题。当一个教师的课堂教学行为成为大数据的时候，我们就能清晰地看到其行为的特征和习惯，就能在分析中诊断教学中存在的问题，就能促进反思和改进。

■ 发现关键问题：通过雷达图的形式对比学校师生及全市师生的自学比率、活跃课堂率、教师集中讲授指数、教师讲台站位指数、教师巡视率、练习检测率、班级围坐率、小组合作活动率等数据（图2-14），发现当前学校和全市"学讲计划"推进中的问题。

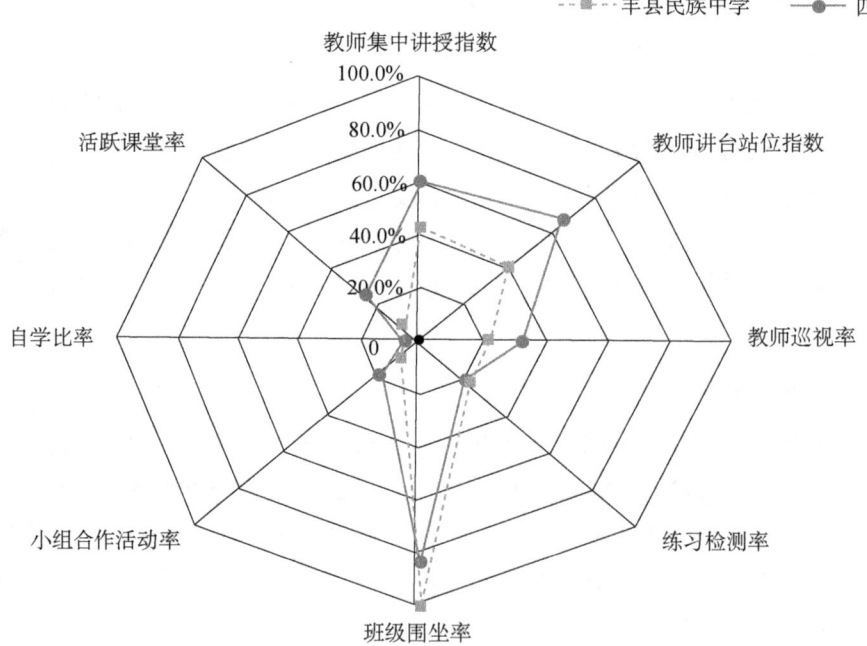

图2-14 学校师生行为与全市师生行为比较

■ 预测发展趋势：将 2014 年 6 月、9 月及 2015 年 1 月师生外显行为的关键数据利用雷达图的方式呈现，能够清晰直观地展示师生行为比率的变动情况及好坏的发展趋势，从而预测未来发展趋势及采取相应的措施。

智能巡课系统为"学讲计划"提供了第一手"课堂观察"资料。智能巡课已成为徐州市教学管理的重要抓手，成为推进课改的重要举措，不仅是过程评价的重要依据，还是科学研究的重要手段，也是信息化与常规教学管理应用高度融合的典范。

资料来源：根据徐州市周岩馆长在基础教育信息化应用典型示范案例研讨会上的讲稿《信息技术与"学讲计划"深度融合的徐州实践》整理。

四、师生情感数据类别与数据指标

师生课堂情感变化是影响学习效果的重要因素之一，对教学行为起到促进或者抑制作用。师生情感主要包括教师情感、教师态度、学生情感和学生态度四方面，其数据类别、指标与价值（表 2-4）。

表 2-4 师生情感数据类别、指标与价值

数据类别	数据指标	应用价值
教师情感	积极情感次数、积极情感持续时长、中性情感次数、中性情感持续时长、消极情感次数、消极情感持续时长	分析师生双方课堂教学的热情度与情感投入度，构建和谐平等的教学环境
教师态度	对教学内容态度类型、对教学设备态度类型、对学生态度类型、积极态度持续时长、中性态度持续时长、消极态度持续时长	
学生情感	积极情感次数、积极情感人数、积极情感持续时长、中性情感次数、中性情感人数、中性情感持续时长、消极情感次数、消极情感人数、消极情感持续时长	
学生态度	对学习内容态度类型、对学习设备态度类型、对教师态度类型、对同伴态度类型、积极学习态度人数、消极学习态度人数、积极态度持续时长、中性态度持续时长、消极态度持续时长	

在课堂师生情感数据采集中，不仅可以通过可穿戴设备，如智能手环、智能手表等，实时记录师生心率、脉搏、热量摄入等生理状态数据；还可以使用网络爬虫技术挖掘师生文本信息的潜在价值，或利用情感识别技术采集课堂教学活动中师生的表情、言语、行为等数据，以此来分析、推断教师与学生当前的情感和态度。

第五节　互动课堂数据的常用分析方法

互动课堂数据分析过程主要有4个阶段：第一，从数据库中提取需要分析的教学实例；第二，选取合适的分析方法对课堂实例进行量化的观察和数据处理；第三，依据分析方法，对课堂教学行为量化记录，透视课堂特点；第四，基于可视化的分析结果，帮助教师把握课堂教学情况，深度反思教学过程，进而不断改进和完善课堂教学。接下来，将重点介绍三种典型的课堂教学分析方法。

一、弗兰德互动分析系统及改进应用

（一）弗兰德互动分析系统FIAS

弗兰德互动分析系统（Flanders Interaction Analysis System，FIAS）是美国学者弗兰德斯（N. A. Flanders）于20世纪60年代提出的一种课堂行为分析技术。该系统主要由三个部分构成：一套描述课堂互动行为的编码系统；一套关于观察和记录编码的规定标准；一个用于显示数据、进行分析、实现研究目的的矩阵表格（宁虹和武金红，2003）。该系统主要关注师生之间的言语交流，将教师和学生在课堂中的互动行为（以语言为主）分为10种，并分属为3类互动行为编码系统（王鉴，2007）（表2-5）。

表2-5　弗兰德互动分析编码系统

分类		编码	内容
教师语言	间接影响（学生驱动）	1	表达情感
		2	表扬或鼓励
		3	接受或使用学生的主张
		4	提问
	直接影响（教师主动）	5	讲授
		6	给予指导或指令
		7	批评或维护权威性
学生语言	教师驱动	8	学生被动说话
	学生主动	9	学生主动说话
沉默或混乱		10	无有效语言

资料来源：王鉴. 课堂研究概论. 北京：人民教育出版社，2007：165-168.

为便于观察各个变量的发生频次及交互情况,研究者在对课堂中的师生言语行为进行量化记录后,还要对数据做进一步的处理。

整个数据处理流程主要分为五步。

第一步,课堂观察记录。研究者在课堂中对教学行为进行观察,每 3 秒记录一次,并将行为按照编码表对应记录,一节课的数据量为 800~1000 个节点。

第二步,数据录入库。研究者将整理好的编码按照行为发生顺序两两组合,把收集的数据输入数据库,利用 Excel 或 SPSS 软件进行分析。

第三步,建立矩阵模型。研究者将先前的组合填入对应的矩阵表格中,以便清晰地观察到各个行为编码的次数和各行为之间的交互情况。

第四步,课堂行为分析。根据研究的目的,研究者对矩阵中的统计情况进行类别分析和结构分析,还可以对师生行为的频次和频率进行统计,最后得出的结果可以展示出课堂的结构状况或教师的教学风格、倾向。

第五步,建立二维曲线图。研究者将师生的互动情况数据建立二维曲线图,通过曲线图,研究者可以清楚地看出师生在各时间段内发生的课堂行为,发现课堂存在的优势与不足。

总的来说,弗兰德互动分析系统可以对课堂师生的语言行为进行分析,把握课堂教学中的师生语言行为,由此透析出来的课堂教学模式及教师风格,都可以作为课堂改进的依据,从而针对具体实况提出相应的建议。弗兰德互动分析系统虽然具有强烈的结构化、定量化研究的特点,但在课堂观察中缺少除师生语言之外的物品展示、身体姿态、面部表情等记录。

(二)1∶1 数字化环境下课堂互动分析方法

韩后等(2015)在弗兰德互动分析系统的基础上提出 1∶1 数字化课堂教学互动分析编码体系与分析方法,增设了人与技术的互动类型,并在此基础上引入质性分析方法。在编码部分,提出了包含 24 个编码的 1∶1 数字化环境下课堂教学互动行为分析编码体系(One-to-One Techno-Based Interaction Analysis System,OOTIAS)(表 2-6),他将人与技术的互动在教学中的作用分为"直接作用"与"间接作用"两类。其中"直接作用"是指在采样时间内(通常为 3 秒),教师或学生使用技术的行为是可观察的唯一行为或主要行为;"间接作用"是指在采样时间内同存在人与人的互动及人与技术的互动,其中人与人的互动是主要行为,人与技术的互动起辅助、支持的作用。

表 2-6　互动行为分析编码体系

分类		编码	表述
人与人的互动	教师语言	1	教师接纳情感
		2	教师鼓励表扬
		3	采纳意见
		4	提出开放性问题
		5	提出封闭性问题
		6	讲授
		7	指令
		8	批评
	学生语言	9	被动应答
		10	主动应答
		11	主动提问
		12	分组讨论
	沉寂	13	沉默或混乱
		14	思考问题
		15	做练习
人与技术的互动	教师使用技术	16	软件、设备工具切换
		17	资源演示
		18	学情分析
		19	作品分享与评价
	学生使用技术	20	资源学习
		21	自主练习
		22	实践创作（个人）
		23	实践创作（小组）
		24	成果展示

资料来源：韩后,王冬青,曹畅.1∶1数字化环境下课堂教学互动行为的分析研究.电化教育研究,2015(5):89-95.

除了在编码上进行改进之外，该研究还增加了质性分析部分，构建了 1∶1 数字化环境下课堂教学互动行为质性分析框架，通过问卷调查及访谈等形式，收集教师和学生的主观感受（图 2-15）。

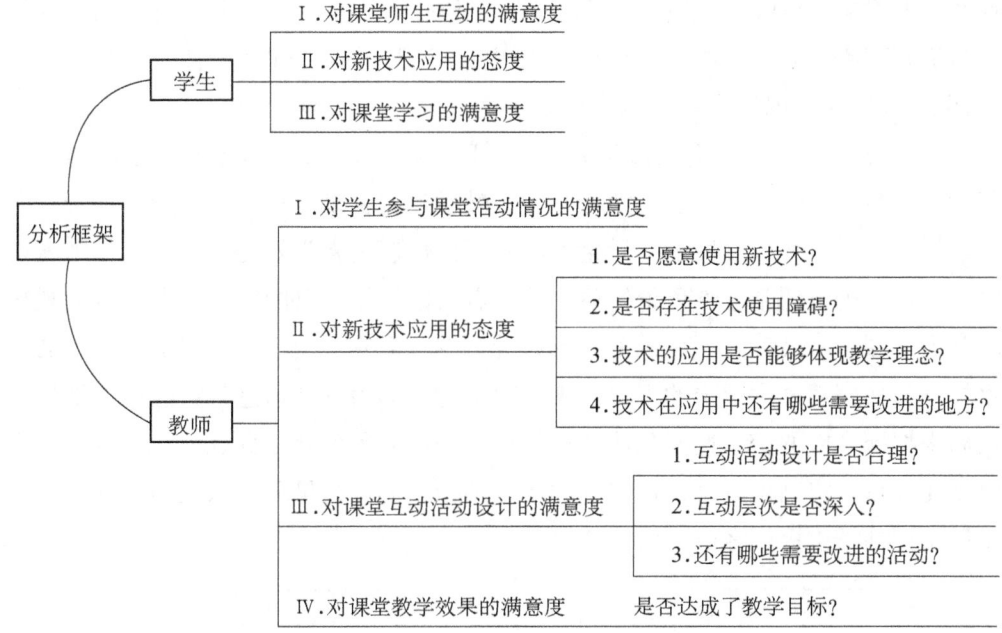

图 2-15 课堂教学互动行为质性分析框架

资料来源：韩后，王冬青，曹畅.1∶1数字化环境下课堂教学互动行为的分析研究.
电化教育研究，2015（5）：89-95.

根据改进后的框架和编码体系，该研究在广州市、珠海市部分中小学部署了1∶1数字化课堂，即"粤教云"智慧课堂，并开展了课堂教学示范应用活动。运用 OOTIAS 评价工具对1∶1技术支持的课堂教学进行量化评价，并结合质性评价，可以促进教师对师生互动、生生互动及教师或学生与技术之间互动的深层次认识，反思自己的教学实践，不断提升信息技术的应用能力。

二、多元交互式课堂教学观察分析方法

朱雪梅老师的《"多元交互式"教学评价体系的建构与实践》项目荣获基础教育国家级教学成果一等奖，"多元交互式"课堂教学观察平台是该成果的支撑性评价工具，它将传统的、主观的、经验式的听课转变成数字化、标准化、可测量的课堂教学观察。课堂观察平台通过嵌入可预设、可调节的各类专门化课堂教学行为观察量表，利用手机、PAD、电脑等移动终端，以行为编码的方式在听课过程中采集"教"与"学"的表现性数据信息，经过后台计算与图形化处理，为评估结论提供客观的量化证据，实现科学的课堂诊断，以达到矫正偏差性教学行为的

目的（朱雪梅，2014）。"多元交互式"课堂观察平台在"互联网+教育"的大背景下，将互联网技术与教学评价相结合，用更具说服力的数据评价代替了传统的"印象评价"，进而实现评价的精准性和客观性。

就内容来看，"多元交互式"课堂观察平台主要关注课堂中最活跃的教与学的行为，从教师教学行为、学生学习行为、教学过程实录、教学竞赛量化评价、交互研讨论坛、执教者反思表、学生学习质量评价表和教学效能综合评价等维度设置观察表，构筑课堂教学评价体系。使用者可以根据自身的需求选择相应的观察表开展观课、评课活动（图2-16）。在课堂教学过程中，观察者可以根据具体的观察标准，按照系统中设定的观察量表对教学行为的表现性信息与数据进行采集，最后根据课堂中的记录选择总体评价效果，完成后平台会根据统计数据自动进行可视化处理，将结果以统计柱状图和比重结构图的形式呈现，从而为撰写课堂教学质量评估结论提供客观证据。

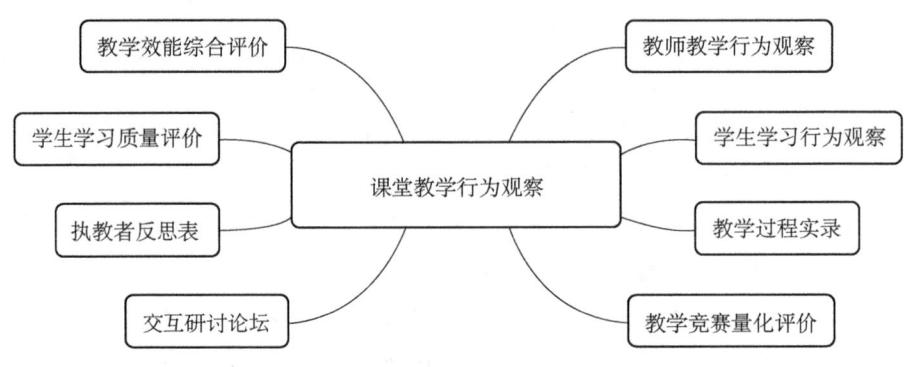

图2-16 课堂教学行为观察维度

资料来源：朱雪梅. "多元交互式"教学评价体系的建构与实践——基于地理教学观察的行动研究. 课程. 教材. 教法，2014，34（11）：63-68.

教师教学行为的观察可分为专业表达行为、课堂组织行为、媒体应用行为和课堂评价行为四大主题，每类观察主题设立独立的观察表，分设一级指标与二级指标（一级观察指标见图2-17）。以"课堂提问行为"观察为例，包括教师提问、候答时间、学生应答和教师理答四个角度（表2-7）。"教师提问"需要记录教师的原问题，并判断问题指向性和问题类型；"候答时间"需要记录等候学生作答的时间；"学生应答"需要记录学生的原答案，判断答案获得途径、应答形式、应答水平的类型；"教师理答"需要记录教师的原理答语和理答方式。

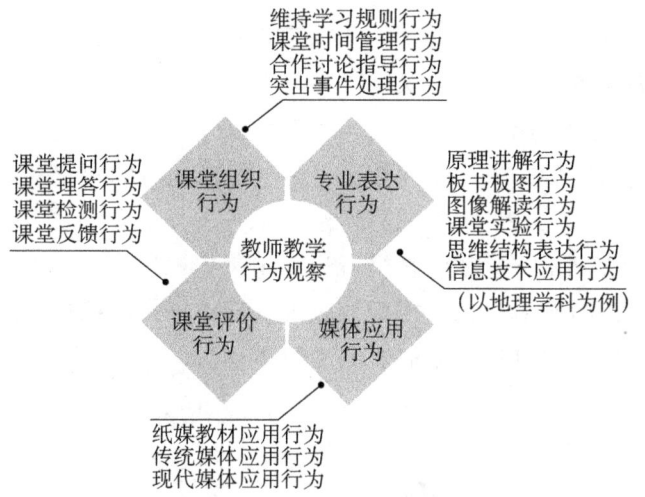

图 2-17　教师教学行为观察一级指标

资料来源：朱雪梅."多元交互式"教学评价体系的建构与实践——基于地理教学观察的行动研究. 课程. 教材. 教法，2014，34（11）：63-68.

表 2-7　课堂提问行为观察量表

教师提问								学生应答								教师理答				
提问内容	问题指向		问题类型					候答时间（秒）	学生回答	获得答案途径			应答形式			应答水平		教师评析	理答方式			
	明确	模糊	描述性问题	判断性问题	论证性问题	归纳性问题	操作性问题			读书	思考	讨论	无应答	集体应答	个人应答	合作交流	错误	基本正确	正确有逻辑		打断或代答	不理睬批评	追问或补问	直接评判	组织评议

资料来源：朱雪梅."多元交互式"教学评价体系的建构与实践——基于地理教学观察的行动研究. 课程. 教材. 教法，2014，34（11）：63-68.

在学生学习行为观察方面，按照学生的座位排列发布观察任务，一个任务可以由多名执行者观察，每个执行者负责观察一个区域的学生。观察项目的设计借助互动分析分类原理，将学生在完成任务过程中的学习行为（倾听、阅读、思考、讨论、书写、绘图、提问、实验、计算、评议等）进行编码，在观察过程中根据具体的学生行为表现进行对应勾选，以此来获取每个学生的学习行为信息，判断学生学习的参与度。

教学过程实录将整个教学过程用文字形式记录下来，包括课堂教学的基本情况、主要优缺点及教学过程和评议。这种文字形式其实是质的分析，是观察者在听完课程后对课程的直观感受、简单的评价甚至是提出建议的方式。在教学过程实录中，观察者不必局限于某一特定的标准和规范，而是从不同视角去评价课程，使得评价结果更为直接、灵活、深入。

交互研讨论坛主要用于课后研讨，该平台可以记录线上或线下的内容，教师可以在平台上进行经验交流、学术探讨，并且提出相应的建议和意见，为教学研究提供帮助。

执教者反思表则是将具体的教学行为细化，从教学准备、过程、效果三方面进行考查，同时由教师对自己各方面的表现进行打分，反思自己的优势与不足，及时调整策略，进而促进自身专业发展（图2-18）。

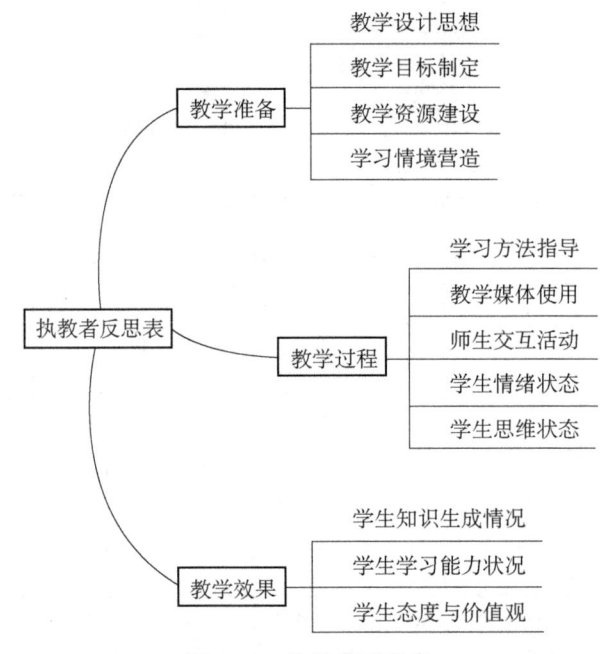

图2-18 执教者反思表

资料来源：朱雪梅. "多元交互式"教学评价体系的建构与实践——基于地理教学观察的行动研究. 课程. 教材. 教法，2014，34（11）：63-68.

教学效能综合评价与教学竞赛量化评价展示了对课堂的综合评价，多用于教学竞赛，根据教师讲解的教学目标、教学内容、教学策略、教学流程几个维度进行打分，如果有多位听课者，后台会自动计算平均得分。

学生学习效能调查表由学生填写，包括学生的学习内容（教材处理的合理性、与实际经验的关联性、重难点的突出程度）、学习过程（课堂情境的激励性、师生关系的和谐程度、教学语言的艺术性、专业思维的积极性、学习方法的掌握程度、教学媒体的有效性），及规定具体的习得性评价等级。学生根据实际情况评价自己的学习效果，并通过学生的课堂学习效能来反映教师的课堂效率。

评价量表上传后，系统利用Highchart图表组件将录入的观察信息转化为可视化图形，以柱状图、饼状图等图表呈现，使观察数据更加直观，为观察结论提供数据支撑。

总的来说，"多元交互式"课堂观察系统能准确地展示各个观察量表的指标，克服了传统评课标准不一的缺陷。其利用手机、PAD、电脑等移动终端，完整采集课程数据，替代了传统的纸笔听课。课程数据经过后台计算与图形化处理后，直接为课堂评估提供客观的量化证据，从而让课堂诊断更科学。该系统从定量和定性两方面对课堂进行客观、科学评估，提出多元化的建议，帮助执教者与观课者有针对性地改进不足，提升教学质量，促进专业发展。同时，教学过程中获取的所有评价信息均在后台进行处理与分析，提供的多元化分析结果与报告则为教学管理者提供了决策依据。

三、基于信息熵的课堂教学过程分析方法

针对弗兰德系统中存在的一些不足，结合课堂教学的特点，李万春等（2009）制定了基于信息熵的教学过程量化评价模型。"熵"是表现有关概率系统整体概率分布状态的统计特征量，系统的"熵"在不断增加，熵达到最大时，系统才处于稳定状态，这就是最大熵原理。课堂信息熵的引入是基于对课堂稳定状态的诉求，也是一种探究如何调节课堂状态的理论机制。

信息熵模型量表从师、生两个研究对象出发，试图对教学过程的全貌进行刻画，对教师和学生行为进行更为细致的量化，因此将观察量表分为教师量表和学生量表。教师课堂观察行为量表主要包括课堂的组织活动、教师的言语行为、教师的课堂活动、教学事件四个方面，具体分类见表2-8。学生课堂观察量表主要包括课堂组织活动、学生的言语行为、学生的课堂活动三个方面，具体内容见表2-9。

在信息熵的理念基础上建立评价模型，对课堂观察的教师行为和学生行为进行数据分析，具体模型见图2-19。

表 2-8 教师课堂观察量表

课堂活动组织			教师的言语行为						教师的课堂活动				教学事件	
课堂时间	TA1 全班活动	TA2 分组完成同样任务	TA3 分组完成不同任务	TB1 教师沉默	TB2 教师讲	TB3 提封闭问题	TB4 提开放问题	TB5 结果评价	TB6 过程评价	TC1 无活动	TC2 板书或示范	TC3 演示展示（A. 课本；B. 影像资料；C. 课件；D. 网络；E. 多媒体教师环境；F. 其他）	TC4 观察巡视	TC5 个别指导和参与讨论	TC6 游戏活动	TC7 维持纪律	A. 复习以前内容	1. 吸引注意
																		2. 告知目标
																		3. 回忆相关知识
																	B. 引导新内容	4. 呈现内容
																		5. 提供学习指导
																	C. 学习新内容	6. 提供练习
																	D. 练习	7. 练习反馈
																	E. 反馈评价	8. 评估学习者
																		9. 协助学习者运用所学

资料来源：李万春，朱云东，刘朝丽. 基于信息熵的课堂教学过程量化评价模型. 电化教育研究，2009（1）：99-102.

表 2-9 学生课堂观察量表

	课堂时间
课堂组织活动	SA1 全班学习活动
	SA2 小组完成同样任务
	SA3 小组完成不同任务
学生的言语行为	SB1 学生面前全班讲、读等
	SB2 学生沉默
	SB3 回答封闭问题
	SB4 回答开放问题
	SB5 与教师讨论、交流
	SB6 向教师提出自己的问题
学生的课堂活动	SC1 学生闲聊
	SC2 学生抄板书、笔记
	SC3 学生使用资源
	SC4 学生做练习
	SC5 分组讨论、分小组展示活动
	SC6 学生唱歌跳舞，进行游戏活动
	SC6 学生观察教师及其他同学活动

资料来源：李万春，朱云东，刘朝丽. 基于信息熵的课堂教学过程量化评价模型. 电化教育研究，2009（1）：99-102.

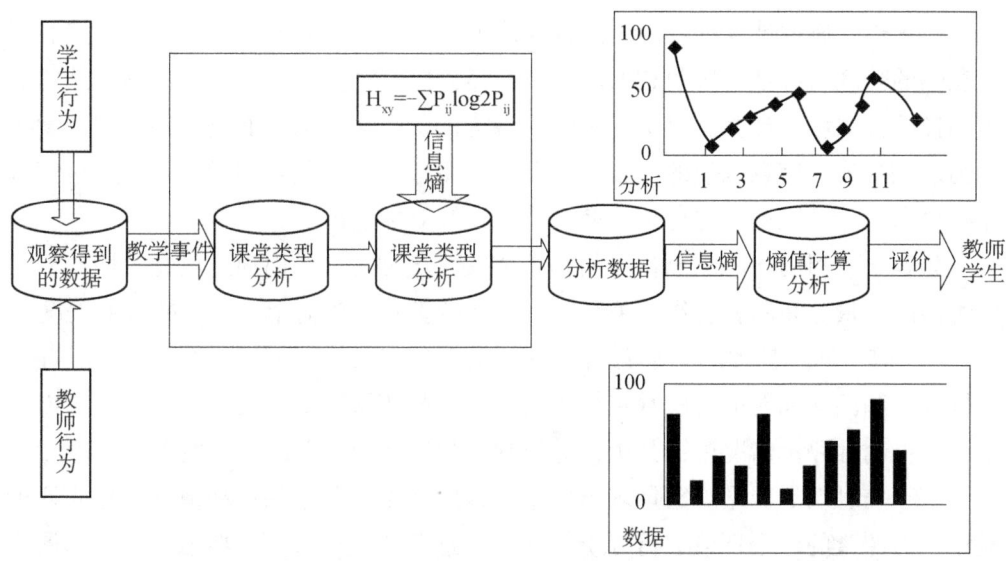

图 2-19　基于信息熵的课程教学量化模型

资料来源：李万春，朱云东，刘朝丽. 基于信息熵的课堂教学过程量化评价模型. 电化教育研究，2009（1）：99-102.

第一步，数据记录。该模式以时间为主线来分析课堂，将观察的时间频率定为 1.5 分钟记录一次，同时在相应的教师观察量表和学生观察量表项中以"√"来记录。而对教学事件也要作相应的编码，对课堂教学的 45 分钟内大概记录 30 次。

第二步，课堂类型分析。对课堂上观察的数据进行统计分析，根据教学事件中 A-E 编码所占的概率分布，初步判定课堂类型（讲授型、复习型、练习型、混合型），具体的权重系数与课堂类型关系分布比例见表 2-10。然后根据分析出来的课堂类型选用不同的权重方法，用信息熵作进一步的实证、分析，根据具体的类型进行评价。

$$H=H_A+H_B+H_C+H_D+H_E$$

信息熵的计算公式是：$H=-\Sigma P_i\log_2 P_i$（P_i 为事件的概率）。

表 2-10　课堂类型比例分布

	A	B	C	D	E
讲授型	6%	4%	60%	20%	10%
复习型	60%	5%	5%	20%	10%
练习型	5%	5%	5%	60%	15%
混合型	20%	10%	25%	25%	20%

资料来源：李万春，朱云东，刘朝丽. 基于信息熵的课堂教学过程量化评价模型. 电化教育研究，2009（1）：99-102.

第三步，通过计算过程、统计数据计算出 A-E 各项教学行为的概率，然后用信息熵的公式对各项的熵值相加求总和，得到整个课堂中教师行为的信息熵值。用同样的方法可以计算出整堂课中学生行为的信息熵总值。通过教师行为与学生行为熵值与最大信息熵值的比较，以及权重系数来判定教师和学生行为是否符合课堂要求，并且根据判定行为的多少，提出针对性建议。

第四步，利用 SPSS 软件分析出正相关、负相关，进而通过信息量熵分析法探讨出两变量之间的相互作用关系，用于反映教师行为对学生行为的影响程度。

第五步，通过教师的课堂活动组织、提问及学生的回答分析师生的互动情况，根据提问和回答问题的对应数量可以看出二者的积极性对应关系。同样，可以对学生的主动性评价情况进行分析，进而判断学生在课堂上的积极性和主动性。

基于信息熵的课堂观察量表可以量化课堂教学过程中的活动情况，建立评价模型，对课堂的各个环节进行分析、评价。这种课堂评价更为精准，避免了课堂行为的模糊性，能够通过数据分析找出课堂教学过程中的优势与不足，进而不断改善教师的课堂教学。

专栏 2-8　　课堂行为分析工具——听课大师

听课大师是一款简单实用的数字化课堂记录软件，该软件可以把所听的课堂教学过程记录下来，供使用者反复研读。作为一种课堂教育辅助服务应用，听课大师具有富媒体、量化分析、个性化及多人协同等特点，主要包括课程记录、课堂分析和课堂评价三个模块。

在课堂记录方面，首先填写课程的基本信息（学科、年级、教程版本）及教师的基本信息（姓名、城市、学校）；接着进入听课模式，在听课过程中听课大师会对各个环节自动计时，根据实际的上课流程，将各个时段对应的教师活动、学生活动、媒体应用等情况记录下来，支持各种媒体（音频、视频、图片、文字、涂鸦）的应用，丰富课程的记录形式。

在课堂分析方面，课程结束后，该工具会自动统计记录的内容，根据即时的记录情况自动生成分析报告，将课堂中的教师活动、师生活动及师生活动占比以饼状图的形式呈现（图 2-20），同时将具体时间分布以表格形式呈现，以此为基础分析课堂的教学结构和教师的教学风格，有针对性地进行教学评价，提出改进建议。此外，系统会根据具体的教学内容，向学习者推荐相关的教学资源，以供学习者进行研读学习。

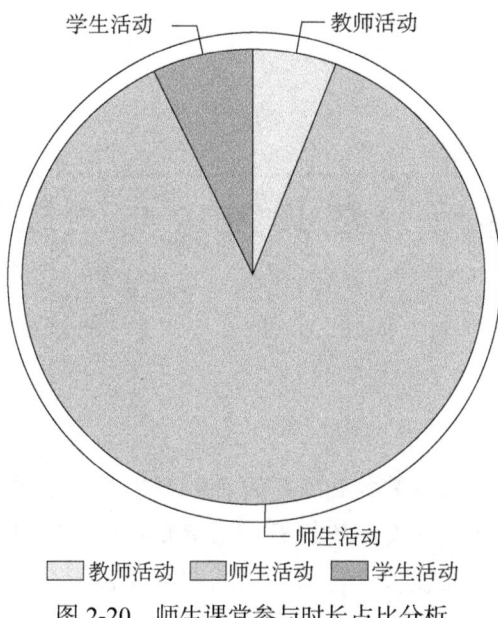

图 2-20 师生课堂参与时长占比分析

在课程评价方面,听课结束后,该工具可以根据具体的分析情况,对课堂的总体情况进行总结性评价、讨论及反思,并提供了多个维度的课堂评分量表(教师语言及基本功、重难点突破和目标达成、问题设计及理答、学生创新思维培养、学生学习习惯和方法渗透、课堂组织与评价、拓展资源选择和应用、板书设计、技术有效融合等),便于教师及时发现不足,加以改进。

总的来说,这种基于记录共享和多人协作的数字化教育辅助应用为一站式课程记录提供了便利条件,可随时随地在PC、网页和手机客户端同步访问所有存储的记录。对于教师来说,不仅仅可以记录自己多年的听课记录,形成个人执教成长轨迹,还能汇聚其他老师给自己每堂课的评价反馈,及时反思自己的教学中不足,并对课程进行调整,形成适合自己的优化教学风格。此外可以在线上随时查看其他老师的课程记录,便以相互交流,共同成长,共同进步;对于教研员来说,可以实现动态的课堂数据采集,根据师生的互动比例和时长,分析课堂的教学结构和教学风格,并提出针对性建议,为数据驱动教学提出优化策略。

软件下载地址:http://edu-dashi.com/tingke/#/

第三章

在线教学行为数据分析与适应性学习系统

随着互联网的普及与发展,在线教育在教育生态体系中的地位越来越凸显。大数据技术的应用为在线教育质量提升带来了新契机,通过对大量在线数据进行采集和分析,能够挖掘在线教学行为之间的潜在联系,真实反映学习者需求、学习状态与偏好等特征,进而为学习者提供个性化与适应性的学习服务。在线教学行为数据是教学分析的重要依据,因此研究者需要对在线行为数据的采集类别和分析指标有一个清晰的规划和界定,以帮助教师更好地把脉教学,开展教学分析,有的放矢,提升在线教育的质量。

第一节 在线教学行为数据类别与数据指标

传统的班级授课制和面授型教学已经无法满足"互联网+"时代的学习需求,以在线开放课程为代表的混合式教学逐渐成为当代教学的主流形态。其中,教学平台与工具作为在线教育的重要技术支撑,是搭建"互联网+"时代新型教学生态的必备要素。

自20世纪90年代中期,国际上各种在线教学平台发展迅猛,国外知名的有Blackboard、Moodle、Sakai、LAMS、ATutor、Desire2Learn、WebCT、LearningSpace等在线教学平台,我国有4A网络教学平台、清华教育在线等教学平台。随着MOOC的盛行,中国大学MOOC、学堂在线、中国好大学、Coursera、edX、Udacity、FutureLearn等平台开始进入大众的视野并快速得到了推广应用。

在线教学平台的蓬勃发展,推动了传统面授型教学向E-Learning的迁移,在一定程度上为世界各国的教育变革提供了助推力（杨现民和余胜泉，2010）。大数据技术为开展个性化的在线教与学提供了可能，其技术"威力"发挥的前提和关键在于对在线教与学行为数据的全面采集与分析。本书依据在线教学平台的六大通用功能模块（图 3-1），梳理了在线教学平台数据采集类别及数据分析指标。

图 3-1 在线教学平台数据模块

一、课程学习模块

课程学习模块的学习者行为主要有课件浏览、在线发言及课程笔记三个部分，每个部分包含了不同的基本数据指标（表 3-1）。

表 3-1 课程学习行为数据与基本数据指标

行为数据	基本数据指标
课件浏览	课件点播次数、课件暂停次数、课件观看时长、课件观看轨迹（观看课件的顺序）、快进次数、快退重播次数
在线发言	发言类型、发言次数、发言时间、发言内容
课程笔记	笔记次数、笔记时长、笔记内容、笔记字数

课件浏览：学习者观看学习内容的过程行为数据。比如某学习者在何时打开视频课件、快进操作的时间节点、回退重看的内容章节及回退次数等。具体包含的基本数据指标有课件点播次数、课件暂停次数、课件观看时长、课件观看轨迹（观看课件的顺序等）、快进次数、快退重播次数。

在线发言：学习者在课程学习中的即时发言。当老师讲到某一个知识点时，学习者可以通过在线发言的方式来实时阐述自己的观点，发言的类型有提问、评价、补充、发表新观点等。具体包含的基本数据指标有发言类型、发言次数、发言时间、发言内容等。

课程笔记：学习者在课程学习时的记录。当学习者在观看视频或者浏览课件时发现自己对某个知识点十分感兴趣或者觉得重要，会在平台上记录下这些知识点。课程笔记在一定程度上能说明学习者在学习时的专注度和用心程度，也是学习者学习结果和学习过程分析的重要质性数据。具体包含的基本数据指标有笔记次数、笔记时长、笔记内容及笔记字数。

上述基本数据指标可以直接反映学习者在何时何地有哪些学习行为，进而判断学习者的学习情况，为深层次挖掘学习者的学习成效奠定基础。教学者可以根据学习者的发言时间、课件的观看轨迹、笔记内容等数据指标了解学习者的学习状态，以便及时调整教学策略，改进教学质量。除了上述基本的数据指标外，课程学习模块还有四个新的数据指标，分别是课件热度、学习准备度、学习投入度及课件兴趣点。

课件热度：指课件的受欢迎程度。该指标可以通过课件的点播次数、暂停次数、观看时长、浏览轨迹、快进次数、重播次数等数据来判断。当一个课件播放率较高，大多数学习者能够完整地观看课件，并且在重要知识点部分进行暂停和回放时，则能判定该课件具备一定的热度。

学习准备度：指学习者在课程开始前对课程的准备状况。在正式课程开始前，可以对学习者浏览课件情况、发言、课程笔记等数据进行统计分析。比如当学习者课前对课件观看率和发言率较高，表明该学习者对所学课程内容具有一定兴趣，在课前有一定的预习行为时，学习准备度较高。

学习投入度：指学习者对该课程的参与程度。判断投入度可以通过学习者在浏览课件时的一些过程数据及学习者发言等数据指标体现出来。比如当学习者观看完整课件，并且做出相应的思考性论述、发言时，能够说明该学生对课程的投入较高。此外，学习者的学习准备度也能在一定程度上反映出学习投入程度。

课件兴趣点：指该课件使用过程中最受学习者关注和感兴趣的地方。以时间为数轴，对学习者的发言内容进行分析和挖掘，当发言量达到峰值的时刻或者课件多次回放的节点时，可以将其初步定位为学习者的兴趣点和关注点，在此基础上帮助教学者实现优质的教学设计。

二、资源管理模块

资源管理模块的数据主要包括学习者进行在线学习资源浏览时对资源的一系列操作行为，具体的行为数据包括资源下载、资源上传、资源删除、资源更新、资源分享、资源浏览、资源转载、资源订阅、资源收藏、资源评论等部分，每部分包含更详尽的基本数据指标，如表 3-2 所示。

表 3-2　资源管理行为数据与基本数据指标

行为数据	基本数据指标
资源下载	下载次数、下载时间、下载内容、下载路径、下载终端
资源上传	上传次数、上传时间、资源名称、资源格式、上传路径、上传终端
资源删除	删除数量、删除时间、删除内容
资源更新	更新次数、更新时间、更新内容
资源分享	分享次数、分享时间、分享内容、分享路径、分享方式
资源浏览	浏览次数、停留时长、浏览内容、浏览路径、浏览终端
资源转载	转载次数、转载时间、转载内容、转载路径
资源订阅	订阅次数、订阅时长、订阅内容、订阅路径、订阅方式
资源收藏	收藏次数、收藏时长、收藏内容、收藏路径
资源评论	评论时间、评论内容、打分情况、评论次数

资源上传、下载、删除、更新：资源的上传、下载、删除、更新是资源管理模块的重要数据指标。资源的更新能够反映开发者对资源的维护程度，更新速度快的资源能够更好地维持用户的黏性；资源的下载量可以用来评价该资源受欢迎的程度；这里的资源删除是指学习者将资源从自己的虚拟资源库中删除的操作，删除原因可能是个人好恶、内容过期等，能促进资源的改善。主要包含的数据指标有资源上传、下载、删除、更新的总量、时间、内容、路径、使用终端等。

资源分享和转载：分享和转载行为是实现资源扩散的重要手段，资源生成的链接可以通过微博、QQ、微信等社交软件进行分享。转载主要是在学习平台内的转载，将资源转载到学习者自己的网络空间中。具体包含的基本数据指标有分享次数、分享时间、分享内容、分享路径、分享方式、转载次数、转载时间、转载内容、转载路径等。

资源浏览：资源浏览是对学习者浏览资源的过程性行为数据的记录。比如当学习者浏览资源时系统可跟踪学习者的浏览轨迹，对学习者浏览资源的次数、停留时长、内容、路径、所用终端等进行详细记录。包含的基本数据指标有浏览次数、停留时长、浏览内容、浏览路径、浏览终端等。

资源订阅、收藏：资源的订阅和收藏能够在一定程度上体现学习者的资源需求和喜好。在订阅之后，该资源会出现在学习者的订阅列表中，后期会持续推送资源更新消息。包含的基本数据指标有订阅次数、订阅时长、订阅内容、订阅路径、订阅方式、收藏次数、收藏时长、收藏内容、收藏路径等。

资源评论：资源评论是学习者对资源的看法与建议。多数平台在资源页面的下方一般都会设置评论区，这些评论能够反映出学习者对资源的理解和态度，也可能对资源的建设提出一些建议。此外，资源评论还包括学习者对资源的打分情况。包含的基本数据指标有评论时间、评论内容、打分情况、评论次数等。

通过对这些数据指标进行分析，可以充分展示学习者对在线学习平台中学习资源的使用状态。同时，还可以从学习者对资源上传、下载、分享、浏览、转载、订阅、收藏等方面的数据信息来判断学习者的学习需求，进而有针对性地向其推送个性化的学习资源。除上述基本指标外，资源管理模块还有资源热度、资源扩散度、资源淘汰指数三个新的数据指标。

资源热度：指资源的受关注程度。类似于微博的话题排行榜，在某个时间段内可以根据资源的打分、评论次数、收藏次数、点击观看次数等基本数据指标来判断其热度。围绕某个资源发生的行为频次能在一定程度上说明其受关注的程度，即频次越高该资源的热度越高。依据资源热度可以判断学习者在某段时间内的关注点及学习者需求，也可根据资源热度的行为频次贡献来对学习者特征进行分析。

资源扩散度：指单个资源在一定时间内的传播速度和范围。不仅能够根据资源的分享、转载的频次来判断，还可以为每个资源设置唯一的 ID，通过 ID 传播轨迹和复制数量来判断该资源的扩散速度及传播范围。

资源淘汰指数：指用来判断资源可能被淘汰的概率。一方面可以根据学习者访问量、资源打分、资源的评论、转载、分享等数据来判定资源的受欢迎程度及资源的认可度；另一方面可以从差评次数、资源自身的属性（画面质量、音频清晰度、内容专业程度等）来设置一定的权值和比重，以此判定资源的淘汰指数。

三、在线讨论模块

在线讨论区是供学习者进行课程学习交流的空间，学习者可以在社区内讨论任何关于课程的话题，并对他人的观点或问题进行回复。在线讨论模块基本的行为数据指在线学习时的互动行为，包括发帖、回帖、置顶、加为精华、点赞、灌水、举报等（表3-3）。

表 3-3　在线讨论行为数据与基本数据指标

行为数据	基本数据指标
发帖	发帖次数、发帖字数、发帖内容、发帖时间
回帖	回帖次数、回帖字数、回帖内容、回帖时间
置顶	置顶次数、置顶时间、置顶内容
加为精华	精华数量、加为精华的时间、精华内容
点赞	点赞次数、点赞内容、点赞时间
灌水	灌水时间、灌水内容、灌水次数
举报	举报时间、举报内容、举报次数

发帖、回帖：指学习者发表帖子及回复他人帖子的行为，需要注意的是除新开一个帖子的行为外，其他任何回复他人的行为均属于回帖。包含的基本数据指标有发帖次数、发帖字数、发帖内容、发帖时间、回帖次数、回帖字数、回帖内容、回帖时间等。

置顶、加为精华、点赞：这 3 个数据行为属于在线讨论模块的学习者积极行为，能够在一定程度上反映学习者的资源喜好及资源的受欢迎程度等，也是评价资源质量、热度的重要指标。包含的基本数据指标有置顶次数、置顶时间、置顶内容、精华数量、加为精华的时间、精华内容、点赞次数、点赞内容、点赞时间等。

灌水、举报：是指在讨论模块的学习者消极行为。灌水是指学习者在讨论区中发表一些无意义的帖子或回帖，会对数据质量和帖子内容相关度造成影响。举报是指对一些有可能不符合要求或者有违法律道德规范的帖子进行投诉。两者能够反映出学习者对资源的喜欢程度，也能在一定程度上反映出资源对学习者的吸引度，举报能够起到监督资源的作用。包含的基本数据指标有灌水时间、灌水内容、灌水次数、举报时间、举报内容、举报次数等。

在线学习平台中最为常见的学习活动是在线讨论，无论是学习元平台还是 Sakai 平台，都会根据讨论区中发贴、回帖行为对学习者进行评估与预测。通过发帖次数、回帖次数、参与时长等行为数据，可以分析出学习者在线上学习的积极程度、活跃度等，进而判断其学习状态和态度，并对未达标的学习者进行预警，及时提供干预措施，提升学习效率。在线讨论模块有以下几个数据分析指标。

学习者参与度：每节后的讨论都能反映出学习者在该课程中的参与度。一方面发帖、回帖的次数、点赞、评论等行为能够体现该学习者讨论的积极性和参与度；另一方面，发帖和回帖的内容经过分析能够体现出学习者对课程内容或话题思考的深度。

交互指数：讨论区中各用户之间交流的深度，包括师生交互和生生交互。可以通过社会网络分析法等方法来查看学习者在课程下的交互情况，交互频次较多在一定程度上说明该学习者的交互指数较高。交互的内容需要去除无意义数据后进行质性分析来判定，讨论中学习者有意义讨论的数量及讨论深度可以作为交互指数的评价指标。

话题生命期：指一个话题持续活跃的时间。一般来说具有吸引力的话题能够引发爆炸式的讨论，并且能够在较长时间内引发学习者的兴趣并进行持续讨论，引发关注的时间越长则该话题的生命期越长。通过对生命期较长的帖子进行分析能够发现学习者们的共性，帮助教学者提出更具有吸引力的话题，从而提高话题的参与度。

四、互动问答模块

互动问答模块包括的行为数据主要有在线提问、回答、追问三个部分，具体的数据指标如表3-4所示。

表3-4 互动问答行为数据与基本数据指标

行为数据	基本数据指标
在线提问	提问次数、提问时间、提问内容
回答	回答时间、回答次数、回答内容
追问	追问次数、追问时间、追问内容

在线提问：指学习者在观看视频的过程中产生的即时问题，可能会以弹幕、评论等形式出现。比如当教学者讲述到某一个知识点时学习者可能会产生疑问或者质疑，学习者随即提出问题，能够在一定程度上反映出学习者在线学习的思维活跃程度，了解学习者的知识掌握程度。用于统计分析的具体数据指标有提问次数、提问时间、提问内容。此外，在线提问的时间不同所代表的意义也是不同的，课前提问能够反映出学习者的预习程度及预习后的疑惑点，课中的提问能够帮助教学者发现学习者的关注点及上课时的思考深度和参与深度，课后提问则反映的是学习者经过学习后自己还不能解决的疑惑。包含的基本数据指标有提问次数、提问时间、提问内容等。

回答：指学习者对在线提问的回应。当学习者提出问题时，其他人会对该问题提出自己的想法和见解，这些也是重要的在线教育数据。具体包含的基本数据指标有回答时间、回答次数、回答内容等。

追问：发问者对回答问题者再次提问的行为。追问行为能够在一定程度上体现学习者之间的交流程度，有追问说明，有思考。包含的基本数据指标有追问次数、追问时间、追问内容等。

在互动问答模块中，通过分析学习者的提问次数可以得知学习者的知识盲点，根据提问方式判断学习者的思维方式与逻辑是否合理，通过回答内容的质量了解学习者对知识的掌握程度。同时，根据上述数据指标还可以分析出学习者在线学习的疑难点、兴趣点及学习者和教学者之间的互动情况等。例如，基于数据的 MOOC 学习系统能够将学习者在学习过程中产生的大量数据实时发送给自适应学习推荐引擎，包括测试通过的知识点数、问题提问量、测试重复率、完成率及正确率、作业得分、置顶（精选）问题数、回答问题花费时间等。除上述基本数据指标外，互动问答模块还包含三个新的数据指标：提问响应率、问题重复率和问题生成率。

提问响应率：指问题提出后得到响应的概率。问题的响应度越高说明该问题能够在一定程度上更有利地引起学习者的思考和兴趣。

问题重复率：指问题相似的频率，可以用来判断问答库中问题的整体质量。问答库中重复率越低说明问题越精简，当一个问题多次被提出说明有可能是该问题回答的满意度不高。

问题生成率：指生成一个新问题的平均时长，用来判断一门在线课程问题生成的速度，能够在一定程度上反映学习者对该课程的投入程度。

五、练习测试模块

练习测试模块中的学习者行为数据主要有练习、测试、考试三个部分，分别从次数、时长、内容、类型、对题率、错题率等方面进行指标划分（表 3-5）。

表 3-5　练习测试行为数据与基本数据指标

行为数据	基本数据指标
练习	练习次数、练习时长、练习内容、练习类型、Web 轨迹、使用终端、练习正确率、练习错误率
测验	测验次数、测验时长、测验内容、测验类型、测验通过率、测验正确率、测验错误率
考试	考试次数、考试时长、考试内容、考试类型、考试成绩、优秀率、及格率、进步率、退步率

练习：指学习者在日常学习中针对某门课或某个知识点所做的练习题。包含的基本数据指标有练习次数、练习时长、练习内容、练习类型、Web 轨迹、使用

终端、练习正确率及练习错误率。

测验：学习者针对某个专题或课程进行的自我测验，意在考查自己的知识掌握情况。包含的基本数据指标有测验次数、测验时长、测验内容、测验类型、测验通过率、测验正确率及测验错误率。

考试：由课程管理者发起的在线考试，一般是教学者用来测验学习者知识掌握程度。包含的基本数据指标有考试次数、考试时长、考试内容、考试类型、考试成绩、优秀率、及格率、进步率及退步率。

在线学习中的练习测试模块最能反映学习者对所学知识的掌握程度，从学习者的练习次数、对题率、错题率、考试成绩等方面可以看出，对于该学习者来说哪些知识是容易掌握的，哪些知识在理解上存在一定的困难。练习测验可以让学习者全面了解自身水平，找出知识漏洞，便于在日后的学习中查漏补缺、巩固练习；同时，也可以帮助教学者了解学习者个体和班级整体的学习情况，实施有针对性的教学。练习测试模块还包括三个新的数据指标：做题马虎度、错题重复率和题海压力指数。

做题马虎度：用来计算每个孩子做题时的粗心马虎程度。比如同样的题目或知识点出现 10 次，其中学习者有 9 次能够在短时间内完成，但其中一次发生了错误，进一步测试确认后发现导致错误的原因是马虎，进而通过统计这种现象出现的频次判定学习者做题的马虎度。

错题重复率：指同样的题目或者考查知识点相同的题目出现重复错误的概率。比如一道题出现五次，五次全错，重复率为 100%，说明学习者可能没有完全掌握该知识点。另外当一个班级在某个题目上的错误率较高时，教学者可基于此来调整自己的教学方案，并分析是因为某个知识点没有讲清楚，还是因为学习者掌握得不到位，从而做出针对性的干预。

题海压力指数：根据学习者平时做题的数量、正确率、时长等数据来判断题海训练的强度，从而为学习者提供适合自身能力的练习题目。这些题目能够在学习者现有能力的基础上改进学习效果，既不会太简单，让学者觉得没有挑战性，也不会让他们觉得太难而打击其学习的积极性。

六、成果总结模块

成果总结模块包括的学习者行为数据主要有三部分：发布成果、分享心得及自我反思（表3-6）。

表3-6 总结反思行为数据类别与数据指标

行为数据	基本数据指标
发布成果	发布次数、发布时间、发布内容、发布类型（文档、PPT、视频等）
分享心得	分享次数、分享时间、分享内容、分享方式（QQ、微博、微信等）
自我反思	反思内容、反思时长、反思方式（发帖、思维导图等）

发布成果：学习者以上传的形式展示课程学习后的作业或者学习成果，如APP、视频、PPT等一些显性化的成果作品。包含的基本数据指标有发布次数、发布时间、发布内容、发布类型等。

分享心得：学习者在课程学习之后以文字或者图片的形式对课程学习心得进行分享。包含的基本数据指标有心得分享次数、分享时间、分享内容、分享方式等。

自我反思：课程学习之后，学习者针对课程学习的内容、学习方法、学习思维等方面进行的反思，可以以文字、图片、思维导图等形式来体现。包含的基本数据指标有反思内容、反思时长、反思方式等。

成果是学习者在线学习结果的一种显性化反映，通过课程学习之后学习者会通过平台上传本课程的作业，提交最终成果，其中也包括一些总结性的反思和心得分享。教学者可通过分析这些显性化的学习成果，对学习者的学习结果做出判断并及时干预和调整在线教学策略。比如，教学者可以给予成果发布次数少的学习者鼓励与引导，激发学习者想要有所收获的内部动机。此外，心得和反思可以当成是学习者对在线学习的自我评价。总结反思模块有两个新的数据指标，分别是学习反思力和成果外显度。

学习反思力：指学习者的反思能力。通过学习者课后的反思结果能够体现其反思能力。一般来说学习者会以文字或思维导图的形式进行课后反思，文字数据内容可以通过质性分析来判断学习者反思的深浅和相关度。而思维导图的表现形式及包含的信息能够反映学习者的反思思维和反思方式。

成果外显度：用来判断学习者对自身课程学习成果的表现力，即学习者能否完整呈现自己的学习成果。一般可以通过发表成果报告的频率、发表成果报告的数量、对学习成果的表述、宣传方式及力度来判断学习者的成果外显度。

第二节　在线教学行为数据的分析框架

随着网络技术与教育观念的不断发展，在线教学逐渐兴起并受到人们越来越多的关注，其中在线教学行为水平的高低，是影响学习者知识建构水平和学习质量的关键因素。网络学习平台作为在线教学的载体，记录和存储着丰富的学习者行为数据，因此，如何基于这些行为数据构建合适的分析框架成为了解和展示学习者在线学习过程的关键。调研发现，目前比较成熟的在线教学行为数据的分析框架主要有深度学习结果分析框架、在线学习活动指数分析、在线学习者综合评价模型及在线教师综合评价模型。

一、深度学习结果分析框架

（一）深度学习概述

自美国学者 Marton F 和 Säljö R 提出深度学习以来，国内外许多研究者对深度学习进行了探讨（表3-7），但就目前而言，深度学习没有一个统一的定义。

表3-7　深度学习的概念和特征

研究者	深度学习概念与特征
Laird（2005）	深度学习体现为学习者亲身致力于运用多样化的学习策略，如广泛阅读、整合资源、交流思想、把单个的信息与整体的结构相联系，把知识应用于真实世界，以达到对学习材料的理解
Eric Jensen（2010）	深度学习是指新知识、新内容、新技能的获得必须经过多步的学习和高水平的分析加工，以便学习者能够通过改变思想、控制力或行为等方式来唤起和运用所习得的知识、内容与技能
何玲，黎加厚（2005）	强调在深度学习过程中，学习者能够批判性地接受新思想、新观点，将不同观点进行关联，并实现对知识的迁移应用和解决实际问题
顾小清，冯园园，胡思畅（2015）	教育领域的深度学习是一种学习方式，强调学习是一个意义建构的过程，强调学习者对知识的批判接收、对知识的相关关联，并最终做出决策和解决实际问题
Weigel（2002）	深度学习是在对新知识、新观点批判性分析的基础上，形成对信息的深入理解及长期保持；或者是通过探究共同体来促进条件化知识与元认知发展的学习
Warren（2009）	深度学习包含批判性分析新知识、思想，并将它与先前知识、概念、原则相关联，以实现深刻理解与长期记忆

续表

研究者	深度学习概念与特征
Osman，Herring（2007）	深度学习是指寻求理解与现有的知识、经验相关的新信息并严格评估，最终形成对知识的高水平认知与理解
张浩，吴秀娟（2012）	提出了深度学习的几个特征，即注重批判理解、强调信息整合、促进知识建构、注重迁移运用、面向问题解决和提倡主动学习终身学习，其核心特征是高阶思维，发展高阶思维有助于促进深度学习，并指出了建构主义理论、情境认知理论、分布式认知理论及元认知理论对深度学习的理论指导意义

综合上述众多学者的观点可知，深度学习既是一种学习结果，也是一种学习过程，强调较高的认知目标层次及较高能力的培养，强调在学习过程中的反思与元认知，注重学习方面的高情感投入，这也是智慧教育的本质体现。

深度学习是相对于浅层学习的一种学习方式。这两者在学习关注焦点、学习目标、学习接受程度、学习形态、学习参与程度等方面有着质的差异（表3-8）。概括起来，较之浅层学习，深度学习具有五个基本特征：注重批判理解、强调信息整合、促进知识建构、注重迁移应用及面向问题解决。

表3-8 深度学习与浅层学习的特征比较

深度学习	浅层学习
学习者的知识体系与以前的知识和体验相关	学习者关注知识点
掌握普遍的方式和内在的原理	记忆知识和例行的解题过程
列出证据归纳结论	理解新的思想感到困难
有逻辑地及时、慎重地讨论、批判性地思考	在活动和任务中收获较少
在学习过程中逐步加深理解	学习中缺少反思自己学习目的和策略
对学习的内容充满兴趣和积极性	对学习感到压力和烦恼
主动学习	被动学习
关注的焦点在于"符号化的内容"	关注的焦点在于"符号"本身
先前的知识与新知识的联结	关注任务不相关的部分
不同的课程的知识关联	仅仅记忆要评估的信息
理论观点与日常经验联系	事实和概念粗糙关联
论点和论据之间的显著区分	原理与范例无法区分
组织和结构内容到一个整体	任务被看作一种外部强制性接受
重点在于学生内部	重点在于外部，评估的需要

（二）深度学习结果评估框架

当前，多数学者认为深度学习是一种过程，因此在评价深度学习时更多侧重于测量学生是否采用深度学习方法、深度学习动机及深度学习策略等。典型的有 Biggs（2001）提出的学习过程量表（Study Process Questionnaire，SPQ）、修订后的两因素量表（R-SPQ-2F）及 Entwistle 等（1991）发表的 ASSIST（Approaches and Study Skill Inventory for Students）量表等。该类量表通过测量学生学习方法、学习动机及学习策略，为教师提供直接调整教学的建议。大量研究表明学生在学习过程中采用的学习方法层次与学生最终能否达到深度学习结果之间有着高度的关联性，即学习过程中采用深层学习方法的学生其学习结果往往属于深度学习；那些采用浅层学习方法的学生则结果往往倾向于浅层学习。但是这些量表并不是专门针对评价学生深度学习而设计的。

此外，已有研究表明深度学习本质上既是一种学习过程，又是一种学习结果。传统环境下深度学习结果的考核通常采用测试、访谈、结果描述及画概念图等形式。例如，Biggs 等（2014）提出的 SOLO 学习结果五层次结构分析法可通过观察学习结果的结构（structure of the observed learning outcome，SOLO）来间接测量儿童的思维水平，并将其学习结果分为五种类型，包括前结构水平、单点结构水平、多点结构水平、关联结构水平和拓展抽象水平，此外还有 Davey（1997）提出的学习结果描述性分析法及 Boulton 提出的概念图分析法等。王怀波根据 Dahlgren、何玲、黎加厚等学者的研究提出的深度学习结果三位一体评价体系，包括知识、思维能力和情感三个一级指标和九个二级指标（图 3-2）。

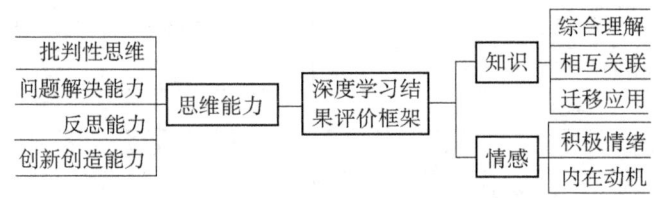

图 3-2　深度学习结果三位一体评价框架

专栏 3-1　　　　　　　　深度学习结果评估量表

深度学习结果评价与一般学习结果评价相一致，而深度学习结果要求的层次更高，但是考虑到深度学习强调高阶思维能力的培养，研究将思维作为深度学习结果的重要成分。因此，深度学习结果评估将思维与能力维度合并，即包含知识、思维能力及情感态度。王怀波根据深度学习量的项目分析及探索因子分析后，基于最终的分析结果，形成深度学习结果的正式量表（表 3-9）。

表 3-9 深度学习结果评估量表（王怀波，2016）

研究变量	因子	操作性题项
知识层面	综合理解	我觉得只要掌握课程考试大纲中提及的知识点就可以了
		当我学习新的内容时，我不仅仅记住内容本身，还尝试理解与内容相关的其他知识
	相互关联	我会将各种观点尽可能地与课程知识联系起来
		通过本门课程的学习，我发现课程中的知识或者观点往往会激起我对以前知识的回忆
		通过本门课程的学习，我觉得知识之间是相互独立的，无法进行关联
	迁移应用	我认为学习获得的知识除了考试之外没别的用处
		我觉得处理问题更多的靠生活经验，与课程学习的内容没多大关系
思维能力	批判性思维	我会从公认的事实观点中发现和提出问题
		我会定时检查、复习，帮助自己了解内容之间的重要关系
	问题解决能力	当遇到问题时，我不会逃避
		当遇到问题时，我总会通过努力去解决
		我愿意面对问题，并想办法解决它
		遇到问题时，我相信自己有能力解决它
	反思能力	在学习中我会不时地思考我从中学到了什么
		在解决一个问题时，我会询问自己所考虑的选项是否合适
	创新创造能力	通过课程学习，我喜欢问一些别人没有想过的问题
		通过课程学习，我经常想到一些新颖的观点
		通过课程学习，我尝试做了许多新鲜的事
		我喜欢用相同的方法做事情，而不喜欢去尝试其他新的方法
情感态度	积极情感	通过课程学习，我发现课程内容很有趣
		通过课程学习，我得到了强烈的个人满足感
		通过课程学习，我发现学习课程是有意义的且是值得学习的
		整体而言，我觉得本门课程的学习对我有很大的帮助
	内在动机	我会主动搜集更多与本课程相关的内容
		我想了解这门课程更多的学习内容
		针对某一个问题，除非大家达成一个共识，否则我会寻找各类资料来验证自己的观点

二、在线学习活动指数分析

北京大学贾积有等（2017）学者提出了学生在线学习活动指数（online learning

activity index，OLAI）。学生完成某次学习活动的好坏，可以从速度（speed）、质量（quality）和数量（quantity）三个维度进行综合评判。

对这三个方面进行数字化处理，可得到三个独立的无量纲指标，OLAI 就等于这三个维度指标之和。在某个学习段内，每个学生的 OLAI 均值反映了该生参与课程活动的平均表现，OLAI 之和则反映了其参与课程活动的总体表现。某个学生群体（如班级和学校等）的学习活动指数 OLAI 也可以通过平均值和求和值分别反映全体学生的平均表现和总体表现。

在线学习平台或者课程管理系统通常会记录学生完成某个学习活动的起始时间和结束时间，可以计算完成该活动的速度；也会记录完成活动的质量（比如对客观性题目的自动评分、对主观性题目的老师判分或者同伴互评得分等）和数量。以在线做题活动为例，表 3-10 呈现了三个维度的取值范围及一些特殊情况下的教学涵义。

表 3-10　在线学习活动指数维度取值范围及其教学涵义

速度	质量	数量	指数	教学涵义
$(-\infty, 1]$	$[0, 1]$	$[0, Q_{max}]$	$(-\infty, Q_{max})$	学生完成学习活动的综合指标
$[0.5, 1]$	$[0.5, 1]$	$[1, Q_{max}]$	$[2, Q_{max}+2]$	学生完成活动速度较快，质量较好，数量较多；教师或者家长应当表扬
$[0.5, 1]$	$[0.5, 1]$	$[0.5, 1]$	$[1.5, 3]$	学生完成活动速度较快，质量较好，数量正常；教师或者家长应当鼓励
$[0.5, 1]$	$[0.5, 1]$	$[0, 0.5]$	$[1, 2.5]$	学生完成活动速度较快，质量较好，数量较少
$(-\infty, -1-Q_{max}]$	$[0.5, 1]$	$[1, Q_{max}]$	$(-\infty, 0]$	学生完成活动速度过慢，但是质量不错，数量也多，原因可能是题目过难，数量也相对较多；学生还是认真完成了，教师和家长需要赞扬其认真精神
$(-\infty, -1-Q_{max}]$	$[0, 0.5]$	$[1, Q_{max}]$	$(-\infty, 0]$	学生完成活动速度过慢，质量不好，但是题目数量多，原因可能是题目较难，学生需要辅导帮助；或者是学生三心二意；教师家长应当提醒、督促学生
$(-\infty, -1]$	$[0, 0.5]$	$[0, 0.5]$	$(-\infty, 0]$	学生完成活动速度过慢，质量不好，题目数量并不多，原因可能是学生三心二意，教师或者家长应当提醒学生；也有可能是题目过难，学生需要辅导帮助

资料来源：贾积有，于悦洋. 学习活动指数 LAI 及在线学习活动指数 OLAI 的具体分析. 中国远程教育，2017（4）：15-22.

根据某学生每次的做题情况计算出 OLAI，并以此为纵坐标、以时间为横坐标做出散点图或折线图，可以看出这个学生学习活动指数与时间的趋势和走向是否相一致。

将某个学生在某个学期或者某个时间段内所有活动的 OLAI 求平均，称作该生的平均学习活动指数（OLAI Mean of All Activities，OLAIMAA），它反映了该生所有活动的平均表现。当然，三个维度的相应均值则反映了该生所有活动的平均速度、平均质量和平均数量。

将某个学生在某个学期或者某个时间段内参加所有活动的 OLAI 及其三个维度分别求和，则可以得到该生的学习活动总体表现，称之为该生的学习活动指数总值（OLAI sum of all activities，OLAISAA），即三个维度（速度、数量和质量）的总体表现。

将某个班级、学校或者某类学生的在线学习活动指数均值（OLAIMAA）求平均，则得到该群体全体学生在线学习活动指数均值（OLAI mean of all activities of all participants，OLAIMAAAP），它反映了该群体学生所有活动的平均表现。

将某个班级、某个学校或者某类学生的在线学习活动指数总值（OLAISAA）再求和，则得到该群体全体学生在线学习活动指数总值（OLAI Sum of All Activities of All Participants，OLAISAAAP），它反映了该群体所有学生所有活动的总体表现。

一个学生的学习活动指数可以和班级的平均值相比，也可以与表 3-10 中的绝对标准相比。每次活动以后，学生可以看到该次活动的行为指数和三个维度的数值，系统可以根据这些数值授予该生一定的积分或者虚拟货币之类的奖励。

所以，OLAI 不仅可以衡量一个学生在某次活动中的表现，也可以衡量该个体的平均表现和总体表现，更可以反映一个学校和一个班级的所有学生的学习活动表现的平均值和总体表现。

三、在线学习者综合评价模型

北京师范大学的郑勤华等（2016）学者以在线学习者的综合评价为主题，构建了基于学习行为数据的综合评价参考模型（student-systematically evaluation reference indicator，S-SERI）（图 3-3），可以为学习者的个性化学习服务提供智能化决策支持。

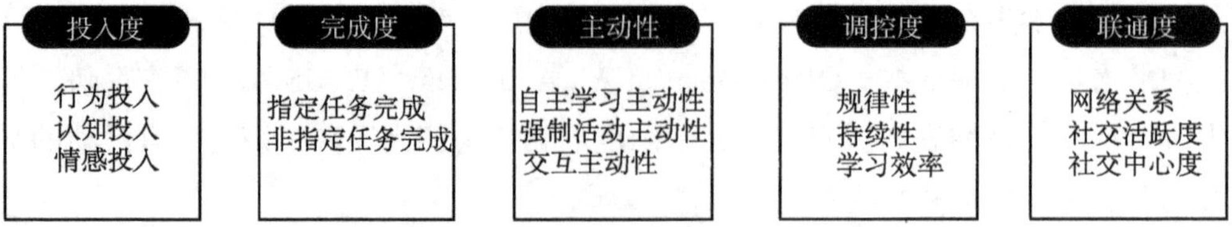

投入度	完成度	主动性	调控度	联通度
行为投入 认知投入 情感投入	指定任务完成 非指定任务完成	自主学习主动性 强制活动主动性 交互主动性	规律性 持续性 学习效率	网络关系 社交活跃度 社交中心度

图 3-3 学生综合评价参考模型（S-SERI）

资料来源：郑勤华，陈耀华，孙洪涛，等. 基于学习分析的在线学习测评建模与应用——学习者综合评价参考模型研究.电化教育研究，2016（9）：33-40.

S-SERI 模型由维度和指标构成，其中维度满足对学生的某方面评价需求，具有一定概括度和抽象层次，可能包含多个指标；指标则是对维度的具体分解。例如衡量学生在线学习投入的"投入度"维度，包括"行为投入""认知投入""情感投入"等一级指标，在"行为投入"指标下又包括"活跃度""持续度"等二级指标。

（一）投入度

从活跃性、持续性等方面对学生在线学习的投入程度进行评价。对投入度的评价除了行为投入以外，还包括更深层次的认知及情感投入。投入度是对学生学习过程进行表征的重要维度。

（二）完成度

以课程的教学目标为标准对学生实际完成情况进行评价，对于不同类型的课程，教学目标的侧重点不同，完成度的指标及权重设置也会进行相应的调整。

（三）主动性

包括完成自主学习任务的主动性、参与教师指定教学活动的主动性及进行交互的主动性等，主动性在一定程度上表征了学习者的学习动机水平与变化情况。

（四）调控度

从学习的规律性、持续性、效率等方面对学生调控自己学习过程的水平进行评价，调控度是对学生认知策略、自主学习能力进行表征和评价的重要维度。

（五）联通度

对学生建立社会化认知网络的能力进行评价，包括建立连接的能力、维护连接的能力等。联通度的评价核心是交互，包括学生与资源的交互、学生与教师及与其他学习同伴的交互。

S-SERI 模型使用学习活动流数据进行建模和计算，活动流由必要属性和可选属性构成，必要属性包括活动主体、动作及活动对象三类（表 3-11），可选属性包括活动时间、活动结果等若干类。

表 3-11　活动流中一些必要属性的描述

活动主体	动作	活动对象
教师 学生 小组	浏览、观看、编辑、评论、提问、回答、笔记、分享、标注、创建、收藏、取消收藏、得分、下载、发表、回复、搜索、删除、参与、尝试、暂停、继续、跳过、完成、退出、通过、失败	文件、问题、协作、视频、页面、讨论、作业、消息、笔记、学习计划、测试、帖子、档案、模块

图 3-4 展示了某在线学习系统应用 S-SERI 模型对学习者综合评分所处的相对位置，对学习主动性的维度得分偏低提出了有针对性的提醒。

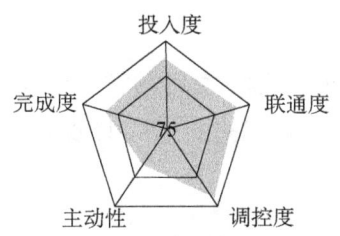

您在学习习惯测评中击败了37%的同学，学习主动性还要加强哦，请继续努力，加油！！

图 3-4　学习者个人 S-SERI 计算

资料来源：郑勤华，陈耀华，孙洪涛，等. 基于学习分析的在线学习测评建模与应用——学习者综合评价参考模型研究. 电化教育研究，2016（9）：33-40.

四、在线教师综合评价模型

北京师范大学的陈耀华等（2016）学者以教师综合评价为目标，基于教师和学生在线教与学所产生的全维数据，构建了在线教师综合评价的参考理论模型（teacher-systematically evaluation reference indicator，T-SERI）（图 3-5），基于理论模型实现了完整的算法构建，并在网络教育学院的实践中对该理论和算法模型进行了应用和验证。

T-SERI 模型由维度和指标构成，其中维度满足对教师某方面的评价需求，具有一定概括度和抽象层次，可能包含多个指标，指标则是对维度的具体分解。例如衡量教师教学投入的"投入度"维度，包括"导学投入""助学投入""促学投入""情感投入"等一级指标,在"行为投入"指标下又包括"活跃度""持续度"等二级指标。

```
┌─促进度──┐ ┌─投入度──┐ ┌─联通度──┐ ┌─认可度──┐ ┌─调控度──┐
│ 任务完成 │ │ 导学投入 │ │ 网络位置 │ │ 评价认可 │ │ 活动组织 │
│ 资源学习 │ │ 助学投入 │ │ 网络角度 │ │ 交互认可 │ │ 小组协调 │
│ 交流讨论 │ │ 促进投入 │ │ 联通广度 │ │         │ │ 时间管理 │
│         │ │ 情感投入 │ │ 联通深度 │ │         │ │         │
└─────────┘ └─────────┘ └─────────┘ └─────────┘ └─────────┘
```

图 3-5　教师综合评价参考模型（T-SERI）

资料来源：陈耀华，郑勤华，孙洪涛，等. 基于学习分析的在线学习测评建模与应用——教师综合评价参考模型研究. 电化教育研究，2016（10）：35-41.

（一）促进度

衡量学生在实现教学目标的过程中取得的进步，以此为依据对辅导教师教学的有效性进行评价。

（二）投入度

从活跃性、持续性等方面对辅导教师的教学投入程度进行评价。对投入度的评价包括时间投入、行为投入及情感投入等，体现教师对教学工作的态度和感情。

（三）联通度

对教师帮助学生建立、维持和优化的社会化人际网络和认知网络及教师在形成的社会化网络的发展中所发挥的作用进行评价。交互是联通度评价的核心，包括教师和学生的交互、教师和资源的交互等。

（四）认可度

通过学生在教师辅导、反馈或干预后的学习状态变化情况表征学生对辅导教师教学与管理工作的信赖程度。

（五）调控度

从及时性、个性化等方面对教师的学习活动的组织、学习小组的管理、学习步调的协调等方面的工作进行评价。

图 3-6 展现了特定教师实时的 T-SERI 分值，用雷达图对 T-SERI 模型的五个维度的得分情况进行呈现，并且基于五个具体维度的得分情况，从构成维度的底层指标和特征值出发，对教师如何提升工作质量提供建议。

第三章 在线教学行为数据分析与适应性学习系统

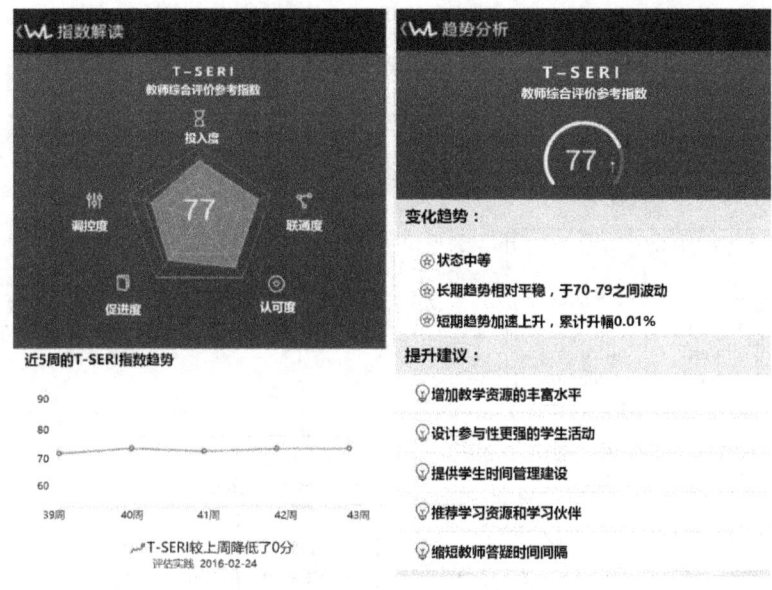

图 3-6 教师个人 T-SERI 值与提升建议

资料来源：陈耀华，郑勤华，孙洪涛，等. 基于学习分析的在线学习测评建模与应用——教师综合评价参考模型研究. 电化教育研究，2016（10）：35-41.

第三节 适应性学习系统框架与技术原理

自适应学习系统是教育大数据应用服务的主要阵地，它能够采集学习过程中的行为数据，并对学生的学习兴趣、知识水平、学习风格、学习进度等做出分析和预测，以提供个性化的学习服务；接下来，将介绍适应性学习系统的通用框架，并选取国内外三款典型的适应性学习产品，重点对其功能架构与技术原理进行分析。

一、适应性学习系统框架

适应性学习是指基于学习者的个性特征差异为其提供个性化学习服务的一种学习方式，通过记录、挖掘和深入分析学习行为历史数据信息，以可视化的方式呈现数据分析结果，用于评估学习过程、发现潜在问题和预测未来表现，并对学习者进行个性化干预、指导，促进有效学习的发生。

结合适应性学习过程结构，以个性化自主学习、自适应推荐、心理学和计算机科学为理论基础,从用户模型、领域模型、自适应模型、自适应引擎和呈现模型五部分构建适应性学习框架(姜强,等,2013)(图3-7)。

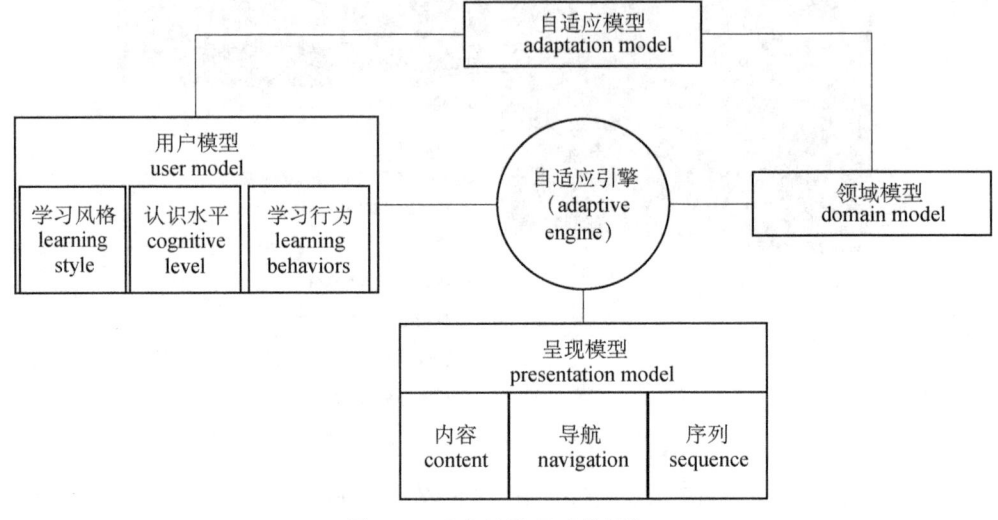

图 3-7 适应性学习系统框架

资料来源:姜强,赵蔚,王朋娇. 基于GALSRM模型的自适应学习系统体系结构研究. 现代远距离教育,2013(1):71-77.

(一)用户模型

用户模型描述用户的个体特征,如学习风格(信息加工之活跃/沉思、感知之感悟/直觉、信息输入之视觉/言语、内容理解之序列/综合)、认知水平(背景知识、知识熟练程度、认知能力,如识记、理解、应用、分析、综合、评价)和学习行为(记录了学习者的学习历史,如学习者访问学习资源的媒体类型、学习时间、访问次数等)等,系统可以根据用户的学习历史记录修正用户模型。

(二)领域模型

领域模型描述领域知识、练习测试等结构,包括概念和概念间的联系,每个概念可以有不同的属性,具有相同属性的概念可以是不同的数据类型。概念间的联系是联系两个或更多概念的对象,具有唯一标识值和属性。

(三)自适应模型

自适应模型定义了如何根据用户模型中的信息访问领域模型各个部分,产生自适应动作,以及如何修改用户模型的一套规则,这些规则体现了课程教学设计的思想。

（四）自适应引擎

自适应引擎对应着系统的实现，根据用户模型选择、组装和动态适应性呈现页面，执行适应性规则，根据用户学习行为历史记录修改与维护用户模型等。

（五）呈现模型

呈现模型是指系统根据用户模型、领域模型、自适应模型，通过自适应引擎实现内容、导航和序列三方面的适应性呈现。其中内容呈现是指系统根据用户学习风格呈现出不同媒体类型（如视频、图片、文本等）、事实或抽象等特性的学习资源。其次是导航，系统根据学习风格、认知水平及兴趣爱好等划分为全局性导航和局部导航，其中全局性导航主要由领域知识树形结构来呈现，通过树形结构可以显示课程的完整知识体系，并通过学习状态标记显示当前学习者对知识的掌握状态，比如未通过测试的知识点采用红色图标标记，已通过测试的知识点采用绿色图标标记。全局性导航能够让各类型的学习者都可以明确自己当前所学内容，在知识体系中所处位置及自己对课程知识的掌握情况，从而避免了信息迷航和认知过载状况。而局部导航为学习者提供了知识概念图，能够清楚地展现当前知识点的相关知识、先前知识、后续知识，便于学习者自上而下学习。最后是学习序列，系统根据学习者的学习风格推荐学习序列，比如对于活跃型学习者喜欢做中学，则系统推荐学习序列为提纲→资源→总结→练习→论坛→实例→测试；而沉思型学习者喜欢安静地思考问题，独立学习工作，则系统推荐学习序列为提纲→资源→总结→实例→论坛→练习→测试。

二、牛顿平台

Knewton 是一家自适应学习基础服务提供商，公司所研发的牛顿平台是当前国际上一款优秀的适应性学习产品。牛顿平台可以帮助学校、出版商和技术开发者为学习者提供个性化的教育内容。接下来，将从自适应原理、核心技术、自适应服务三个方面对牛顿平台进行剖析，以期为教育大数据分析研究人员和自适应学习平台设计者提供理论参考和技术借鉴（万海鹏，等，2016）。

（一）牛顿平台的自适应原理

自适应学习强调学习环境的适应性，要求创设的个性化学习环境能够最大限度地适应学习者的不同特征,并以此来开展个别化学习和对不同能力的学习者"因材施教"。自适应学习系统应保持适应的持续性,可以对学生的学习表现和活动完成质量给予及时反馈,在正确的时间基于正确的内容提供合适的学习指导,来最大化学生获得学习内容的可能性;同时基于给定活动的完成情况,自适应学习系统应能持续引导学生进入下一个活动。

为了保持持续自适应,即在任何时刻都能为学生做出个性化的学习进度安排,牛顿平台进行了概念层面的专业化数据(proficiency data,如知识概念掌握程度、学习投入程度、学习效率、优势劣势、活跃时间、预测分数等)采集处理,并建立了专业化数据与学习过程数据之间的关联映射。专业化的数据模型不仅能评估学生做了什么,还能在概念层面分析学生掌握了什么及学生的学习就绪状态、认知投入、学习偏好、学习风格、学习策略等,并向学生呈现为下一步学习或评估所应该做的准备及能力随时间变化的可视化图示。具体来说,牛顿平台的这种持续自适应主要体现在空间强化(spaced reinforcement)、记忆力和学习曲线(retention and learning curves)、学生学习档案(student learning profile)等方面。基于教育路径规划技术和学生能力模型,牛顿平台构建了自适应学习的基础框架,以最大程度地实现个性化。

1. 基础结构

牛顿平台构建了一个基于规则、算法廉价的大规模规范化内容的基础设施(heavy duty infrastructure),包括数据基础设施(data infrastructure)、推理基础设施(inference infrastructure)、个性化基础设施(personalization infrastructure)三部分。

数据基础设施部分主要负责收集、处理海量的专业化数据,涉及用于规划和管理各个概念之间关系的自适应本体(adaptive ontology),及用于实时流和并行分布式流数据预处理的模型计算引擎(model computation engine)。自适应本体是一组具有直观和可拓展性的概念对象及其关系的集合,这些概念和关系容易习得,且能方便地表达学习内容之间的关系,为数据分析和自适应辅导提供基础支撑。模型计算引擎采用分布式的方式工作,能够将任务分解为细小的计算单元,以通过多台电脑实现高效的并行计算。而当某台电脑出现异常时,其他电脑也能及时取代并在任何状态下进行恢复。

推理基础设施部分的目标在于扩大数据集和从收集的数据中形成视图,包括心理测验引擎(psychometrics engine)、学习策略引擎(learning strategy engine)

和反馈引擎（feedback engine）。其中，心理测验引擎负责评估学生的概念掌握程度、内容参数、学习效率等，并通过推理的方式来扩充学生的数据集（包括挖掘学习偏好、认知风格、知识结构、能力水平、学习进度等），最终形成能综合表征学习者全学习状态的信息档案面板；学习策略引擎主要用于评估学生对教学、评估、进度安排等方面变化的敏感程度，识别学生在学习过程中对学习资源、学习环境等改变做出的反应，并据此为学生选择合适的学习策略，如提供符合学习者认知风格的学习资源和导航，提供符合学习者学习水平的测评方案等；反馈引擎负责对数据和反馈结果进行归一化处理，并将它们返回到自适应本体库中，以丰富自适应本体的元数据信息，使知识概念与学生的学习过程信息之间建立更符合实际且可用的关联，进而提高推理和分析的精准性。

个性化基础设施部分主要利用所有合并数据所构成的整体网络为学生寻找最优的学习策略，包括推荐引擎（recommendations engine）、预测分析引擎（predictive analytics engine）和归一化学习轨迹（unified learning history）。其中，推荐引擎负责从目标均衡性、学生的优劣势、投入程度三个方面，为学生提供下一步操作的排序建议；预测分析引擎负责对学生的考量做预测，如达到教学目标的速率及完成程度、考试分数、概念的熟悉程度等；归一化学习轨迹的目的在于统一学生的个人账户，建立学生在不同学习应用、学科领域和学习时段与先前学习经验之间的关联，避免个性化推荐应用中常遇到的"冷启动"问题。

2. 数据模型

数据模型（data model）是对现实数据特征的抽象，用于描述一组数据的概念和定义。对牛顿平台而言，数据模型是数据在系统中的存储方式，包括四部分内容：

（1）知识图谱（knowledge graph）

知识图谱表示概念与概念之间关系的集合，是牛顿平台用于精准定位学生学习状态的重要方式，其结构如图 3-8 所示。其中，圆圈代表概念；连线代表各概念之间的关系；箭头指向表示前一个概念是后一个概念的先修概念，二者之间是先修关系（prerequisite relationships）。牛顿平台的知识图谱是通过自适应本体来建立的，具有可扩展、可伸缩、可测量的特性。自适应本体由模块（内容片段）、概念、内容与概念之间的关系三种元素构成，其关系类型主要有：包含（containment），表示该内容或概念从属于更大的群组；评估

（Assessment），表示该内容提供了学生掌握状态的信息；教学（Instruction），表示该内容在教授某个具体概念；先修（Prerequisiteness），表示学习该概念之前需要先掌握另外一个层级更低的概念。基于自适应本体，研究者和教师就能对典型的课本内容进行概念映射和标注。利用这种标注好的课本内容数据，结合学习交互数据、心理测验数据，牛顿平台就能自动为学生生成个性化的知识图谱。

（2）学生事件（Student Events）

学生事件是学生与学习内容交互时产生的系列数据流，主要用于对学生的能力进行实时推断。牛顿平台收集来自不同合作伙伴产品中所生成的交互数据流信息，用于为学生的个性化分析与推荐提供支撑。学生响应事件数据的存储与交换格式，包括试题编号、作答持续时间、试题所属模块、交互结束时间、得分、正误状态及完成状态，其数据结构示意图如图3-9所示。

（3）目标管理（Goal Management）

目标管理是对学生学习结果数据的分析和处理。牛顿平台能够为学生提供可持续更新的学习目标档案，档案内容包括学生未学习的内容、已学习的内容、知识概念掌握的状态、成绩排名及如何学得更好的推荐信息。随着学生使用平台的时间变长，档案将会变得越来越智能化。目标档案数据的存储与交换格式，包括知识概念名称、所属模块、目标分数、开始时间、目标时间、推荐模块候选集、模块推荐数量等。

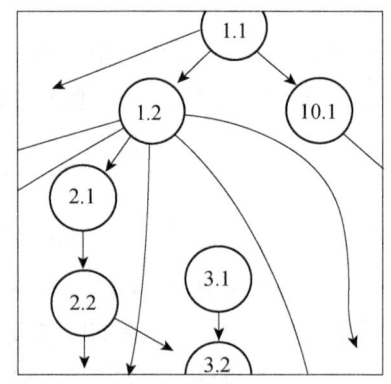

图 3-8　知识图谱（源于《牛顿平台技术白皮书》）

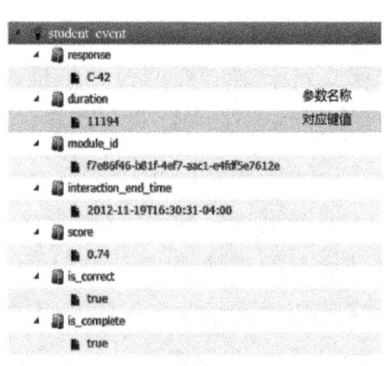

图 3-9　学生响应事件数据结构示意图

资料来源：万海鹏，汪丹. 基于大数据的牛顿平台自适应学习机制分析——"教育大数据研究与实践专栏"之关键技术篇. 现代教育技术，2016，26（5）：5-11.

(4) 推荐与分析（recommendations and analytics）

推荐与分析作为学习者个性内容推荐与分析服务的接口，能为学习者持续提供内容推荐，并在学习进度、概念熟练程度、学习投入等方面进行精准推断。个性推荐与分析诊断数据的存储与交互格式，包括推荐模块、学习案例、目标模块、预期分数、置信区间、评估时间等。

（二）牛顿平台的核心技术

1. 项目反应理论（Item Response Theory，IRT）

项目反应理论将学习者对测试项目的反应（应答）通过表示测试项目特性的参数和被测试学习者能力的参数及其组合的统计概率模型来表示，其中表示项目特性的参数主要有难度系数和区分度。传统的项目反应理论一般针对问题、项目来设计相关参数，且在运用过程中通常存在两大误区：一是认为学生的能力是个常量；二是倾向于用一个参数来表示学生的能力。

考虑到能力的发展变化及多种能力之间的相互连接，牛顿平台对传统的项目反应理论进行了扩展，并从问题层级的表现来对学生的能力建模——认为学生的能力参数会随时间而变化；同时，对学生能力的表征不再局限于某个唯一的参数，而是通过利用聚焦于概念层面的知识图谱来对学生能力进行评估和表征。

2. Knewton API

Knewton API 是连接应用场景与合作平台的桥梁，以云服务的方式被第三方企业调用（图3-10）。

其中，核心服务层负责与牛顿平台的数据库打交道，并以表单的方式向应用服务层提供预处理后的数据信息，其中典型的服务就是知识的图谱化工作。基于本体库，图服务能时时进行图式化内容的信息更新，并结合实际需求对图谱进行基于历史版本的改造。应用服务层负责与推理引擎（包括心理测验引擎、推荐引擎等）进行对接，而这些引擎的正常工作都有赖于核心服务层所提供的可直接利用的数据。API 调用与嵌入层则负责收集来自合作企业平台中产生的系列信息，并根据需要以消息的方式通知系统中的其他服务层。例如，当有内容需要加入知识图谱或学生注册了一门课程，API 调用与嵌入层接收这些信息后，便立即通知相应的核心服务层进行响应，并在数据存储层存储。具体说来，Knewton API 能为合作企业提供下述三个层面的服务：

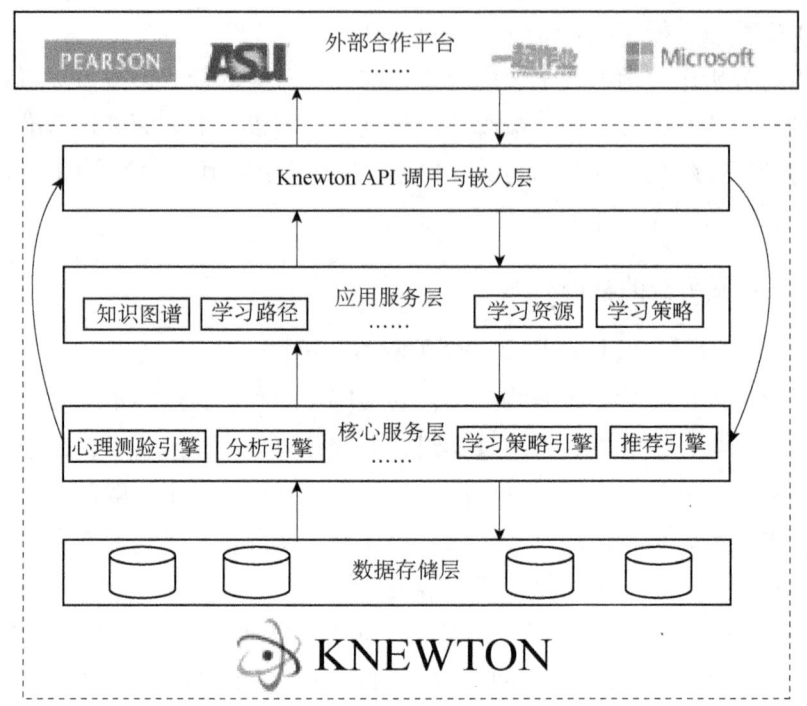

图 3-10　牛顿平台与第三方应用集成框架

资料来源：万海鹏，汪丹. 基于大数据的牛顿平台自适应学习机制分析——"教育大数据研究与实践专栏"之关键技术篇.现代教育技术，2016，26（5）：5-11.

（1）学习历史记录层面

Knewton API 采集了学习者学习过程中所表现的一系列学习偏好和差距，可帮助学生在新课程中保持积极性。学习历史记录档案包括学生所知道的内容、掌握的水平、学得最好的课程、如何学得最好的推荐信息，并能持续性地进行更新。

（2）学习交互数据分析层面

Knewton API 能将海量数据转变为认知交互模型、估计向量、数据框架和可人为操控的视图，并向教师、家长、管理者和学生提供深层次的教学和内容分析报告——教学分析指标包括熟练程度、就绪状态预测、分数预测、活跃时间，基于该指标，教师可以在更加准确地知晓学生缺点的前提下指导学生，年复一年地比较课程数据，按学期、年度进行课程的改进和完善；内容分析可以帮助教师、出版者和管理者确定教学材料中最丰富和最薄弱的部分、需精细讲授和评估的部分，保证内容的持续更新，确保学生不会使用过时的教材。

（3）个性化推荐层面

Knewton API 通过综合考虑内容要素、学习者要素和目标要素来决定对下一步所应学习内容的推荐。其中，内容要素包括模块关系、教育意义、评估价值、问题难度、持续时间和学习投入程度；学习者要素包括概念熟悉程度、评估需求、复习需求、学习步调和材料重复接受度；目标要素则包括目标模块、目标分数、达标日期、可推荐模块。

（三）牛顿平台的自适应服务

1. 差异化引导的自适应学习过程

牛顿平台提供差异化的学习辅导服务，即利用项目反应理论对学生的学习状态进行测试评估，基于学生问题层面的表现而不是整体测试成绩来对学生的能力进行建模。对于理解不同问题所带来的贡献，项目反应理论并没有同等看待，而是针对每一个问题提供了包含问题信息和答题者个人能力信息的贡献计算解释。下文将以一个差异化引导任务为例，来阐述牛顿平台的实时自适应学习过程。

如图 3-11 所示，Amy、Bill 和 Chad 三位学生有同样的学习目标——理解乘法公式、一位数乘法、两位数乘法、解决乘法应用题；这四个概念的先修知识分别是乘法符号、理解乘法、100 以内的整数乘法、用乘法解决问题，比如，要理解"两位数乘法"必须先理解"一位数乘法"；下方排列的小图形代表每位同学回答的题目及正误信息，每道题对应的图形与它们所属的知识点框中的图形类型一致，图形的填充与否代表正误信息，实心表示正确，空心表示错误。

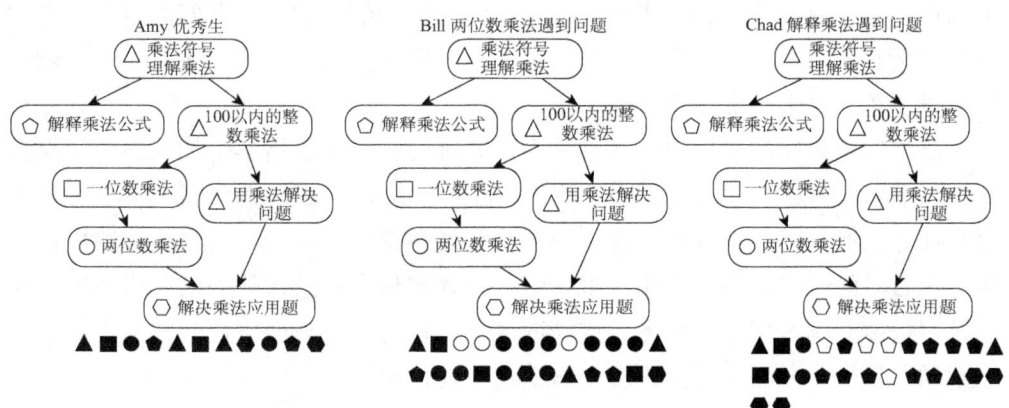

图 3-11　同一目标不同学生的自适应学习过程

资料来源：万海鹏，汪丹. 基于大数据的牛顿平台自适应学习机制分析——"教育大数据研究与实践专栏"之关键技术篇.现代教育技术，2016, 26（5）: 5-11.

从图3-11可以看出，这三位学生所答的前三道题目是一样的，由于第三道题Bill答错了，与其他两位同学出现了不同的学习状态，故三位同学开始呈现不同的学习路径——Bill在理解"乘以两位数"时遇到了困难，故继续回答与这个主题相关的题目，而Amy和Chad进入下一个主题；从第四题的回答结果来看，Amy回答正确继续回答接下来的题目，而Chad回答错误继续回答与"理解乘法公式"这个主题相关的题目。图3-11展现了三位同学为达到同样的学习目标而进行的自适应学习过程，从中可以看出牛顿平台的差异化指导有助于学生更多地关注自己的薄弱环节，而不至于在已经掌握的环节上做无用功——平台引导那些学习困难的学生（如Bill和Chad）继续回答与问题主题相关的题目，直到他们理解、答对题目进而掌握概念；对于那些掌握程度较好的学生（如Amy），牛顿平台则向其提供按照自己步调学习的机会。

2. 创建自适应课程

牛顿平台支持教师、家长及学生创建自适应课程，每门课都由创建者自由选择的若干个任务组件构成，每个任务组件内包含一定数量的题目，并以上述方式为学习者提供不同的学习路径。为自适应课程选择任务组件有两种方式：

1）接受推荐。牛顿平台基于知识图谱和用户教学行为数据分析，向用户推荐其可能感兴趣的任务组件，而用户可将推荐的任务组件加入创建的个性化课程里。

2）根据目录树选择任务组件。牛顿平台已经内置大量的任务组件，以学科—年级—主题—子主题等任务多维关键词表征，用户可以通过多维搜索的方式来主动选择任务组件以创设个性化课程。比如，数学学科在六年级水平上有代数Ⅰ和代数Ⅱ、数据分析和概率统计、几何和三角函数、数和计算四大主题；在大主题下又有子主题，如数和计算这一主题包含数的概念、复数、比率等子主题；每个子主题又对应一个任务组件。

课程创建完成后，用户可通过站内信和邮件的形式邀请学生加入、激活课程并参与学习。同时，用户还需要填写课程名称和课程详细描述、关联K-12课程大纲和任务完成时间，以方便其他用户查找和使用课程。牛顿平台将跟踪这门课程所有学习者的学习动态，向用户报告学生的基本信息和总体任务的完成情况，包括学习进度、学习困难、任务完成情况统计等信息，一方面方便教师和家长掌握学生动态，另一方面利于用户进一步组建个性化课程。

三、智慧学伴平台

智慧学伴是由北京师范大学未来教育高精尖创新中心研发的智能教育公共服

务平台。该平台基于多维度、长周期的教育大数据，利用"互联网+"的思路助力教育深化综合改革，构建北京世界教育层次的教育公共服务的新模式，创新移动互联时代的教育公共服务模式。

目前，智慧学伴平台已经被应用于通州区教育全面深化综合改革项目。该项目旨在推动通州教育向以学科能力、核心素养为重点的教育转型，助推通州全面提高教育质量，匹配城市副中心的定位。在 31 所初中学校的大力支持和学科教师的积极参与下，通州区依托智慧学伴平台实施了学生学科能力与核心素养测评，同时开展了学生心理素质测评，并且启动了大规模学生开放型在线辅导计划（双师服务）。

（一）核心研究任务

智慧学伴的中心任务是实现全学习过程数据的采集、知识与能力结构的建模、学科优势的发现与增强及学习问题的诊断与改进。主要研究任务如下。

1）研究学习者学科能力与认知模型及其可视化，以表达学习者的个性化特征和需求。

2）研究基于大数据分析的教育智能技术，构建以学习科学为基础的数据分析模型，以根据学习者的个性需求进行推荐。

3）研究学习资源生成与服务汇聚技术，以实现优质资源大规模的语义化组织、主题化汇聚及进化式生成，构建可推理与计算的社会性知识空间，实现线上、线下相结合的双师服务。

4）开展智能教育服务平台融合于教育主流业务的模式与方法研究，探索新的教育业务形态、治理方式和应用解决方案。

1. 数据采集与分析框架

传统教育数据分析的目的在于凸显群体水平，数据通常是在周期性和阶段性评估中获得的。智慧学伴平台综合应用视频录制、日志记录、点阵数码笔、可穿戴设备等技术，可以对学生全样本的学习过程性数据进行收集，既可以分析微观个体的特征，也可以分析共性与群体性指标。聚集北京师范大学九大学科专家团队的智慧，提炼中学九个学科的素养，开发学科诊断分析工具，编制学科测试题库、试卷，以科学地测评采集学生学科知识、能力、心理、行为等表征信息，对数据进行挖掘和建模（图 3-12），不仅能够为学生中高考选考提供科学的参考方案，还能推荐有针对性的教学资源和双师服务，帮助教师进行精准教学，便于学生及时解决学习问题。此外，还能叠加个体测评数据形成区域诊断报告，准确把握区域教育发展动态，促进区域教育均衡发展，实现学生的个性发展。

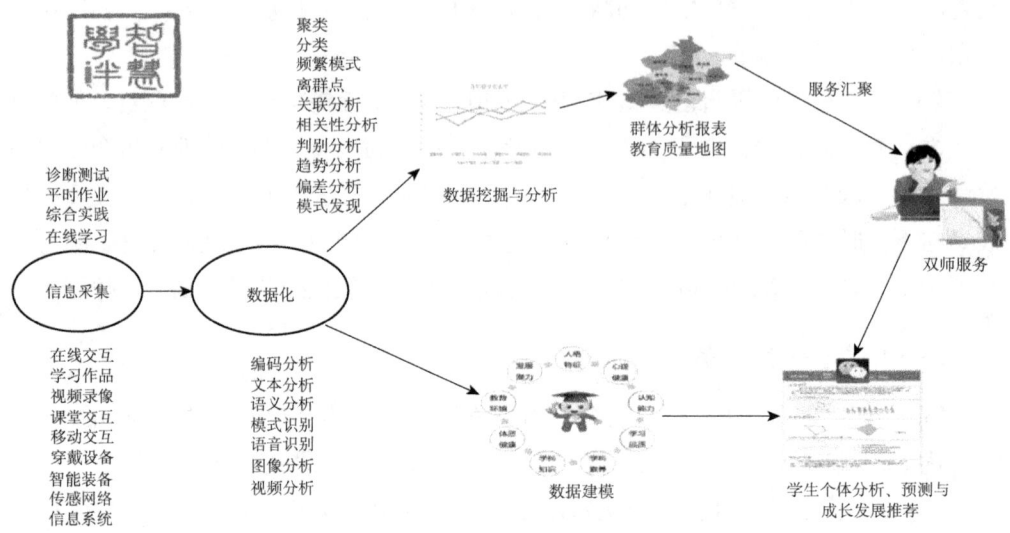

图 3-12 智慧学伴平台的数据采集与分析框架

2. 提供的核心服务

（1）查优鉴短，个性推荐

随着学业的不断积累，学习者自身的知识结构及能力水平会发生一定的改变。"智慧学伴"平台不仅为学习者提供多种测试，包括基于知识点的微测、基于学期考核的总测，学习者还可以随时查看自己单次测试的诊断报告，而且平台会汇聚学生多次、多种测评的数据，形成学生个体的能力素养诊断报告（图 3-13）。

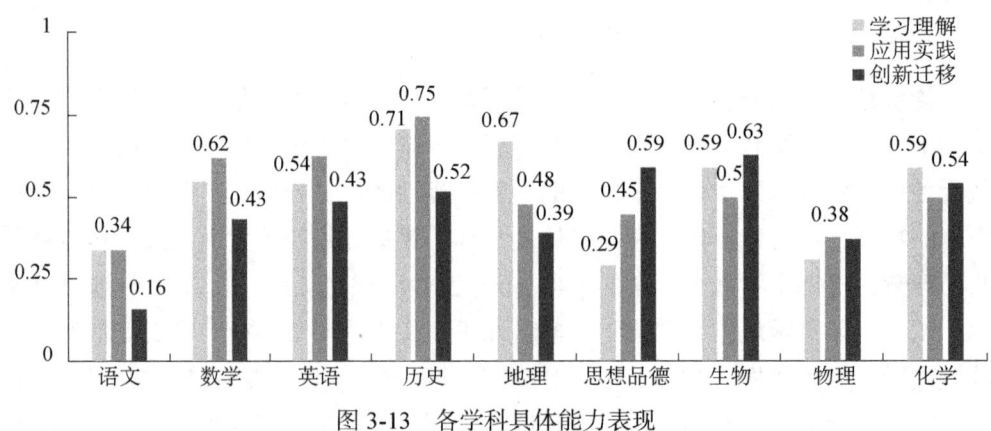

图 3-13 各学科具体能力表现

通过分析学生各个学科的能力表现，形成学生中考学科推荐方案，同时精确定位学习者各学科知识点的掌握情况并精准推送对应能力水平的学习资源和双师服务。依据收集到的学生全学习过程的行为数据，及时了解知识和能力的掌握情况，力求让每一次形成性评价的结果反馈都有力地促进学生学习的改善、进步，改变学生以往只关注分数和名次的情况。平台注重分析学生学科的强弱项，引导学生适应新的中高考改革，真正适应学科能力导向的考试。

（2）科学诊断，精准教学

利用大数据技术，把学生、班级的知识点学习情况完全可视化，教师能及时了解班级平均分、合格率、良好率、优秀率等班级测评数据及班级整体在学校及学区内的位置，教师还可以查看学习者个体和班级群体多次测试形成的学科知识地图，便于教师及时、准确地调整教学策略和教学活动，促进教学效率和效果的提升。

与此同时，通过常态化采集作业、考试数据，教师可以详细了解每名学生对各个知识点的掌握情况，并通过平台督促学生完成相应知识点资源的学习，监控学生的学习进度，实现个性化辅导（图3-14）。

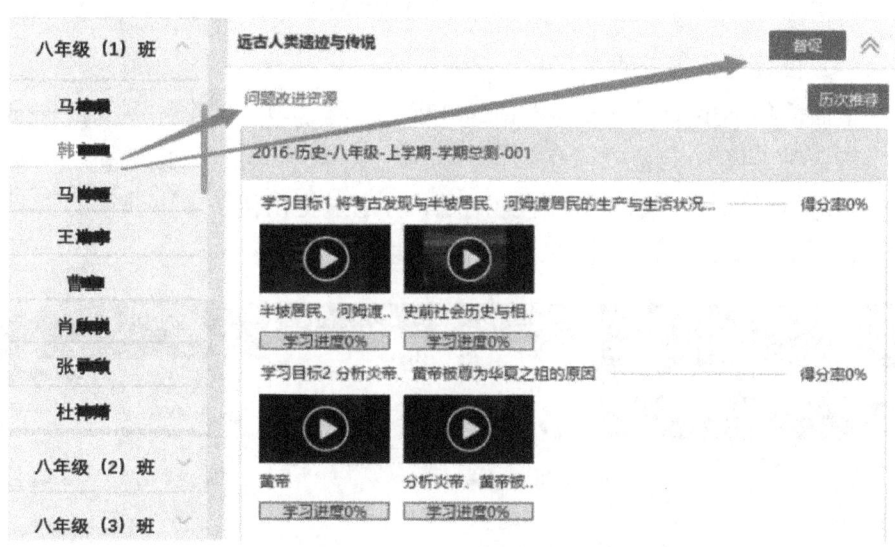

图3-14　教师教学管理

此外，教师教学知识体系可视化呈现能够帮助教师用教与学过程中产生的数据来诊断教与学目标达成度，对未达成的原因进行认知和知识等方面的统计分析，并实时进行调整改善，使教与学得到持续的改进，极大地提高教师的教学效率。

（3）宏观把握，科学管理

将学生个体、群体的测评数据汇聚形成区域教育质量地图（图3-15），可视化呈现各学区、各学校特色与不足，便于管理者进行宏观把握，并为其科学管理提供依据，促进区域教育资源均衡、学校个性化发展。

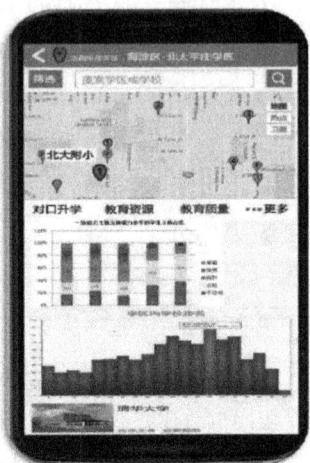

图 3-15　北京教育质量地图

（4）家校共育，提升质量

在全面采集学生全学习过程数据的基础上，将学习者的个体测评报告推送到家长微信（图 3-16），形成对学生知识、能力、素养的可视化诊断分析，帮助家长了解孩子的学科优势，精准定位学业问题，并通过提供优质、可获得的资源与服务，节省经济开支，增强学生和家长的获得感。

图 3-16　微信端学习反馈报告

（二）智能推荐关键技术

智慧学伴平台中的智能推荐服务（基于大数据的学生发展推荐系统）架构如图3-17所示，主要包含测量模型、数据挖掘与分析模型和推荐模型三个核心部件。

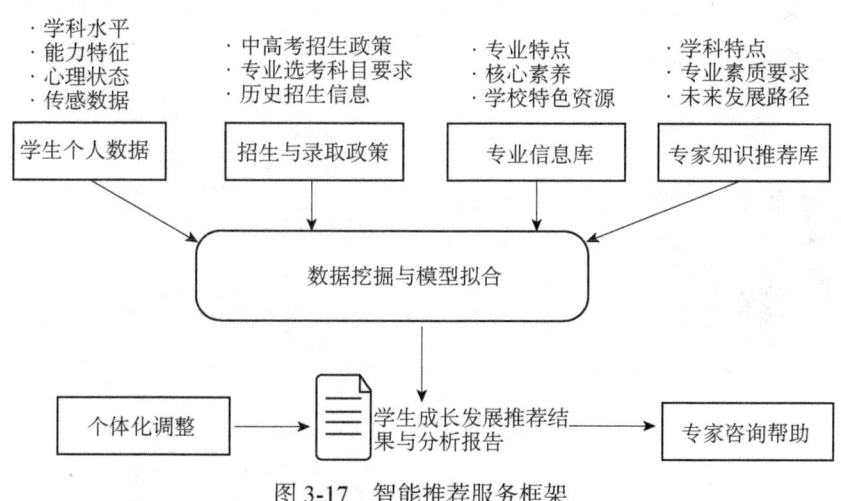

图3-17　智能推荐服务框架

1. 测量模型

测量模型包含基于智慧学伴收集学生学习的过程性数据和学习的结果性数据、心理测评的过程性数据及结果性数据、利用智能传感设备收集学生学习过程性的传感数据及教师对学生的评价性数据。

推荐服务目前采集的主要数据包括以下内容。

（1）学生个体数据

学生个体数据包括学生的全过程各学科测评数据、能力特征数据、心理测评数据及客观行为数据。

（2）招生与录取政策数据

其包括中高考的招生政策、专业选考科目的要求及各个学校历史的招生信息等。

（3）专业信息数据

其包括各个专业的特征数据、所需具备的核心素养数据及特色资源数据。

（4）专家知识数据

从各学校与各专业收集的专家经验数据，包括各学科、各学校的特点，专业素质要求，未来发展路径等信息和数据。

针对学生产生的学习过程性数据，智慧学伴平台利用智能可穿戴设备上的各类传感器，对学生课上和课下的各维度数据进行实时采集。如图3-18所示，利用智能手表可以采集学生心率、加速度、角速度等维度数据。数据的采集频率从1HZ到50HZ，每个学生一天的记录数据达到百万条以上。这些学习过程性数据可以帮助对学习兴趣、情绪和学习专注度等重要信息进行估计和建模，也是学生个体特征数据的重要组成部分。

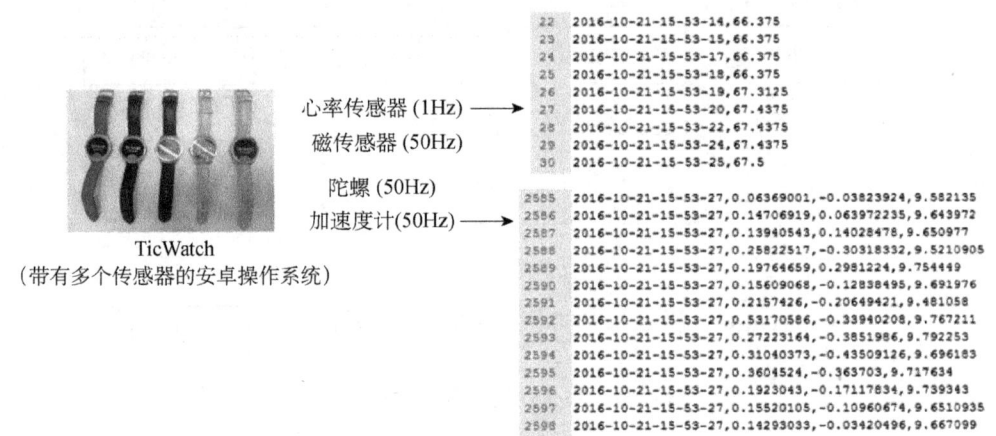

图 3-18　利用可穿戴智能设备采集的学生过程性数据

2. 数据挖掘与分析模型

数据挖掘与分析模型基于上述四个维度的数据，运用多种数据挖掘方法，如决策树、神经网络、支持向量机等，建立用数据刻画的学生模型，从而利用数据分析学生的特长和优势，并将这种特长、优势与学业发展、生涯发展相关联。

引入适当的数据挖掘算法与模型，对学生进行综合分析与建模。例如，利用学生个体与群体的多维度客观数据与机器学习模型，建立数据驱动的预测模型，对学生在特定学科或者专业方向上的表现进行系统预测。图3-19给出了利用北京市通州区和门头沟区学生的个体测评数据建立预测模型的过程，其中预测模型的建立主要基于神经网络、随机森林和逻辑回归算法，然后利用机器学习中的多数投票等机制建立复合预测模型，最终给出对个体学生的学业成绩预测结果。

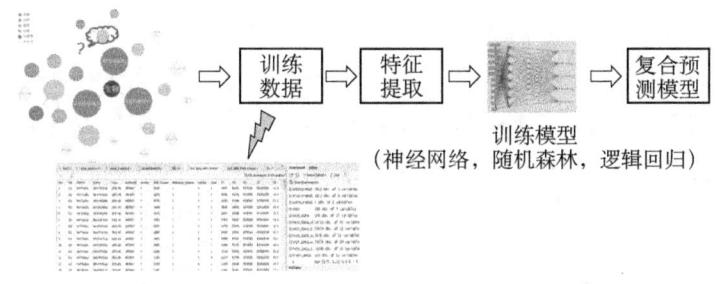

图 3-19 基于机器学习算法的预测模型建立

3. 推荐模型

推荐模型则利用数据分析建立的学生模型，结合学生主观的志趣愿望及教育资源给学生提供个性化的学业发展和生涯发展推荐和建议。

帮助学生发现优势学科并进行中高考的科目选择，是目前该推荐系统的重要功能之一。例如，从 2018 年起，北京市中考考试科目调整为语文、数学、外语、历史、地理、思想品德、物理、生物（化学）、体育共计 9 门课程，其中语文、数学和外语为必考科目，其他科目实行选考，即从除体育外的 5 门科目中选择 3 门参加考试。同时，三门选考科目将按照分数从高到低以 100%、80%、60% 赋值折分，共出现 54 种折分方法。因此学生面临多种方案的选择。基于对学生长周期过程性和测评性数据的分析及预测结果，结合特定的推荐算法（如协同过滤算法），可以帮助学生进行选择（图 3-20）。

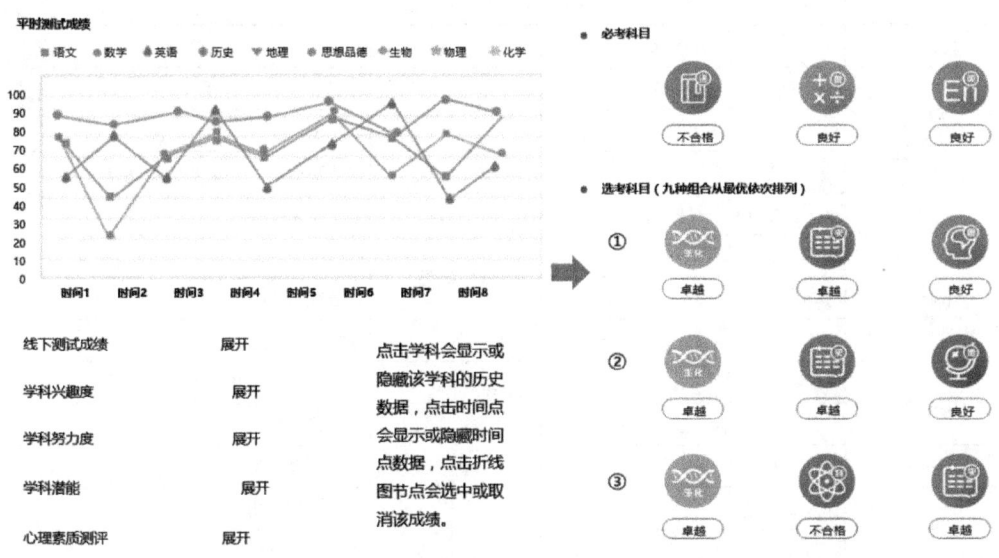

图 3-20 利用多维度数据分析结果对中考进行科目选择

图 3-20 显示了智慧学伴平台利用长周期多维度数据及预测模型的分析结果，对学生的中考科目进行组合推荐。另外，除了对中高考的选科与择校推荐之外，系统还可以利用所建模型和分析结果，建立针对个体学生的未来职业发展路径模型，将学生能力特征与职业能力模型进行匹配，进一步给出职业发展建议。

四、数学适应性学习平台

数学适应性学习平台是一款服务于初高中数学的快速作业测评和适应性学习产品，旨在为学校及家教机构提供有价值的教学互动服务。该平台通过深入分析传统教学场景，利用海量一线教学题库资源及语义标签与智能推荐等专利技术，能够为教师提供一键式布置作业、自动批改、统计信息查看等功能，并且生成学生知识点掌握情况分析报告，帮助教师因材施教。

（一）系统主要功能

悠数学选择从数学切入，通过与校方合作为教师和学生提供数学作业的在线解决方案。在教学方面，该平台可以帮助教师降低布置作业和批改作业的时间成本，教师通过智能批改技术也可以更直观地总结学生的知识点掌握情况（表 3-12）。

表 3-12 平台功能

教师功能	细分	学生功能	细分
题库功能	基础题库	在线作业	在线作业（键盘/手写输入）
	校本题库（可导出）		拍照上传
	综合卷库	成绩查询	作业正确率、答案及解析查看
	录题需求（OCR 数字化）		每日练习
作业布置	智能作业	自主练习	错题练习
	教辅作业		章节练习
	假期作业		智能出卷练习
作业批改	自动批改（填空选择题）	线下试卷	试卷答案及解析查看
	在线批阅（解答题）	错题本	线上错题自动采集
作业统计	统计分析查看		拍照错题采集
诊断分析	作业基本情况统计		手动错题采集
	多维度班级排名		错题整合下载

续表

教师功能	细分	学生功能	细分
诊断分析	薄弱知识点多维度分析	诊断分析	作业正确率统计
	教材章节基本情况分析		练习题目统计分析
	班级知识体系图谱		难度习题对应分析
	知识关联图谱		知识技能图谱分析
	知识掌握情况表		知识掌握分析
	班级学业报告		个人学情报告

1. 作业布置与管理

教学者可以通过多种方式进行日常作业布置、批改与管理，采集作业中的过程性学习数据与学生学习行为，并采用作业自动与手动批改结合的方式以减轻教师工作负担，提高过程性学习行为中数据产生的效率，为后续教学过程中的自适应学习提供高效的前置数据支撑。

2. 作业统计与分析

数学适应性学习平台全程记录作业过程中的所有数据信息，精确到个人作业正确率、个人作业时间、作业内容对应的知识点掌握情况、个人错题统计与记录等。该平台针对不同用户多维度立体展现学习报告，使用户产生精准的自我认知，为下一步教与学的改进建立认知基础，为个性化教学提供可视的推荐依据。

3. 错题追溯与练习

教学过程中最重要的步骤在于对错误的总结和归纳。该平台能够自动帮助学生和老师进行错题收纳，查找原因，根据答题情况数据诊断学生的知识薄弱环节，并进行针对性练习的推送。追因和推送机制根据数学学科特点，建立知识图谱，增强问题定位和内容推送的准确性，从而达到最佳学习效果。

4. 题库定制与推荐

该平台自建教育资源库，将知识内容标签进行四层级细粒度划分以满足对于不同教材版本的适配。同时，利用计算机文字识别（optical character recognition，OCR）混排识别实现线下资源的快速数字化，同时支持所有内容的人工编辑工作。智能语义标签系统能够为数字化资源自动打上标签、标注点并归类。通过精准标签建立个性题库与针对性的专项训练，优化资源库的内容结构，使资源内容能够智能匹配用户需求，搜集、修改随心而定。

（二）技术实现原理

该平台利用语义标签、OCR 混排识别、智能推荐等技术形成闭环型的四大功能模块，以此实现适应性学习（图 3-21）。

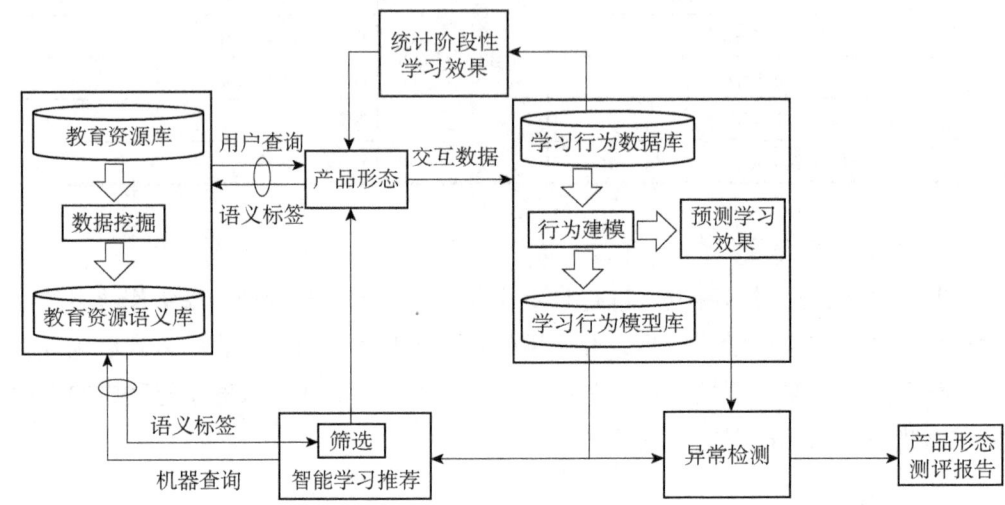

图 3-21　平台适应性功能的实现原理

1. 建设教育资源语义库

对教育资源库内所储存的学习资源进行数据分析和数据挖掘，依据知识点归类，并按知识点间的复杂关系形成网状排列，从而建立结构化的学习资源语义库，增强学习资源库的可计算性和可搜索性。

（1）OCR 图文混排识别技术

传统的录入方式在面对带有图片、公式等内容的资源时总是一筹莫展，无论是 MATH-TYPE、Word 自带的公式编辑器还是域代码，都需要花费较高的时间和精力成本。而 OCR 图文混排识别可有效、明确区分公式、图片和文字的尖端识别技术，有效降低资源录入成本。经测试，高像素图片识别率可达 95%，低像素图片识别率可达 85%。传统的 30 分钟录入工作，现在只需要短短 5 分钟，实测节省超过 80%。该技术可低成本高速度地建立教育资源库。

（2）语义标签

基于整合异构数据自动重建多细胞生物基因调控网络技术而提出的机器学习理论框架，并结合最新的自然语言处理深度学习技术，把每个多模态的学习资源当作一个基本个体进行标签，通过神经网络提取隐含在其中的数以万计的隐性特征，结合基因调控网络比对（DNA alignment）的理论框架，对海量学习资源进行结构化后，进一步训练模型来对知识点进行细粒度自动化标注，从而生成一个有向无环图（directed acyclic graph）的语义标注结果。从错综复杂的海量题目中结合人工调校找到其中的内在关系，建立一个庞大的知识体系关系网，达到对新的学习资源高效高质量的标注效果（图3-22）。

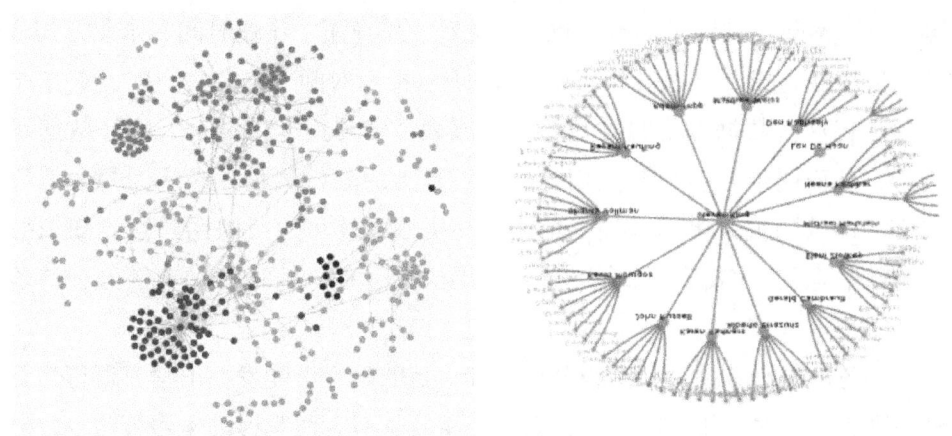

图3-22　语义标注结果

（3）知识图谱

即根据语义标签技术建立的网状知识拓扑图（如图3-23），包括许多教学大纲没有阐述和解释的知识点之间的复杂关系（如各知识点间的主副、父子和朋友关系）。与传统的中学数学知识树状图相比，网状知识拓扑图更加符合学生的学情要求，可帮助引导学生灵活运用学到的知识，实现知识的融会贯通。

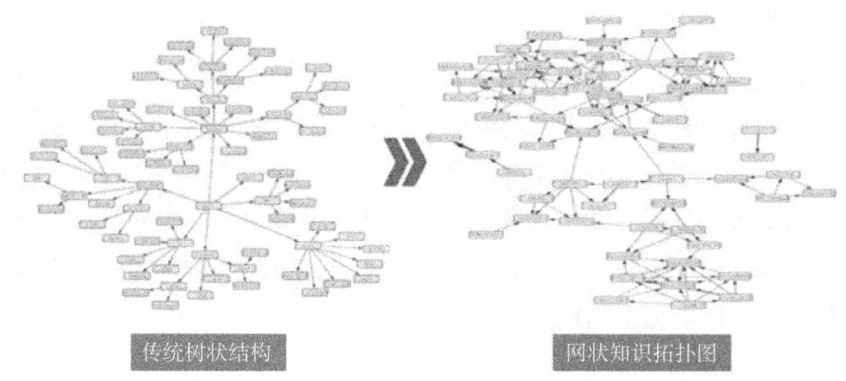

图3-23　网状知识拓扑

2. 用户数据交互

通过产品用户界面进行数据交互，抽取学习资源语义库中的内容，以供用户使用，并记录用户和系统的交互细节及历史（如学生个体或整体阶段性学习进展），将数据汇总后提交至学习行为数据库。

在产品应用过程中将产生大量学情数据，包括统计学习者登录时刻、离开时刻、对于不同类型题目的点击操作、题型、作业量、作业时间、作业方式（连贯性、分散性完成）、做题的数量、新知识点接受时间、作业完成时间、作业正误率等。将这些数据进行归类，探究能够表征学习投入度的个人特征数据及行为指标，从而明晰在线平台上用户的学习行为的分析流程，最终为探讨学习行为与学习绩效的关系等问题提供依据。该类数据还可以反映用户达到知识的记忆、理解、运用、分析、综合、评价等层次的过程，清晰地呈现学习者的学习层次和水平。

另外还可以对数据进行高级分析处理，目的是尽可能发掘出学习者行为背后的学习准备、学习动机、归因和自我效能感及学习者所掌握的学习策略等，形成可视化学情分析报告，探究数据呈现的合理性，形成反馈机制，进而将分析后的数据以一种友好、可视化的方式呈现出来。

3. 建设学习行为模型库

根据学习行为数据库中的数据进行建模分析，提取学生的行为特点，考虑涉及的多种交互信号（如学生的知识点掌握程度、运算处理、空间思维能力等）建立学生行为模型库，根据模型预测学生学习效果，更加精确地反映学情。

基于多通道人机智能界面进行概率推理的开创性技术和自动检测识别病例中医疗事件间关系的技术，加入一些传统的回归预测方法，用此模型来预测学生的学习效果。传统教学通过习题正确率来考查学生学情，该模型能够从多位角度对学生学习情况进行分析，即中学数学的解题能力不仅包含知识的掌握程度，还涉及学生的抽象建模、运算处理、空间思维等能力，因此学习行为建模时需涉及多种交互信号，从而更加精确地反映学情。

4. 形成智能学习推荐系统

通过学习资源语义库及学习行为模型库的整合分析，可形成学生学情智能分析系统，对每个学生的行为进行实时统计对比分析，判断学生的异常情况，推测学生弱项，从而进行智能推荐学习。

（1）异常检测

通过对学生在教学平台交互过程中的行为进行监测，及时发现异常行为并采取相应的措施，可以帮助学生认识到学习方法的不足，还可以让教师对于教学课前课后有及时的反馈，从而达到"因材施教"，提升教学质量。基于学习行为模型，通过平台搜集海量用户交互数据，利用深度多层级循环神经网络（deep multi-layer recurrent neural network），对学生行为特点进行时序（time series）建模，训练模型自动提取学生的行为特点，进而建立这些特点实现至考试成绩的一个深度映射。这样在平台使用过程中，通过收集学生以往的数据，结合学生行为的实时提取，与整个学习行为的神经网络模型进行对比分析，可以判断该学生的当前行为是否存在异常。但是研究者在实验中发现，随着学习行为模型复杂性的提高，检测异常学习行为的难度会加大。系统需在不断提高检测异常技术的敏感度的同时，严格控制错误发现率。悠数学研发团队发明了新控制错误发现率（false discovery rate，FDR）这一核心技术，在相同的错误发现率要求下，该平台所使用的最新方法 Composite-Cut 明显比其他技术的正确发现率更高，其异常检测在实际使用中也达到理想的结果。

（2）智能推荐

基于知识集的协同滤波技术，将教育资源语义库和学习行为模型库做整合分析，从而形成一个强大的计算机智能分析系统以估计每个学生数学知识的弱点，并进行个性化的资源推荐。智能推荐技术能够识别学生学习过程中的薄弱环节，并通过对比真实数据相近样本改善模型，给予学生最优的学习解决方案，向教师推送最合适的教学资源。

同时，采用项目反应理论（Item Response Theory，IRT），增强推荐内容的准确性。IRT 是用来分析测试成绩数据的数学模型，目标是确定潜在心理特征是否可以通过测试题被反映出来，以及测试题与被测试者之间的互动关系。

在 K-12 教育应用场景中，首先，定义这种潜在心理特征为学生对某类知识的掌握情况；其次，如果已知某学生的能力，就可以根据 IRT 预测该学生解决某类知识问题的概率，从而有针对性地推送问题；最后，如果有某类问题的基础数据，就可以根据 IRT 快速测量学生能力。例如，针对"集合的定义及表示"布置了 10 道题目，2 个学生来做，学生 A 和 B 都做对 9 道，做错 1 道，但是学生 A 做错了 1 道简单题，而学生 B 做错了 1 道复杂题，测试结果应该体现学生 A 的知识掌握情况优于学生 B，在相关题目推荐上也会有差别。

第四章

学校导入教育大数据项目

大数据作为信息技术发展的新趋势,已经渗透到各行各业,成为社会变革的重要驱动力量(杨现民,等,2015)。大数据在教育管理、教育研究、教育评价及教育服务等方面发挥了巨大作用,全面推动了教育教学变革。在大数据的时代浪潮下,众多学校正在积极开展教育大数据研究与实践,试图通过教育大数据促进学校的全面发展。然而,各学校在导入教育大数据项目进程中面临诸多现实难题,比如缺乏理论指导与可借鉴的成熟模式等,导致部分学校在研究与实践的过程中存在诸多困惑和误区。

基于此,本书对我国基础教育领域16所开展教育大数据项目研究与实践的学校(表4-1)进行了访谈调研,以了解各学校导入教育大数据项目的动因、实施过程、实践经验及现实困难。访谈提纲如下。

1)贵校开展教育大数据研究与实践的目的是什么(即为何导入教育大数据项目)?

2)请您介绍下贵校实施教育大数据项目的过程与做法(即如何导入教育大数据项目,包括起源、过程、经验、做法等)。

3)贵校在开展教育大数据探索中,遇到哪些现实问题(即开展教育大数据项目面临的现实挑战)?

表4-1 学校导入教育大数据项目受访学校

学校名称	学校名称	学校名称
北京第一师范学校附属小学	上海市闵行汽轮小学	浙江龙游凯马国际学校
河北邯郸市峰峰春晖中学	上海市莘庄镇小学	衢州市工程技术学校
徐州市第三十一中学	上海市平南小学	深圳市南山区学府中学
南京市北京东路小学	上海市蔷薇小学	深圳市南山区珠光小学
江苏梅村高级中学	衢州市白云学校	
合肥八中	浙江省衢州第一中学	

通过访谈内容分析，得到如下结论。

- 学校导入教育大数据项目的三大动因：持续引领学校的整体发展、促进学校教育信息化发展及破解学校教育教学发展难题。
- 学校导入教育大数据项目的四种模式：自发探索式、项目参与式、行政推动式及企业引领式。
- 学校导入教育大数据项目的五大路径：成立教育大数据课题研究团队、做好教育大数据相关技术产品的选型、制定教育大数据项目实施保障制度和机制、积极营造校园大数据文化、注重提高全校教职工的数据素养。
- 学校导入教育大数据项目的六大策略：顶层设计，制订方案、加强宣传，扩大影响、培养领袖、树立信心、活动数据，无感采集、包装项目，争取经费及家校协同，形成合力。
- 学校导入教育大数据项目的四大难题：教师的数据意识相对保守、教师的数据处理能力较低、产品技术保障的不到位及难以建立统一标准的数据体系。
- 学校导入教育大数据项目的四大误区：开展教育大数据项目是少数人的事情、教育大数据项目短期投入即可见效、导入教育大数据能够解决一切问题及先获得大量数据，再考虑安全问题。

第一节　学校导入教育大数据的动因分析

访谈发现，学校导入教育大数据项目主要有三大动因，分别是持续引领学校整体发展、促进学校教育信息化发展及破解学校教育教学发展难题（图 4-1）。

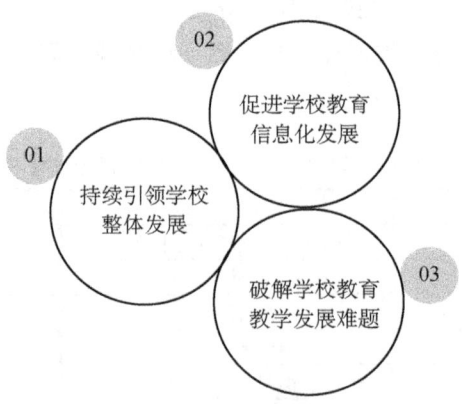

图 4-1　学校导入教育大数据三大动因

一、持续引领学校整体发展

教育大数据能够提升学校品牌与内涵，引领学校的整体发展。访谈发现，有四所学校希望通过导入教育大数据项目推动学校的全面发展，分别是南京市北京东路小学、浙江省衢州第一中学、上海市蔷薇小学及深圳市南山区学府中学。

南京市北京东路小学作为一流名校，试图通过教育大数据等信息化手段提升学校品牌与内涵，推动学校全面发展。该学校的受访者在访谈中提到：

> 大数据为教育决策提供了更加科学有效的路径，北京东路小学试图通过大数据等信息化手段变革教育体系，以更优质的教育办人民满意的学校，推动学校整体发展。

南京市北京东路小学为了通过教育大数据引领学校整体发展，提出了"基于大数据的学生成长过程评价"课题，通过成立课题研究团队、以科研促教研、家校协同形成合力及以活动助数据采集等方式推动学校在学生评价、教育决策、教育行为及个性化精准教育等方面的发展。

浙江省衢州第一中学创办于1902年，是一所办学业绩卓著、文化底蕴深厚的省一级特色示范校。该学校的受访者在访谈中提到：

> 衢州一中希望通过开展教育大数据研究与实践，让学生在各种大数据工具运用中，进行个性化的、可选择的学习，提高学习的参与度，在自我导向的学习中，不断提升学习力；教师在分析共性的基础上，针对个体学习者的不同需要，实现个性化辅导，提高教学的精准度。学校希望借助教育大数据项目，推动学校信息技术与教育教学的融合创新，引领学校的整体发展，给学校带来一场教育变革。

衢州一中在大数据推进中鼓励小范围尝试不同的大数据教学诊断平台，通过对比，精心挑选出适合各学科的大数据应用工具。该校从英语科目开始试点大数据教学，选择与科大讯飞智学网开展英语写作教学合作，同时选择与清华大学科技园、北京云知学科技公司分别开展听力与词汇教学合作，均取得了不错的教学效果。

上海市蔷薇小学作为信息化特色学校，开展大数据研究与实践的目的是促进学校的全面发展。该学校的受访者在访谈中提到：

> 蔷薇小学作为信息化特色学校，开展教育大数据研究与实践的根本目的

是根据数据信息的反馈，有针对性地指导学生的学，促进学生个体发展；有目的性地为教师反思提供实证，提升教师的教学能力；充分利用数据实证，为学校发展诊断把脉，促进学校管理精细化。学校希望在发展过程中不断应用新技术、新平台，寻求技术、教学及管理的融合。通过数据采集、清洗、挖掘、反馈，数据从静态变为动态，为教学所用，也能为学校转型发展而用，由此引领学校全面发展。

上海市蔷薇小学围绕教学展开了"6E"探索，通过"易课程、易学堂、易评价、易百科、易校通、易成长"六大模块的建设，分别采集学生课堂学习、课后学习、教学评价、家校沟通、学生综合等方面的数据，为学生发展提供立体的成长空间，为教师成长提供详细的反思实证。

深圳市南山区学府中学希望通过教育大数据项目提升教学效率和管理水平，减轻师生负担，推动教育跨越式发展。该学校的受访者在访谈中提到：

> 学府中学希望通过对教学大数据收集、分析和预测，帮助教师有针对性地安排教学进度和教学内容，根据学生知识掌握程度和综合素质发展情况开展个性化学习，增强学生在网络环境下提出问题、分析问题和解决问题的能力。

深圳市南山区学府中学通过导入教育大数据项目构建学校大数据采集流转应用中心，为学校的备、教、改、辅、研、管等环节提供数据分析，优化当前教学管理模式。全校通过部署大数据个性化教与学系统，建设大数据精准教学平台和个性化智能学习系统，以满足改善学校教学形态，提高教学效率，引领学校整体发展的需要。

二、促进学校教育信息化发展

教育大数据能够提升学校信息化水平，推动智慧校园的建设与发展。访谈发现，有两所学校希望通过导入教育大数据项目促进学校教育信息化发展，分别是衢州市工程技术学校和浙江省龙游凯马国际学校。

衢州市工程技术学校希望通过教育大数据项目促进智慧校园的建设与发展。该学校的受访者在访谈中提到：

> 学校一直致力于智慧校园建设，希望通过开展教育大数据研究与实践，及时、准确地了解学生发展现状与真实需求，促进教学和管理水平的提升。

通过数据挖掘和学习分析技术，教师能有机会更加精细地了解每一位学生的需求，优化学生学习路径，促进学生全面而个性的发展。

衢州市工程技术学校通过大数据提升学校信息化水平主要分为四个阶段：第一阶段是建设数字化校园平台，第二阶段是建设电子班牌系统，第三阶段是聚焦校园生活轨迹数据应用，第四阶段是建设大数据支撑服务平台。通过以上四个阶段的系统工程，学校建立了四大门户，分别是"智慧应用门户""个人门户""开发者门户"及"数据门户"，建立了大数据运营中心，服务于教育教学，提升学校信息化水平，推动智慧校园建设与发展。

浙江省龙游凯马国际学校希望通过教育大数据项目促进师生全面发展并提升学校的信息化水平。该学校的受访者在访谈中提到：

> 我们学校运用基于线上、线下混合式的"成长型学习"模式，实施个性化学习。运用大数据技术，把学生高中三年所有的学习行为数据化，生成并优化每一位学生的学习路径。根据学生的最近发展区，实现学生精准学习、系统和教师精准辅导，大幅度提升教与学的效益，把节约下来的时间用于组织各种综合实践活动，提升学生核心素养，培养学生综合素质。

浙江省龙游凯马国际学校开发了基于大数据的成长型智慧德育系统、情商开发系统和成长型学习系统。使用基于教育大数据的系统平台后，每一个学生都发生了显著的变化：性格缺陷、不良习惯获得了改善，自我管理、竞争意识、自主学习等以前缺失的素养得到了加强。教育大数据项目提升了学校的信息化水平，减轻了老师和学生的负担，使得教育教学活动更加智能高效。

三、破解学校教育教学发展难题

教育大数据作为一种变革教育的战略资产和科学力量，能够破解学校教育教学发展的诸多现实难题（杨现民，等，2016）。

《中国基础教育大数据发展蓝皮书 2015》提到大数据能够助力破解六大教育难题，分别是破解教育发展不均衡难题，实现教育普惠化、破解教育方式单调化难题，助推教育个性化、破解教育信息隐形化难题，促进教育可量化、破解教育决策粗放化难题，提升决策科学化、破解教育择校感性化难题，推进选择理性化及破解教育就业盲目化难题，指导择业合理化（杨现民和田雪松，2016）。访谈发现，有四所学校希望通过导入教育大数据项目解决在师资力量、教育评价、个性化教育及数据流失等方面的问题,分别是上海市莘庄镇小学、衢州市白云学校、上海市平南小学及上海市闵行汽轮小学。

上海市莘庄镇小学希望通过导入教育大数据项目解决学校师资有限、课程有限的现实难题。该学校的受访者在访谈中提到:

> 莘庄镇小学是一所百年老校,有 3 个校区,64 个班级,教育局和家长对学校的期望值非常高。学校学生众多,达到了 2500 个,但教师资源有限;学生需求量大,但课程资源有限。面对这样的问题,学校决定导入教育大数据项目,让大数据进入校园,通过数据分析进行优质资源共享、优质课程共建、优质家长共进,从而促进每一位学生的发展。

上海市莘庄镇小学从 2015 学年第一学期开始导入教育大数据项目,目前有 16 个班级,主要从学生核心素养培养和教师队伍建设两个方面开展工作。学生核心素养培养包括在课程建设中提升学生的信息素养、在学科教学中渗透学生的思维素养、在校园活动中打造学生的人文素养;教师队伍建设包括重顶层设计,引导教师职业规划、重研训一体,提升教师教学本领、重资源建设,发挥教师团队力量、重过程管理,助推教师专业发展、重多元评价,满足教师发展需求。

衢州市白云学校导入教育大数据项目的目的是破解学校教育评价难题。该学校的受访者在访谈中提到:

> 白云学校创建于 2006 年,是一所农村九年一贯制学校。学校在信息化建设中发现教学评价活动能够促进教师的教和学生的学,但是在细节方面有待提高,比如教师在教学活动中,哪些教学方式最为擅长也最容易为学生接受?学生在学习过程中,个体的学习习惯是什么,使用什么样的学习方式最容易掌握知识?这些细节可能需要大量的实践经验总结出来,短期的教学评价是难以实现的。鉴于此,学校决定导入教育大数据项目,启动基于大数据的'二维教学质量诊断系统',助力解决传统教育评价难题。

衢州市白云学校启动的基于大数据的"二维教学质量诊断系统",其中的"二维"指的是"知识+能力"。诊断系统主要分为诊断前、诊断后及课堂外三部分。诊断前,按照"制定测评标准、形成测评工具、实施数据采集、分析数据样本、促进行为改进"五个环节开展学业水平诊断工作;诊断后,围绕"知识、能力"两个维度合成"学生、教师、班级、学科"四类数据,为教师和学生提供针对性的反馈意见,提升教与学效率;课堂外,利用提分宝典精准提分,向每位学生推送最适合的个性化习题,让练习更具针对性,让学习更高效。

上海市平南小学导入教育大数据项目的目的是破解学校个性化教育难题,利用大数据技术开发个性化课程。该学校的受访者在访谈中提到:

> 我校开展教育大数据研究与实践的目的体现在五个方面:完善个性化的学习档案、分析预测个性化的学习行为、优化个性化的教育决策、改善个性化的学习评估、提供个性化的学习反馈及建议。

上海市平南小学开设了两门深入学科、深入课堂来获取学生数据的课程,分别是自然数字化教材和体育运动手环,旨在开展个性化教育。自然数字化教材以学生纸质自然教材为蓝本,学校对学生使用数字化教材的后台数据进行收集、分析、可视化,根据应用需求重新建构,将学生的学习数据通过分析与可视化反馈到课堂,让教师第一时间获得有意义的教学信息,进而优化学习过程,提高教学效果。体育运动手环项目主要是通过配带手环采集学生在体育课堂上根据教师设计的不同教学环节的训练项目产生的心律、步数等数据,从而分析学生在该环节训练时的运动量、运动强度、运动密度是否达标或过载,教师的教学环节设计或执行是否合理。通过数据挖掘和分析,教师可接收各类系统提醒,便捷地监控学生运动数据。

上海市闵行汽轮小学希望通过导入教育大数据项目破解数据流失难题,全面收集学生的多维数据。该学校的受访者在访谈中提到:

> 在信息化教育背景下,如何改进学校管理,提升教育内涵品质,成为我们办学的新追求。一直以来,虽然班级和学校都有完整的学生记录信息,但是对学生个人而言,成长数据却在一天天地流失。然而这些数据恰恰是学校管理中最宝贵的教育财富,我们该如何收集处理这些信息?

上海市闵行汽轮小学在教育大数据进程中,不断完善学生的评价体系,利用教育大数据平台引导学生及时记录校园内外的生活轨迹,并对自己参与的校园活动及时记录和评价,使原本文字性的表述变为文字、作业、照片及数据等多样的及时性记录。学校借助平台资源对学生进行即时评价和阶段评价,评选表彰各类先进学生。学生个人"成长空间"为学校管理者提供了"第三只眼",通过对数据进行专业解析和深层挖掘,将"大数据"分解成一个个小数据,从学生全面发展、教师专业发展、学校特色发展等方面发现学校管理中存在和潜在的问题,使教师与学生构建起"起点意识""步骤意识""阶段意识"和"年段意识",为学校管理决策提供科学依据。

专栏 4-1　以运动手环为载体，促进学生体质个性化发展

为提高每一个学生的健康水平，培养学生良好的健身习惯和运动理念，上海市闵行区平南小学和第三方机构合作研发了闵思运动手环。2015年11月17日，闵思运动手环首次在公开课中被正式使用，开启了手环在体育课中实时应用的新篇章。随后，在硬件和软件升级的同时，学校开始在日常教学中探索性地使用手环辅助体育教学。

教师通过运动手环可以关注到每个学生个体运动数据，清楚地了解到不同个体的运动量是否达标，从而实现对不同学生的个性化体育锻炼的计划安排，及时进行个性化的教学引导或调控。该校利用体质指数（Body Mass Index，BMI，是世界公认的一种评定肥胖程度的分级方法）对不同身体形态的学生进行分析得到各类体型学生课堂达成度（图 4-2）。

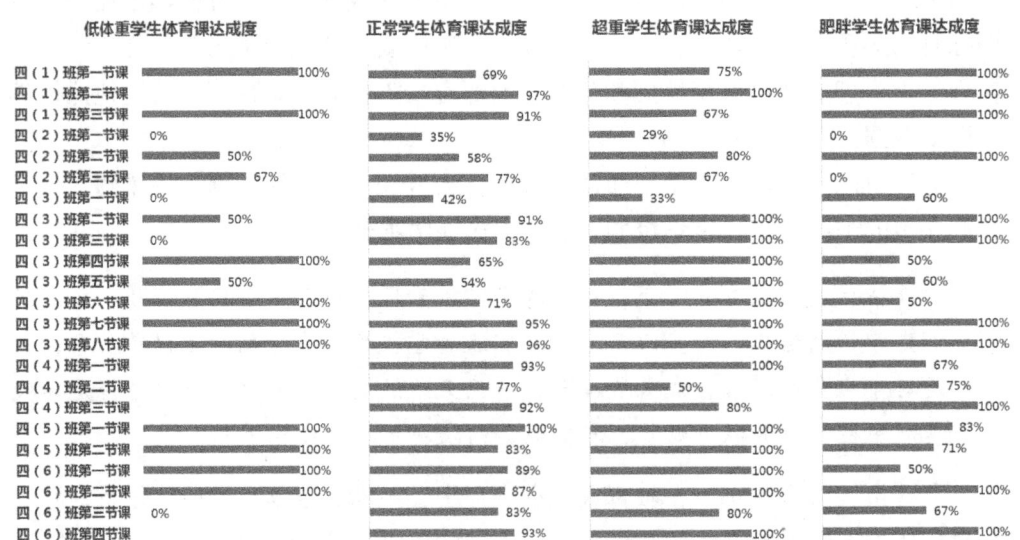

图 4-2　各类体型学生课堂达成度

注：运动达成度中没有数据的表示该堂体育课不存在该类学生群体

通过图 4-2 可以看出，学生运动达成度偏低的现象并非只出现在肥胖学生中，还存在于体重偏低学生、普通学生和超重学生中。

运动手环能够准确及时地进行数据采集，并通过网络形式进行反馈。根据这些数据，教师能够清楚地了解课堂的开展情况。在平南小学，通过电子大屏幕和

移动端的结合,教师对数据的观察更加便捷,能够显著提高教师进行即时研判的效率。教师可根据实时的学生数据,对不同学生及教学流程做出适当的调整。通过对心率超过或者低于阈限值的学生进行干预,可以在很大程度上规避运动损伤并督促有懒于运动倾向的学生。

传统的体育课堂教学存在诸多弊端,比如教师依靠观察法无法全面掌握全班每个学生的运动数据,传统授课模式无法为每个学生制订个性化的运动及监控方案,传统数据采集方式(搭脉搏)无法准确及时获取运动数据及监测的数据,无法积累、推广、常态化。闵思运动手环的运用打破了传统体育课堂教学中对学生体质的干预限制,大大提升了运动的有效性和科学性。闵思运动手环使用两年左右后,平南小学在全区学生体质健康数据监测中合格率100%,优良率名列前茅。

资料来源:学校参与"中国基础教育大数据(2016—2017)应用案例征集活动"上报的案例。

第二节 学校导入教育大数据的四种模式

访谈发现,学校导入教育大数据项目模式丰富,部分学校属于多种模式的混合,并非完全孤立。为了便于区分,研究其划分为四种模式,分别是自发探索式、项目参与式、行政推动式及企业引领式,各种模式的优缺点和典型案例如表 4-2 所示。

表4-2 学校导入教育大数据模式比较

导入模式	优势	不足	典型案例
自发探索式	内在驱动力强,具有明确的发展目标和较强的自主性	缺乏整体的理论架构,开展难度较大	南京市北京东路小学自发提出"基于大数据的学生成长过程评价"项目; 浙江龙游凯马国际学校自主研发"基于大数据的个性化、智能化成长型课堂模式与教学系统"; 深圳市南山区珠光小学自主研发综合服务平台
项目参与式	整体理论架构清晰,有专家团队、技术团队支持,便于协作交流、资源共享	自主性、灵活性受限,难以形成特色优势和品牌	徐州市第三十一中学参与国家重点课题"基于过程性学情数据的中学数学适应性学习系统的开发研究"; 上海市闵行汽轮小学跟随区局信息中心开展"基于大数据的学生个人成长空间试点项目"

续表

导入模式	优势	不足	典型案例
行政推动式	政策有保障，有资源和经费支持，推进速度较快	发展的内在动力和持续性难以保障	浙江省衢州市在市教育局的推动下开展教育大数据项目，其中衢州一中被列为市教育大数据试点学校
企业引领式	产品技术领先，支持服务到位，宣传能力较强	缺乏整体的理论架构，产品依赖性较强	北京拓思德科技有限公司与河北邯郸市峰峰春晖中学等学校合作开展高效互动课堂项目；科大讯飞股份有限公司与合肥八中等学校合作实施智慧课堂项目

一、自发探索式

自发探索式指学校自发组织导入教育大数据项目，通常由校长牵头并成立教育大数据项目研究团队，以课题引领或产品研发的方式在全校开展教育大数据研究与实践，号召全校师生参与，力求通过教育大数据提升学校教学质量和管理水平，促进学校的全面发展。访谈发现，有3所学校导入教育大数据项目属于自发探索式，分别是南京市北京东路小学、浙江省龙游凯马国际学校及深圳市南山区珠光小学。

南京市北京东路小学自发提出"基于大数据的学生成长过程评价"课题导入教育大数据项目，该学校的受访者在访谈中提到：

> 我校创造性地提出"基于大数据的学生成长过程评价"课题，并于2016年9月成功申报中央电教馆全国教育信息技术研究年度重点课题。该项目基于大数据理念，用信息化手段捕捉、管理和处理数据集合，运用软件系统分析模型，生成动态可视化的成长统计图表。一方面客观科学地评价学生的成长过程，为实施个性化教育提供翔实的数据支撑；另一方面为学校教育决策和教育行为提供数据支持，用大数据预警模型实施个性化精准教育。

浙江省龙游凯马国际学校通过自主研发"基于大数据的个性化、智能化成长型课堂模式与教学系统"导入教育大数据项目，该学校的受访者在访谈中提到：

> 学校自主研发"基于大数据的个性化、智能化成长型课堂模式与教学系统"，大幅度减轻教师教学负担，淡化课堂教学，转换教师角色。个性化学程设计，智能化学情分析与资源自动推送功能完美解决了高考"七选三"的教学组织与管理难题，实现了真正的个性化学习。此外，系统全方位地记录学

生的在校表现，包括每门学科、每节课堂的表现，每次作业、练习、考试的对错情况及历次在校活动的表现情况等。通过大数据统计分析，教师可以对学生的思想品质、性格特点、择业倾向、学习能力等做出精准的判断。

深圳市南山区珠光小学通过自主研发综合服务平台导入教育大数据项目，该学校的受访者在访谈中提到：

> 深圳市南山区珠光小学是一所有着八十年历史的老学校，在大数据时代背景下，我校进行了大胆尝试。2014年学校开设《信息技术与教学的深度融合》了课题研究，并在该年9月发布由我校教师自主研发的综合服务平台V1.0版本，至今已更新至V4.5版本，并取得了18项国家认证的软件著作权，该平台也荣获全国教育软件工具大赛一等奖，我校也因此被评为深圳市首批智慧校园示范校。

自发探索式的优势在于：

■ 内在驱动力强。学校在校长或领导小组的领导下成立课题研究团队，或自主研发技术平台，引领全校师生参与，具有较强的内在动力。

■ 具有明确的发展目标和较强的自主性。学校根据实际情况开展教育大数据研究与实践，目标明确自主性强，能够保证教育大数据项目的有序开展。

自发探索式的不足在于：

■ 缺乏整体的理论架构。学校自发导入教育大数据缺乏整体的理论指导体系，各部门难以形成统一的发展方向。

■ 开展难度较大。学校自发探索进程中缺少合作交流的企业或学校，在实践过程中可能存在理论与技术方面的困难。

二、项目参与式

项目参与式指学校以课题参与的方式与其他学校共同跟随国家、省、市课题研究团队导入教育大数据项目，有较强的理论指导和专家、教师、企业技术人员及硬件设备的支持。访谈发现，有两所学校导入教育大数据项目属于项目参与式，分别是徐州第三十一中学和上海市闵行汽轮小学。

徐州市第三十一中学通过参与全国教育技术研究规划2016年度重点课题导入教育大数据项目，该学校的受访者在访谈中提到：

> 学校在推进'学讲计划'进程中遇到如何开展定制化教学服务、如何开

展更有效的合作学习、如何推动学生深度学习等难题。基于此，学校决定参与由中央电化教育馆承担的"基于过程性学情数据的中学数学适应性学习系统的开发研究"课题，启动构建适应性学习系统的教育大数据实践探索项目，开展以数据为支撑的课堂教学研究。

上海市闵行汽轮小学通过跟随区局信息中心以"基于大数据的学生个人成长空间试点项目"的方式导入教育大数据项目，该学校的受访者在访谈中提到：

汽轮小学于2014年2月27日启动"学生个人成长空间"建设试点项目，我们跟随区局信息中心、首批八所试点学校的教育同行技术员一起参与建设，家校间、师生间和生生间的互动层次和实践内涵实现了更新。学校为深化教育信息化应用、拓展"家校互动"多维度的交流渠道、突破"家校互动"时空限制、增强"家校互动"及时性和双向性，充分借助"专家资源""校际资源"等"外力"完善试点项目"自组织力量"的建设。从最初2个年级3个班级9位教师88位学生到如今5个年级18个班级48位教师418位学生的整体推进。家长对儿童生长节律的理解、认识更加明确系统，通过"可视化"的网上成长数据库，看到了每一位学生的成长轨迹。

项目参与式的优势在于：

■ 整体理论架构清晰。学校跟随课题研究团队开展教育大数据研究与实践，能够得到专家的指导，具有较完整的理论体系。

■ 有专家团队、技术团队支持。拥有专家、企业及众多一线教师的支持与指导，理论和技术能够得到有力保障。

■ 便于协作交流、资源共享。众多实验学校共同参与课题研究，各学校间可以相互交流，实现资源融通共享。

项目参与式的不足在于：

■ 自主性、灵活性受限。各实验学校的研究内容、研究方向及研究进度等需要跟随课题团队的总体规划，自主性和灵活性相对受限。

■ 难以形成独有优势和品牌。各实验学校的研究特色和创新点均依托于总课题，存在诸多相同点，在树立品牌与特色方面存在困难。

专栏4-2　　　　　以数据为支撑的适应性学习

2016年6月，徐州三十一中开展了一次数据调查，对七年级数学和英语进行个体数据分析，结果发现，即使考试成绩相差无几，学生的薄弱点也不尽相同。为了满足学习者的个体差异性需求，提供个性化学习支持系统，学校将任务分解，通过"网络分层走班实践探索""互动课堂应用研究""数学学习平台应用研究""英语学习平台应用研究"等多个项目小组的研究，尝试在课前、课中和课后的三个环节，利用学习平台和"互动课堂"技术构建适应性学习系统（图4-3），以期推动更为精准的个性化学习、深度学习及合作学习。

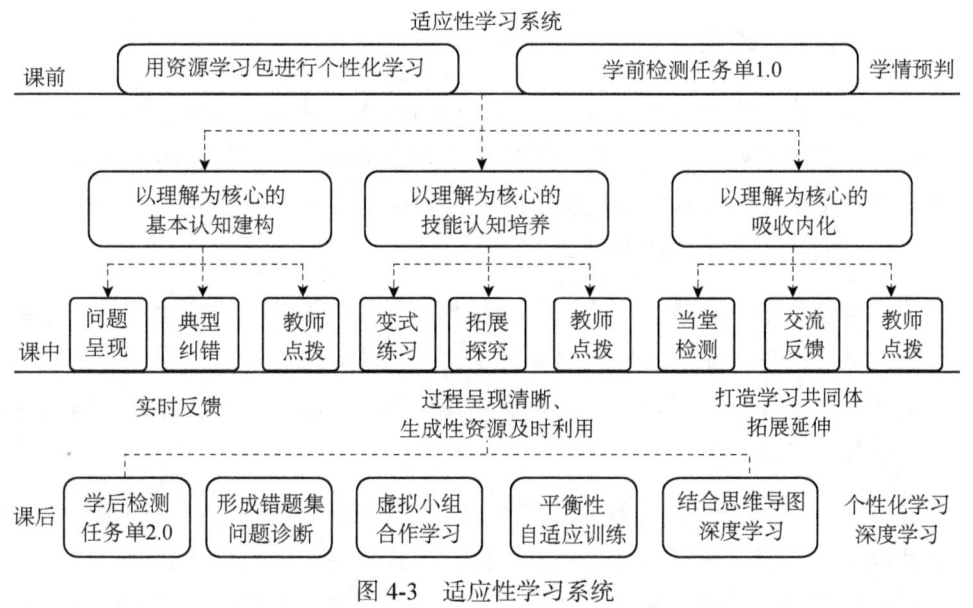

图 4-3　适应性学习系统

2016年9月开始，学校利用"悠数学"和"一起作业网"平台，在数学和英语学科进行尝试，教师根据"学前检测任务单1.0"的数据反馈精准了解学情，及时调整教学关注点，从经验型走向数据推动型。全面、立体的数据解析不仅将学生单次作业情况进行数据分析，形成错题集，还能对单元知识点掌握情况进行个性化数据分析，根据相应的知识图谱，学生可以实现基于自我探索的深度学习。

以七年级的李同学为例，数学从小就是她学习上的一块短板，从数学网络小组的"努力加油C组"进步为"雏鹰奋进B组"后，她不再局限于完成每天平台布置的作业，而是认真分析"错题集"及平台根据自身不足推送的针对性练习。由于近期在"幂的运算"上错误较多，她又开始钻研平台上的知识卡片：从基本概念到解题方法，从典型例题到针对性练习，直至翻阅"知识图谱"从核心关键知识点辐射到相关知识点，寻找联系，了解自己的知识掌握情况。知识逐渐在头脑中形成网络，再次自主选择平衡性训练，自己绘制"单元知识图谱"，并且在课上与其他同学分享展示，半年下来，她常常在平衡性测验中赶超"卓越A组"的同学。

资料来源：学校参与"中国基础教育大数据（2016—2017）应用案例征集活动"上报的案例。

三、行政推动式

行政推动式指学校在当地教育局或教育信息化主管部门的整体推动下，有序开展教育大数据研究与实践，提升学校信息化水平与办学质量。访谈发现，浙江省衢州第一中学导入教育大数据项目属于行政推动式。

该学校的受访者在访谈中提到：

> 学校在市教育局的领导下，被列为大数据试点学校，从四个方面开展教育大数据工作，分别是培训宣传营造氛围、精心挑选技术工具、包装项目争取经费及统筹规划制订方案。经过在各学科的不断应用，教育大数据逐渐成为学校的新标志。

2017年是衢州市教育大数据应用推进年，衢州市将在市教育局的推动下，通过大数据应用，深化教育信息化建设，提升教育管理的精细化、教育评价的精准化、教育教学的个性化，促进教育教学方式的革新和教育教学质量的提升，支撑和引领衢州教育实现"变道追车"。衢州市将以提升精准管理、学业诊断、科学决策水平为重点，从加强智慧环境建设、强化大数据应用、开展应用试点、完善机制四个方面推进教育大数据项目。

行政推动式的优势在于：

■ 政策保障。政府为了推动学校开展教育大数据研究与实践，确保学校教育大数据项目的顺利开展，出台一系列保障政策为学校提供支持与服务。

■ 资源和经费支持，推进速度较快。政府在提供政策支持之外，也会为学校提供大量的资源和资金来支持学校教育大数据项目，在政策、资源及资金的保障下，学校开展教育大数据研究与实践速度较快。

行政推动式的不足在于：

■ 发展的内在动力和持续性难以保障。政府是推动开展教育大数据研究与实践的"引路者"，学校的发展动力更多来自教育主管部门的政策驱动和行政压力，导致学校自身的动力和持续性难以保障。

四、企业引领式

企业引领式指学校在企业的带动下，依托企业的教育产品，导入教育大数据项目。访谈发现，有两所学校导入教育大数据属于企业引领式，分别是河北邯郸市峰峰春晖中学和合肥八中。

河北邯郸市峰峰春晖中学与北京拓思德科技有限公司开展点阵笔的合作项目，将点阵笔技术应用到课堂教学中。该学校的受访者在访谈中提到：

> 本研究实行了两个学期，首先确立研究团队，其次进行具体分工，在教研会总结反思的基础上，围绕期中期末数据、周测及作业数据进行分析、总结。企业将每次考试和周测之后得出的详细数据分析报告，提供给学生、教师与管理者。通过数据跟踪、分析比较，得出年度数据报告。

基于点阵笔技术，教师可以实现日常作业智能批阅，解放老师，提高教学效率。学生用普通笔作答，老师用点阵数码笔常规批阅，实现学生作业数据信息的自动采集，利于实现分层教学；老师通过 PC、手机、Pad 等终端查看分析报告，实现教学诊断智能化，帮助学校精进教学、精细管理；老师及时了解教学效果，查漏补缺，改进教学策略，学校及时了解作业批改情况及教学目标的达成情况，提高教务管理水平。

合肥八中选择与科大讯飞实施智慧课堂项目试点，该学校的受访者在访谈中提到：

> 我们学校与科大讯飞进行合作，开展智慧课堂项目试点工作。智慧课堂是一种集"云、网、端"一体的系统，"云"体现在云端资源可随时获取，"网"体现在保障稳定的本地缓存服务器，"端"体现在教师、学生使用平板等移动设备进行教学的新形式。

在具体实施过程中，合肥八中以"降低门槛、全面铺开、实用驱动、渐进融合"为推进策略。在年级层面，采取全员培训、人人会用，开示范课、人人学用，检查反馈、人人要用，座谈研讨、人人活用，比赛激励、人人争用等形式。此外，该校逐步引进智学网，实施以学定教、个性化教学；智能班牌，实现走班排课等。通过项目的逐步开展与应用的常态化使用并基于数据汇聚，做到了基于数据的大数据分析。

企业引领式的优势在于：

- 产品技术领先。学校使用的软硬件产品几乎都是企业最新研发的，企业能够保证这些产品技术的先进性。
- 支持服务到位。企业在学校试用教育产品，提供强大的技术保障服务，随时为教师提供指导，并解决教师在使用软件平台过程中遇到的各种问题。
- 宣传能力较强。企业擅长宣传自己生产研发的教育产品，学校可以借助企业力量宣传学校教育大数据项目的发展情况。

企业引领式的不足在于：

- 缺乏整体的理论架构。由于是企业引领，学校在导入教育大数据项目时可能偏向于技术产品的应用，而缺乏整体理论的指导。
- 产品依赖性较强。学校对企业的技术产品容易产生较强的依赖性，过度偏重于技术产品，选择其他技术产品时可能会受到一些限制。

第三节　学校导入教育大数据的实施路径与策略

一、实施路径

访谈发现，学校导入教育大数据项目主要有五大实施路径，分别是成立教育大数据课题研究团队、做好教育大数据相关技术产品的选型、制定教育大数据项目实施保障制度和机制、积极营造校园教育大数据文化及注重提高全校教职工的数据素养（图4-4）。

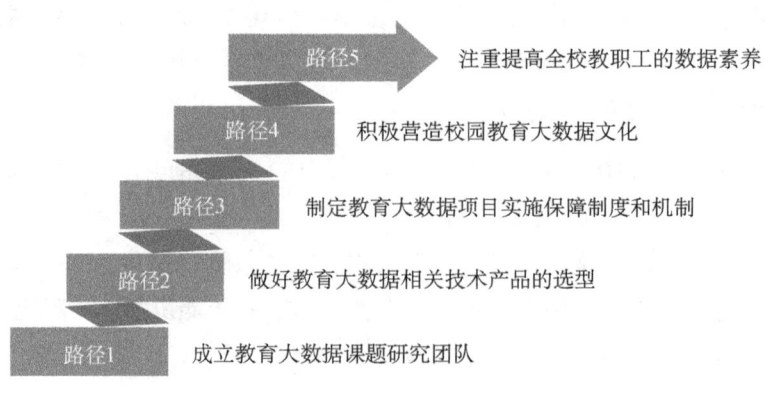

图4-4　学校导入教育大数据的五大路径

（一）成立教育大数据课题研究团队

成立研究团队将成为学校导入教育大数据项目的"助推器"，在促进学校教育大数据项目有序开展过程中发挥重要作用。该研究团队一般由校长领导，包含骨干教师、青年教师、学科带头人及信息技术人员等，其分工明确，全方位保证和推动学校教育大数据项目的开展。访谈发现，有两所学校在导入教育大数据项目时组建了课题研究团队，分别是南京市北京东路小学和上海市莘庄镇小学。

南京市北京东路小学成立了课题研究团队来推进教育大数据项目的发展，该学校的受访者在访谈中提到：

> 学校在开展教育大数据研究与实践进程中，专门成立课题研究团队，包含校级领导、班主任、任课教师和信息化技术人员，课题团队定期开展反馈研讨，及时总结优点发现问题并调整研究与开发方向。

上海市莘庄镇小学搭建了不同梯度的队伍来推进教育大数据项目的发展，该学校的受访者在访谈中提到：

> 学校为了管理好项目试验队伍，搭建了不同梯队的队伍，比如包含全体行政领导的领导小组、包含骨干及青年教师的学科工作小组、包含后勤及天闻公司的服务小组等50余人的团队，在项目部和课程部的协调下积极开展工作，定期进行数据分析，全面推动数字化课堂教学改革。

（二）做好教育大数据相关技术产品的选型

选择产品是学校开展教育大数据项目的重要手段，是完成数据采集、处理、分析、应用等任务的重要途径。其中，产品可以是某个学科的教学工具，也可以是企业研发的软件平台。学校在选择技术产品时一般有三种思路，分别是自主研发、联合研发和直接购买。

自主研发是由学校组织，利用校内资源独立开发软硬件平台，对学校教师的技术能力要求较高。南京市北京东路小学自主研发数据采集与分析系统开展教育大数据研究与实践，该学校的受访者在访谈中提到：

> 我们学校自主研发了手机与电脑端协同的数据采集与分析系统，将学生的成长过程数据分成学业、行为、健康和才能四个维度，通过手机和电脑，采用融合评价的方式完成数据采集。

联合研发是由学校和企业合作开发技术产品，企业和学校分别提供技术支持和理论指导，企业根据学校实际需求设计平台功能，解决教育教学中存在的现实难题。浙江省龙游凯马国际学校与企业合作研发教育产品开展教育大数据研究与实践，该学校的受访者在访谈中提到：

> 学校与杭州至学教育科技有限公司合作研发成长型智慧学习系统2.0版于2015年10月8日投入使用，主要对象为2015级两个班100名学生和2016级四个班160名学生。该系统能够有效辅助教育教学工作，助推学校教育大数据项目的高效开展。

直接购买是由学校出资、购买企业研发的技术产品，学校在充分调研和试用的基础上选择合适的技术产品。浙江省衢州第一中学通过试用并购买公司产品开展教育大数据研究与实践，该学校的受访者在访谈中提到：

> 学校为了落实教育大数据技术应用工作，对多家大数据技术公司进行了调研，包括赴万鹏教育科技股份有限公司试用了基于'互联网+'的空中课堂；考察了杭州鼎永科技开发的关于数字化校园平台的软件。通过对比，精心挑选出适合各学科的大数据应用工具。

为了更好地选择技术产品，学校需要考虑如下四个基本问题。

■ 实际需求。学校需要明确当前教育教学存在的现实问题，想要通过大数据技术产品为学校带来哪些变化，在明确需求的基础上选择技术产品。

■ 经费预算。各学校用于开展教育大数据研究与实践的经费不同，学校需要在经费允许的范围内选择性价比高的技术产品。

■ 数据安全。数据安全是学校开展教育大数据研究与实践需要重点考虑的问题，学校在选择技术产品时一方面要确保该产品能够保护师生的个人隐私，另一方面需要与企业签订保护协议，打消师生使用该技术产品时的顾虑。

■ 用户体验。学校选择技术产品后可以先在某个学科试用该产品，通过学生、教师及学校管理者的反馈得到对技术产品使用效果的评价，在此基础上确定是否要在全校引入该技术产品。

专栏4-3　　基于大数据的个性化、智能化成长型课堂

浙江省龙游凯马国际学校与杭州至学教育科技有限公司合作研发了基于大数据的个性化、智能化成长型课堂模式与教学系统（以下简称成长型课堂）。

成长型学习系统将高中语文、数学、英语、物理、化学、生物、政治、历史、

地理、通用技术、信息技术、音乐（知识类）、美术（知识类）、体育（技能教学类）及部分选修课程分别编制成20000余个学程供学生自主学习，最近发展区小目标达成，游戏化晋级。传统的班级授课制（课堂教学）被彻底摒弃，学习模式变为自学学程、学生答疑辅导、学生讨论交流和学生分享展示四个环节。

学生人手一台平板电脑进行自主学习。学生在打开平板电脑后，其一切操作行为均被系统后台如实记录下来，包括解题正确率、错误率、学习反应时间、某一步骤停顿时间等。系统根据学生的答题情况自动调用相关资源帮助学生解决学习问题。

各学科教师为每一个学生设定三年的学程学习计划，系统自动为学生生成学习路径并安排好每天各学科的学习内容，根据学生前一周或前一天的学习情况自动调整课表和学习内容。为便于管理，学生按照统一的作息时间表开始一天的学习生活。课型分为学程学习课（使用电脑自主学习）和非学程学习课（不使用电脑的课，如辅导课、讨论课、展示课、教师讲座、音体美等活动课）。为保护学生眼睛健康，学校限制学生使用电脑的时长，合理安排非学程学习课。

教师主要负责学生各项活动的监管，若非学生请求，不干预学生的学习活动。教师的精力主要集中在研究学生各种学习活动的数据，发现问题，编写新的学程及时干预学生的学习或调整学生的学习路径，设计并参与学生的各种德智体活动课，重点培养学生的核心素养和学科素养。

资料来源：学校参与"中国基础教育大数据（2016—2017）应用案例征集活动"上报的案例。

（三）制定教育大数据项目实施保障制度和机制

制定保障制度是学校导入教育大数据项目的重要基础，包括教师奖励机制、定期例会机制、协同教研机制及项目推进机制等。

上海市莘庄镇小学制定了详细的保障制度来开展教育大数据研究与实践，该学校的受访者在访谈中提到：

> 我们除了每月一次的电子书包工作例会以外，每学期还召开电子书包启动会、家长咨询会、技术培训会、青年教师座谈会、辩论会等，完善日常工作，及时处理各项问题。我们要求实验教师以周为单位向项目组汇报工作情况，并形成自己的微感悟，学期结束后把微感悟汇聚成工作案例。此外，我们以共同体教研、网络教研、学科教研、技术培训、专家讲座等方式开展常

态化教研。把电子书包的教研活动和学科的教研活动相互结合，做到日常教研活动规范、定时定点。我们通过定期举行例会及协同教研等方式，一方面能够解决学校导入大数据项目中遇到的实际问题，另一方面可以提高教师的业务能力，保障项目的高效运行。

上海市闵行汽轮小学创新性地制定了项目推进机制，该学校的受访者在访谈中提到：

> 我们学校以点带面，制定了"四维度八系列"工作推进机制。在学校管理层面有"校务会议通情制""典型激励研讨制"；在教师工作层面有"主题议事培训制""节点引爆交流制"；在学生操作层面有"调研访谈跟进制""学生问题干预制"；在家校合作层面有"家校互动共育制""家庭幸福跟踪制"；我们还在八个系列机制中设计了实施流程。

为了激发教师开展教育大数据研究与实践的热情，保证学校导入教育大数据项目的有序开展，学校可以参考如下三种方式。

- 制定教师奖励方案。学校每年从绩效奖励中拿出一部分比例专门用于试验教师的奖励和考核，给予在导入教育大数据项目中取得突出成果的教师物质奖励。
- 组织例会活动。学校定期组织教师交流研讨会，教师可以分享在开展教育大数据研究与实践过程中遇到的问题和成功的经验交流，共同进步，也可以为学校导入教育大数据项目提出更好的建议。
- 开展协同教研。学校可以组织开展形式多样的教研活动，包括网络教研、学科教研、技术培训、专家讲座等，提升教师的业务能力和数据素养，保障学校导入教育大数据项目的有序开展。

专栏4-4　　基于大数据的学生个人成长空间试点项目

上海市闵行汽轮小学围绕"让闵行每个孩子健康快乐成长"教育愿景，于2014年2月启动了基于大数据的学生个人成长空间试点项目。该项目从"身心健康、学业进步、个性技能、成长体验"四个维度，构建学生成长的目标体系，让管理者看到数据背后的真实。

学校依托"家校合作管理委员会"自组织力量，调动各类家长对"成长空间"的关注和投入，通过"三级"家委会管理网络，分级分类，定点定人定时培训，强化"学生成长"的责任意识和日常操作中的注意事项，明晰"学生成长空间"

给予孩子成长的意义和价值,减少了相互摩擦的现象;在日常生活中,家长帮助孩子克服了录入数据中的技术难题,培养起共同的数据积累意识。图4-5展示了学生个人成长空间录入的数据类型。

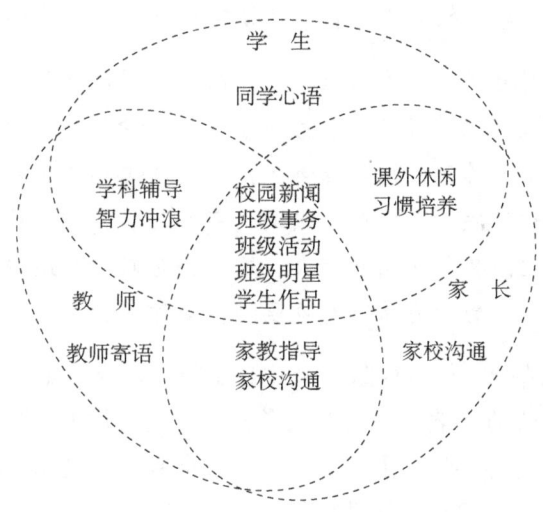

图4-5 汽轮小学"学生个人成长空间"数据体系

学生个人"成长空间"里的各项数据蕴含着研究学生成长的"大学问",为学校管理者提供了"第三只眼"。学校将"大数据"分解成一个个小数据,通过数据的专业解析和深层挖掘,从学生全面发展、教师专业发展、学校特色发展等方面发现学校管理中存在和潜在的问题,为学校管理决策提供科学管理的依据。

三年来,学校基于空间数据分析,先后调整了师资配置、课程设置、资金预算和社会实践资源开发等工作,学校各职能部门管理实现整合,大家从事务性完成做事,到形成关联、逻辑、整体表达的思维培育人、激励人,提高学校管理内涵品质,优化教师专业发展的路径。

资料来源:学校参与"中国基础教育大数据(2016—2017)应用案例征集活动"上报的案例。

(四)积极营造校园教育大数据文化

营造教育大数据文化对于学校导入教育大数据项目具有重要的战略意义。学校可以通过宣传相关理念与方法,加强全校师生的意识和认同感,形成数据文化。学校需要让全校师生清楚教育大数据对于自身发展的重要作用,努力做到全校师生对教育大数据价值知晓率百分之百、认同度百分之百，助力教育大数据项目的推广运行。

江苏省梅村高级中学通过组织教研大会的方式提高教师的数据意识，营造校园教育大数据文化。该学校的受访者在访谈中提到：

> 我们学校召开了"分享科研成果，深化教育研究"教研大会，王老师围绕课题，谈了数字化学习及大数据对学生学业诊断和评价改革的功能，对提升教学检测效率的作用，切实点燃了广大教职工参与课题研究的热情，强化科研兴校的意识和决心，提升学校的内涵品质。我们还承办了全国首届基础教育阶段大数据采集与应用研讨会，这无论是对于营造校内教育大数据文化还是扩大学校社会影响力都具有重要的推动作用。

为了更好地营造校园教育大数据文化，学校可以参考如下三种措施。

- 组织大数据活动。学校可以组织形式多样的大数据文化节，比如大数据沙龙、数据知识竞赛、大数据进课堂及走进大数据专题公开课等，鼓励学生、教师和家长共同参与，培养师生的数据意识，营造数据文化。
- 注重校内宣传。学校可以通过内部管理平台或学校网站宣传教育大数据的内涵、价值及实施效果，使得全校师生明确教育大数据的价值，形成统一的数据观念，从而推动学校教育大数据项目的开展。
- 举行专家讲座。学校可以定期邀请教育大数据领域的知名专家进行专题报告，通过知名专家的影响力提高师生的数据意识，培育校园教育大数据文化，教师也可借此与专家交流的机会，提高自身的业务水平。

（五）注重提高全校教职工的数据素养

组织专项培训，提升全校教职工的数据素养对于学校导入教育大数据项目有着重要意义。学校导入教育大数据项目能否实现、效果如何，教师的数据素养起着决定性作用。然而，大多数教师还没有察觉到大数据技术给教育教学带来的革命性影响，缺乏大数据思维。

江苏省梅村高级中学通过理论宣讲和实践研究的方式提高全校教职工的数据素养，该学校的受访者在访谈中提到：

> 我们在全校范围内多次对教职工进行理论宣传，聘请北京市教育考试院研究员对学校中层以上干部、高三年级各学科备课组长进行关于学业诊断和考试评价的实践操作系统培训，了解操作系统的运行模式和对教育教学的重

要意义，提高教师的数据意识。此外，为了提高教师的软件操作能力，与学校进行合作的极课研发团队在全校展示最新的软件功能，帮助老师安装"极课教师"手机 App，详细介绍了极课大数据新技术在日常教学中的应用和操作。

为了有效地提高教职工的数据素养，学校可以参考如下三种方式。

■ 制定激励机制。学校加强政策引导，树立教师的数据观念，营造浓厚的数据氛围，将教师数据素养作为教师绩效考核指标之一，增强教师的主观能动性，这是提升教师数据素养的重要保障。

■ 注重实践研究。学校鼓励教师将大数据技术应用到课堂教学中，能在教学实践中通过数据分析促进教育教学改革创新，从而使得教师意识到数据对于教育教学的推动作用，这是提升教师数据素养的关键。

■ 加强技术培训。学校可以定期邀请企业技术人员或数据分析师进行专项技能培训，提高教师的数据处理与分析能力，这是提升教师数据素养的重要途径。

二、实施策略

结合上面提出的五大实施路径，研究提出学校导入教育大数据项目的六大实施策略，分别是顶层设计，制定方案、加强宣传，扩大影响、培养领袖，树立信心、活动数据，无感采集、包装项目，争取经费及家校协同，形成合力（图 4-6）。

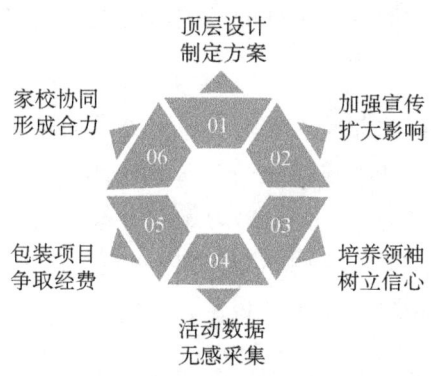

图 4-6 学校导入教育大数据的六大策略

(一)顶层设计,制定方案

顶层设计是指学校领导从长远统筹规划、组织实施学校教育大数据研究与实践活动。学校导入教育大数据项目顶层设计一方面有利于准确把握学校教育大数据的发展方向,另一方面有利于统筹学校基础设施、软硬件资源、规章制度的建设。学校要将教育大数据硬件、软件、服务、数据资源、师资队伍等进行一体化规划与建设,制定教育大数据研究与实践发展纲要,促进教育大数据资源的优化配置与高效利用,为学校发展指明方向。

浙江省衢州第一中学制定了校园建设规划,推动教育大数据项目的有序开展。该学校的受访者在访谈中提到:

> 我们学校成立了以校长徐衍昌为组长的学校信息化领导小组,明确方向、目标、任务、工作机制,制定了《衢州一中基于大数据的智慧校园建设规划(2017—2019)》,努力做到:"基础设施现代化,教育教学数据化,校园建设智慧化"的"三化"建设目标。教育大数据项目在领导小组的领导下,有序推进,大数据教育逐渐成为学校的新名片。

(二)加强宣传,扩大影响

学校导入教育大数据项目需要加强校内外联合宣传,号召全校师生共同参与,达成共识,提升工作影响力。学校需要加强思想引导,成立以校长为领导的工作小组,从上到下宣传教育大数据对于学校发展的重要意义。这不仅可以凝聚全校师生的意识,还能提高全校师生参与教育大数据的积极性,从而推动大数据项目的有序开展。

浙江省衢州第一中学通过一系列的校内活动加强宣传,增强师生的数据意识。该学校的受访者在访谈中提到:

> 我们学校积极组织相关人员参加市教育局的培训及由中央电化教育馆组织的"全国智慧课堂观摩研讨活动"等。通过召开班子学习会、中层以上干部学习会、党员学习会等,组织学习教育大数据的相关知识。通过教职工大会、骨干教师培训、管理干部培训等多种途径宣传教育大数据技术相关理念、方法,营造教育大数据技术应用的良好氛围。

校外宣传对于提高学校的社会地位和影响力具有重要作用,学校领导需要提前做好规划,利用舆论影响力,在全社会掀起一股教育大数据热潮。学校可以利用官方平台,比如学校网站、微信平台等,向社会宣传学校教育大数据项目的进展情况及取得的丰硕成果，也可以依托当地有影响力的媒体进行报道，号召全社会关注并支持教育大数据项目，提升社会影响力和关注度。校外宣传工作的有效开展也可以增强全校师生对于教育大数据项目的使命感和责任感，引领大家自觉参与教育大数据研究与实践，对校内宣传起到一定的推动作用。

（三）培养领袖，树立信心

榜样的力量总是比行政命令更有说服力。学校从全校选取数据素养较高的优秀青年教师重点培养，给他们提供各种培训机会，比如参加专家报告、学术会议等，来提高理论水平和实践能力，再通过全校教职工大会等重要场合推出这几位优秀教师，作为学校导入教育大数据项目的榜样，以此来带动身边更多的教师投身于教育大数据研究与实践中。

当前众多一线教师对于学校导入教育大数据项目持观望甚至怀疑态度，不愿意改变传统的教学方式，数据观念相对保守。培养领袖人物既可以起到树立榜样、营造积极向上的校园文化的作用，又可以改变传统教师对教育大数据项目的观念，树立信心，推动学校教育大数据项目向更高层次发展。

（四）活动数据，无感采集

各学校在采集学生数据时，为了保证数据是在学生自然状态下所得，可以通过开展教育活动实现对数据的无感采集。

南京市北京东路小学在具体的实践过程中发现，传统的原始数据并非是指完全自然状态下的数据。该学校的受访者在访谈中提到：

> 目前的教育形式是集中式的班级授课制，在这样群体中的个体是不断成长的人，虽然可以通过技术手段采集到原始的如运动、心率等身体数据，但这些数据对于个体的成长和发展只是辅助数据，更主要的还是个体的思想行为、意志品质、价值观等方面的数据，但目前的技术暂时还不能实现对上述数据的无感采集。因此，我们学校提出可以通过开展教育活动的方式实现"无感知"采集，这样可以保证数据的自然真实，为之后的数据分析和教师评价提供保障。

南京市北京东路小学为了保证数据采集的准确有效，通过开展教育活动实现"无感知"数据采集。比如，该校目前正在实施的"午间书场"活动，每天午间25分钟的听名著评书活动由不同老师和学生参与评价，记录学生听书时的行为，一周安排一次"说评书",学生在家选取一段最感兴趣的章节说给家长听并发表自己的感受,同时将说评书的过程通过微信上传到平台,然后全体师生家长参与评价,一系列的听说读写等数据就被"无感知"采集。在此基础上,通过数据分析系统实现对学生学业、行为、健康、才能的正确分析,从而对学生做出一个客观、准确的评价。

(五)包装项目,争取经费

包装项目对于学校导入教育大数据项目具有双重作用。一方面由于部分学校开展教育大数据研究与实践经费有限,无法购买软硬件设施,可以通过包装、申请项目获取研究经费推动教育大数据项目的有序开展;另一方面大数据技术在学校的运用需要通过项目建设来逐步实现,通过研究、筹备基于大数据技术的学校项目,逐步完成教育大数据的研究与实践。比如通过项目引进采集学生校园行为的第三方工具,既可以对学生的校园生活轨迹进行分析,为学校的德育、安全等工作提供数据支撑,提升精准度和有效性,又可以节约硬件设施的经费投入,节省项目开支。

浙江省衢州第一中学发动学校各部门积极申报与大数据相关的项目获取经费,该学校的受访者在访谈中提到:

> 我们学校广泛发动各处室部门积极申报与教育大数据相关的项目,如云桌面、教学分析系统、教学评价系统、数据存储、校园无线网络覆盖等,申请专项资金,吸引企业投入,总项目金额1037万余元。学校通过申请项目争取了大量经费,为学校教育大数据项目的开展提供了充足的资金保障。

(六)家校协同,形成合力

教育大数据的价值在于数据背后的分析、挖掘和利用,在数据利用方面可以采用家校协同的方式。学校通过微信等社交软件将学生数据、表现及建议发送给家长,让家长对自己的孩子在学校的表现有一个清晰直观的认识,邀请家长参与到学生的教育和评价过程中,形成家校协同效应。

南京市北京东路小学在家校协同方面走在了各学校发展的前列,该学校的受访者在访谈中提到:

学校首先将教育产生的数据通过平台或者微信等方式及时发送给家长并对给出相应的建议,让家长加入教育的流程中,共同对学生进行个性化教育。比如课堂评价,每天在学生放学后对家长集中推送孩子的课堂表现,老师和家长就能共同对孩子的优点和不足开展表扬、鼓励或帮助教育,发挥数据的及时作用。其次是阶段性分析和报表,家长能在手机端查看到孩子成长的阶段性曲线,这个成长曲线清晰地反映出孩子四个维度的成长发展趋势,有助于我们开展教育预测和调整教育策略。最后是家长参与,家长也是教育评价的一个角色,我们通过让家长在手机端提交部分学习任务,既让家长监督和参与了学习过程,又能让家长掌握孩子学习能力和品质的第一手数据。学校通过这种家校协同的方式利用大数据,对促进学生的成长起到了非常好的效果。

第四节　学校导入教育大数据的现实难题与常见误区

一、现实难题

　　访谈发现,学校导入教育大数据项目主要面临四大现实难题,分别是教师数据意识相对保守、教师的数据处理能力较低、产品技术保障的不到位及难以建立统一标准的数据体系(图 4-7)。

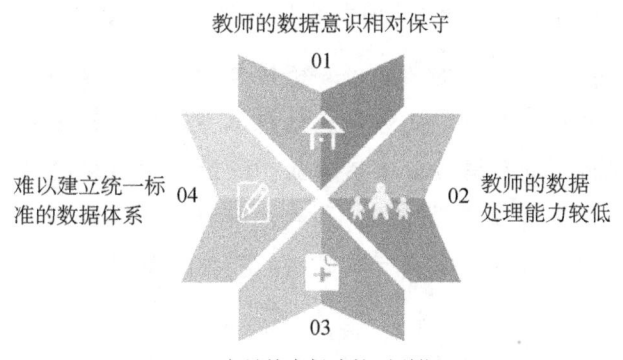

图 4-7　学校导入教育大数据的四大难题

（一）教师的数据意识相对保守

学校在导入教育大数据项目进程中发现部分教师的思想观念相对保守，对大数据的价值将信将疑，对学校开展教育大数据研究与实践存在一定的抵触心理。

深圳市南山区学府中学的受访者在访谈中提到：

> 新技术的导入在一定程度上必然改变过去的工作习惯，在全面推广应用过程中老师的普遍接受度是一个挑战。

浙江省衢州第一中学的受访者在访谈中提到：

> 由于学生数据采集过于烦琐，众多老师为了避免承担额外的工作负担与工作压力，不愿意主动开展教育大数据的研究与实践，对大数据的价值将信将疑。

江苏省梅村高级中学的受访者在访谈中提到：

> 教师的思想观念相对保守，不愿意尝试新技术，并且实时数据暴露了教学短板，遭到部分教师的抵触。

深圳市南山区珠光小学的受访者在访谈中提到：

> 在普通教师认知里，数据仅仅是数字或者是分数，大数据就是报表，我们普通教师在日常工作中没有深刻感受到数据的价值，手里没有合适的数据工具，更没有使用数据的驱动力，在教育领域还没有体会到数据带来的便利。

南京市北京东路小学的受访者在访谈中提到：

> 首先，教师对大数据的认识和价值目前存在明显的分歧，大部分老师认为大数据可有可无，不是教师迫切想参与和研究的方向；其次，教育大数据对教育的促进和提升效果不明显，还没有出现完整的可借鉴的成功模型，大部分教师存在观望心态；最后，实施教育大数据项目需要改革原有教育模式，所有改革都需要一段时间的纠结和磨砺才能完成，教育改革更为艰难。

基于此，学校要加大宣传和培养力度，自上而下提高教师的数据意识和能力。首先，学校可以通过科普宣传的方式在全校普及大数据知识，着力宣传其在教育教学和学校管理方面的作用，培养全校教职工的数据素养，提高大数据意识。其次，学校需要组织大数据管理培训，传播大数据前沿知识，转换管理者的数据思维。最后，学校可以与高等院校合作，为教师提供理论与实践方面的指导和培训，改变教师的数据观念。

（二）教师的数据处理能力较低

当前大多数中小学教师的数据素养相对较弱，无法熟练使用 Excel、SPSS 等数据分析软件，在进行教学数据处理与分析时常常遇到各种困难。由于教师数据分析能力的单一和局限，即便拥有丰富的数据，也可能无法最大程度地挖掘其价值，并得出有效的结论用以指导和干预教学。

上海市蔷薇小学的受访者在访谈中提到：

> 教师、管理层对数据的辨识能力有待提高，无法科学准确地选取所需数据；教师对于数据的有效运用和解读方面缺乏理论指导，数据对教学的反馈指导能力有待提升。

上海市平南小学的受访者在访谈中提到：

> 教师需要更专业的数据分析专家、课程研究专家、行为研究专家给予专业指导，才能真正看懂数据，用好数据，体现大数据的价值。

上海市莘庄镇小学的受访者在访谈中提到：

> 教育平台的数据比较复杂，而教师平时事务性的工作较多，部分教师缺乏分析数据的能力和精力，很多数据有待研究和利用，难以体现大数据的价值。

河北邯郸市峰峰春晖中学的受访者在访谈中提到：

> 数据采集分析和指导教学的浅层应用得到了老师的积极响应，但是阐述结果和分析报告的深层教学指导与指标解读需要专家指导。

深圳市南山区珠光小学的受访者在访谈中提到：

> 虽然带数据服务的工具在教育领域已经出现，但是还不能常态化使用。数据采集是数据应用的基础，在校园中采集的数据更多的是各种填报的结构化数据，非结构化的数据采集相对困难。

基于此，学校可以与当地教育部门或高等院校开展教育大数据联合培训，邀请专业的数据分析专家、课程研究专家、行为研究专家给予专业指导，旨在培养一线教师的数据素养，提升数据处理分析能力。此外，学校在挑选技术产品时，尽量选择内嵌强大数据分析功能的软件平台，教师可以直接通过可视化的图表做出教育决策，不需要进行二次数据分析。一方面可以减轻教师在数据分析方面的工作负担，另一方面可以提高教师开展教育大数据研究与实践的积极性，促进数据驱动教学的实施。

（三）产品技术保障的不到位

除了教师思想观念及数据素养等现实难题，技术难题也是困扰学校导入教育大数据项目的重要因素。访谈中发现，有些教师愿意使用大数据技术开展教学，但是在使用软件过程中存在一些技术难题自身难以克服，成为困扰学校导入教育大数据项目的一大难题。

合肥八中的受访者在访谈中提到：

> 技术不成熟也是困扰学校开展教育大数据的难题之一。

南京市北京东路小学的受访者在访谈中提到：

> 技术也是困扰项目推进的重要方面，学校老师不可能有系统地设计开发和修改的能力，只能依靠相关公司参与，而公司的开发能力和响应速度有时无法得到保障。

江苏省梅村高级中学的受访者在访谈中提到：

> 教师对新技术要求高，不能接受不成熟的产品，另外产品服务不够高效及时，这些都是影响老师使用技术产品的因素。

浙江省龙游凯马国际学校的受访者在访谈中提到：

> 成长型智慧教学系统重点关注学生的学习过程、学习能力和个性特点，提升教学效率，要求教师将教学重点从教师怎么教转换到学生怎么学上，开展针对学生个性的精准辅导与训练。但教师一开始很难适应这一转换过程，对系统的使用和操作也存在很多问题，学校在此期间组织了多次培训和学习，使得教师慢慢适应该教学系统。

基于此，学校在选择技术产品时需要进行充分调研，既要确保该技术产品能够满足学校的基本发展需求，又要保证产品技术的先进性和质量的可靠性。此外，学校需要与企业签订售后服务条款，当产品出现问题后企业要在第一时间给予解决，并定期为学校教师提供免费的技术培训，最大限度地保障公司产品在学校的顺利运行。

（四）难以建立统一标准的数据体系

各数据平台由学校部门分散管理，均没有建立统一的数据标准，导致数据共享时遇到障碍，成为学校导入教育大数据项目的一大难题。具体而言，学校各管理部门根据自身的业务需要和系统要求，建立数据编码体系，导致学校各部门间的数据编码不一致，造成不同系统间数据共享时遇到困难，无法将不同部门的数据信息进行整合对比分析，充分挖掘教育大数据的自身价值。

衢州市工程技术学校的受访者在访谈中提到：

> 全校各系统间的数据标准需要统一，如学号、专业名称、课程名称等信息，不同年级不同学部间应该建立统一标准的课程名称体系，否则与其他系统共享数据时就会出错。

上海市蔷薇小学的受访者在访谈中提到：

> 学校的业务系统还无法做到完全统一，数据在流通方面存在问题，部分数据存在孤岛现象。

基于此，学校需要统一各系统之间的数据标准，制定详细的数据编码体系，打破数据壁垒，解决数据孤岛问题。在此基础上，学校产生的大量数据信息如学生的学籍信息、选课信息、消费信息，教师的教学信息、科研信息及涉及人、财、物等相关的校情信息，可以将这些看似没有关联的数据进行相关分析，深度挖掘，不仅实现了从数据到信息，从信息到知识，从知识到智能的转变，更重要的是从已有价值中发现新价值，这对于学校发展具有重要意义。

二、常见误区

访谈发现，学校导入教育大数据项目主要存在四大误区，分别是开展教育大数据项目是少数人的事情、教育大数据项目短期投入即可见效、导入教育大数据能够解决一切问题及先获得大量数据再考虑安全问题（图4-8）。

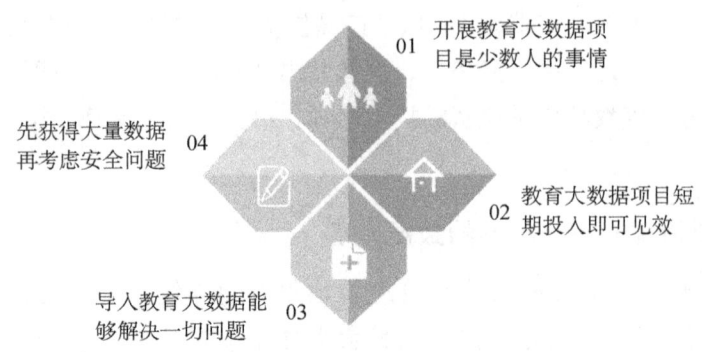

图 4-8　学校导入教育大数据的四大误区

（一）开展教育大数据项目是少数人的事情

教育大数据作为一种新型战略资产引起了教育领域专家学者的高度关注，正在成为推动教育系统创新与变革的颠覆性力量。然而就在教育大数据如火如荼发展的时代背景下，访谈发现，部分一线教师认为学校导入教育大数据项目与自己无关，研究与发展教育大数据仅仅是专家学者或者是学校领导需要做的事情。此外，学校导入教育大数据项目进程中，部分一线教师认为只要能够提高学生成绩的教学方法就是好方法，而课堂教学中的数据分析可有可无，自己无须参与教育大数据项目。

学校导入教育大数据项目的目的在于破解学校教育教学发展难题，提高教师的教学能力，促进学校的全面发展。在实际发展中，真正推动学校开展教育大数据研究与实践的群体是一线教师，教师的理论水平和实践能力是决定学校导入教育大数据项目成效的关键因素。此外，学校开展教育大数据项目作为一项系统工程，仅仅依靠学校领导是完全不够的，需要学校全体教职工共同参与，推动学校的发展和教育教学的变革。因此，学校导入教育大数据项目不是少数人的事情，而是所有师生的使命和责任，共同促进学校教育教学的变革与创新。

（二）教育大数据项目短期投入即可见效

部分学校的负责人和教师认为学校导入教育大数据项目是一项短期投入即可见效的工程，学校投入经费引进技术产品后，在教学、管理等方面会起到立竿见影的效果。访谈发现，部门学校的教师存在一定的急功近利心态，想要在短期内看到教育大数据为学校带来根本性的变化。学校领导期望导入教育大数据项目后能够马上看到学生成绩的变化、教师教学水平的变化，如果短期内学校领导者无法看到成效，则会严重影响学校导入教育大数据项目的热情和信心。

学校导入教育大数据项目是一项长期工程，需要技术平台的逐步搭建和应用效果的逐步推广。学校开展教育大数据研究与实践需要从课题研究团队的组建、相关技术产品的选型、保障制度的建立、教师数据素养的培训等方面协同推进，学校领导者、教师及学生共同参与，大数据的价值自然会体现。需要强调的是，学校导入教育大数据项目对学校、教师及学生的推动作用毋庸置疑，但不是短期投入即可见效的，学校领导者如果对大数据项目保持信心和耐心，长远规划，大数据对于学校、教师和学生的价值终将体现。

（三）导入教育大数据能够解决一切问题

学校导入教育大数据项目，数据似乎一夜之间成为核心，出现了"数据万能论"理念。有些教师表示"有数据就足够了，数据会说话"，过度依赖和信任数据，数据的作用被高估，被视作绝对可靠的信息来源或决策依据，而其本身所具有的误导性则被忽视。在教育教学过程中积累了大量且多维的数据，包含学生、教师、管理者等产生的所有数据。然而，大数据虽大，但并不是教师口中的"无所不能"，大数据技术不能解决一切问题，它只是决策的一种量化手段和参考依据。

教育大数据是对过去已发生的教育行为进行经验总结，本身并不具备创新性，过分强调以数据为主导，容易忽视教师和学校管理者本身的主观能动性。教育有着独特的复杂性和特殊性，不能对以往的模式照搬照用，一味地相信数据，可能还会起反作用。美国 Facebook 公司大获成功前，互联网巨头们的数据分析结果统统认为社交网络没有大的机遇；Facebook 成功后，谷歌执行总监施密特才惋惜地表示："我在谷歌犯的最大错误就是没有在社交网络兴起的时候参与进来。"所以说，不是拥有了大数据，就能做出正确的选择。教育领域同样如此，在看到大数据技术给教育教学带来革命性变化的同时，一定要看到其不足的一面，防止产生盲从心理，有效规避可能出现的错误或问题。

（四）先获得大量数据，再考虑数据安全问题

学校在导入教育大数据项目过程中存在盲目追求数据量大，忽视数据安全的

问题。大数据是一把双刃剑，一方面能够让教学和管理变得更加高效、科学、透明和创新，另一方面可能带来泄露数据信息、侵犯师生隐私等问题。因此，学校在追求数据量的同时，更要注重数据安全，防止近年来类似于电信诈骗事件的发生。

大数据时代，学生处在教育管理链的末端，其全时段的校内外活动轨迹、家庭背景、社会交往等个人信息在教师和教育管理者面前"一览无余"，保护好学生的隐私信息尤为重要。在导入教育大数据项目进程中，学校需要充分认识到新技术的复杂性及技术推广和普及可能引发的潜在危险，在确保数据安全和不侵犯学生权益的情况下最充分、有效地利用数据资源。只有这样，才能保证数据安全，打消学生、教师及家长隐私泄露的顾虑，推动学校教育大数据项目向更高层次发展。

第五章

学习分析技术与教育数据挖掘

第一节 学习分析技术最新进展

学习分析是围绕与学习者学习信息相关的数据，运用不同的分析方法和数据模型来解释这些数据，根据解释的结果来探究学习者的学习过程与情境，发现学习规律，或者根据数据阐释学习者的学习表现，为其提供相应的反馈，从而促进有效学习的技术（顾小清，等，2012）。本书选取国外 *Journal of Learning Analytics* 期刊 2014—2016 年总计 112 篇文章作为样本，采用文献法和内容分析法对国际学习分析技术进行综述分析，发现当前学习分析研究主要聚焦在六个方面，分别是数据隐私保护、话语分析、意识分析、预警分析、评价分析及多模态分析（图 5-1）。

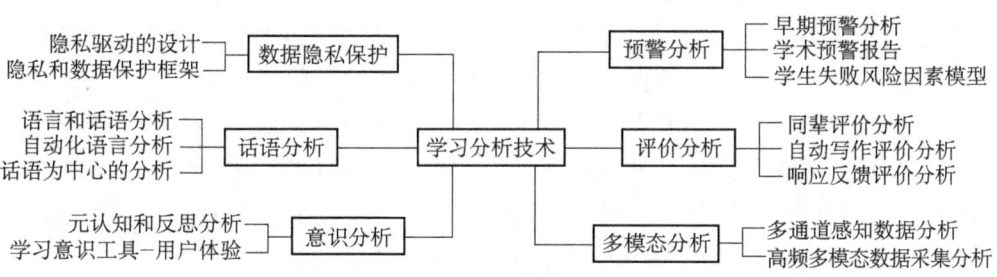

图 5-1 学习分析技术种类

在数据隐私保护方面，越来越多的研究者期待在学习分析与个人隐私之间找到平衡点，妥善解决伦理、隐私和数据保护之间的问题。如 Steiner 等（2016）学者提出了 LEA 工具箱项目，研究者可以监测学习者在学习平台上使用数据的合法性。Hoel 和 Chen（2016）研究者为保护隐私数据，开发了学习分析设计空间模型，它可以为隐私泄露提供最及时的解决方案。

在话语分析方面，当前的研究主要分析学习者在学习过程中使用的语言，通过对学生语言的解读，加深教师对学习者的了解，同时促进学生的自我认知。如 Knight 等（2015）学者认为以话语为中心的分析可以为学习者提供更多机会去探索各种形式的话语方式、学习资源和学习迹象等，帮助学生更好地认识自己，促进个体参与社会能力的提升。Kelly 等（2015）在组织学生活动时利用自动化话语分析系统帮助教师协调在线学习群体。Howley I 等（2016）学者指出语言是可见的多维交互作用的表现形式，在协作学习环境中它可以与个人的认知、动机、社会关系等方面产生多维互动。

在意识分析方面，研究者从意识角度出发，采集学生面对问题时的意识反映数据来分析学生行为，从而开发新的学习分析工具支持教学。如 Martinez-Maldonado 等（2015）利用学习意识工具—用户体验（Learning Awareness Tools-User Experience，LATUX）可视化学生的思维过程，并建立学习者模型，促进教师深度了解学生，用数据支持教学，实现精准决策。Gibson 等（2016）研究者把元认知和反思的概念结合到一个概念模型中，将它们构想为一组具有相似特征的元素，促进学生本身从无意识的内在自我转化到自觉的外部社会自我的探索，基于此开展指导本科生反思写作的计算分析，让学生在反思性写作中自动发现元认知活动的潜力。

在预警分析方面，研究者力求了解在线学习者的学习过程，提前发现学习者的学习风险，并为学习者提供合理的建议。如 Waddington 等（2015）学者通过对课程资源的分类，针对不同的教学内容，聚合多个数据源提供及时的支持，从而改进预警系统的使用。Gray 等（2016）学者在第一学年开始对高等教育初期的学生进行初步测试，考虑的因素包括学生以前的学业成绩、个性、动机、自律、学习方法、年龄和性别等，根据这些数据来预测有失败风险的学生。

在评价分析方面，研究者关注多个层面的评价内容，如 Snow 等（2015）学者利用自动书写评价系统，通过检测学生文章中利用的两种语言特征（叙事性和衔接性），评估学生的写作灵活性。Vozniuk 等（2016）将同行评估作为评价的工具，实现对大型课程（如 MOOC）复杂任务的可扩展性评价。

在多模态分析方面，XOchoa 等（2016）学者指出学习分析的目标是理解和改进学习，但是学习并不总在一个系统中完成，多模态学习分析对不同学习系统中的学习过程产生的数字痕迹，如视频、音频等进行捕获、处理和分析，深入揭示学习规律。Blikstein 等（2016）学者认为大多数关于学习分析和教育数据挖掘的工作都集中在在线课程，仅限于在计算机屏幕前发生的交互，而新的高频多模态数据采集技术和机器学习分析技术可以在更复杂和开放式的学习环境中对学生的学习行为进行分析。

接下来,本书将重点介绍四种前沿的学习分析技术,即学习行为模式分析、学习风险预警分析、多模态学习分析、嵌入和提取式分析。

一、学习行为模式分析

作为学习分析的重要组成部分,学习行为模式分析旨在对学习过程中记录下来的相关行为数据进行有目的的分析,进而有效、客观地监测学习者的学习过程。滞后序列分析法(Lag Sequential Analysis,LSA)是行为模式分析的方法之一,由 Sackett 于 1978 年提出,主要用于检验人们一种行为发生之后另外一种行为出现的概率及其是否存在统计意义上的显著性(Bakeman,1997)。LSA 可以帮助研究者和教学者准确把握学习者潜在的行为模式,从行为视角阐释技术增强学习效果的原因,同时有效指导后续教与学活动的设计与实施。为了方便、有效地辅助行为数据处理,Bakeman 和 Quera 合作研发了交互行为分析专用软件 GSEQ(General Sequential Querier)。该软件简化了行为分析流程,提高了数据处理效率,也促进了 LSA 在各领域中的应用推广。

应用 GSEQ 软件分析在线学习行为序列模式的主要过程包括:①按 GSEQ 要求的格式输入所有行为编码(图 5-2);②系统编译,生成 MDS 文件;③检验行为编码的 Kappa 一致性(针对由多人完成的编码);④进行行为序列分析,得到行为转换频率表(表 5-1)和调整后的残差表(表 5-2);⑤根据调整后的残差表筛选具有显著意义的行为序列,并绘制行为转换图。

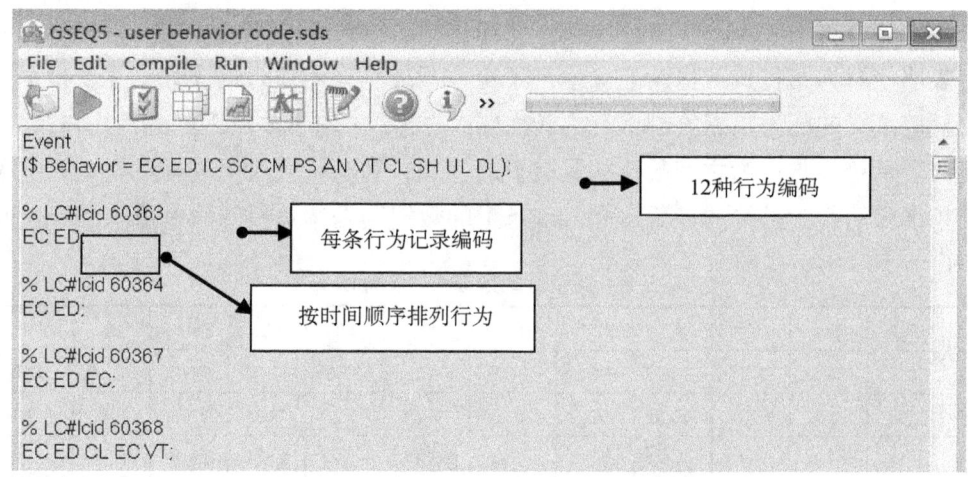

图 5-2 GSEQ 中行为序列编码结果截图

滞后序列分析会产生两个重要的表格，分别是行为转换频率表和调整后的残差表。表 5-1 显示了每种行为向其他行为转换的频率。列表示起始行为，行表示起始行为结束后随即发生的行为。比如，第 2 行第 3 列的数字"98"表示 ED 行为发生后随即发生 IC 的次数为 98 次。

表 5-1　行为转换频率表

	EC	ED	IC	SC	CM	PS	AN	VT	CL	SH	UL	DL
EC	3585	1460	292	379	566	114	365	40	295	1138	198	13
ED	631	35	98	70	126	1	25	10	140	598	55	3
IC	242	96	99	21	74	20	44	8	60	133	28	7
SC	120	23	15	410	3720	50	53	129	98	34	22	41
CM	637	97	90	2583	2951	274	310	389	464	260	77	726
PS	71	7	20	110	217	871	30	54	55	9	8	98
AN	360	4	41	148	251	21	1440	36	46	47	26	5
VT	26	3	6	286	265	55	38	98	60	13	6	84
CL	137	48	58	172	399	59	41	95	385	272	16	44
SH	473	251	247	142	389	9	90	14	405	1656	71	11
UL	124	31	31	28	70	6	37	2	22	107	538	40
DL	21	3	5	421	340	106	8	88	38	6	20	2505

注：EC=Edit Content，编辑内容；ED= Edit Metadata，编辑基本信息；IC= Invite Collaborator，邀请合作者；SC= Score，评分；CM= Comment，评论；PS= Post，发帖；AN= Annotate，批注；VT= Vote，投票；CL= Collect，收集；SH=Share，分享；UL= Upload Material，上传资料；DL= Download Material，下载资料。

表 5-2 所示为调整后的残差表。根据滞后序列分析理论，如果 z-score>1.96 则表明该行为路径具有显著意义。为了更直观地呈现用户行为序列，需要根据具有显著意义的行为数据绘制出行为转换图（图 5-3）。图中节点表示各种用户行为，连线表示行为与行为之间的连接具有显著意义，箭头代表行为转换的方向，线条的粗细表示行为连接的显著水平，线条上的数据则是调整后的残差值（z-score）。

表 5-2　调整后的残差表（z-scores）

	EC	ED	IC	SC	CM	PS	AN	VT	CL	SH	UL	DL
EC	73.74*	56.48*	6.14*	−24.03	−41.29	−14.01	−8.28	−13.16	−8.03	9.00*	−2.19	−32.07
ED	22.33*	−6.32	8.12*	−10.82	−16.93	−8.72	−8.70	−5.27	5.06*	31.56*	1.02	−13.39
IC	10.18*	8.34*	17.40*	−8.52	−10.11	−2.38	−1.17	−2.78	2.61*	4.89*	1.22	−8.33
SC	−27.13	−15.51	−10.30	−7.51	95.16*	−10.98	−15.51	1.46	−10.33	−23.73	−10.04	−20.82

续表

	EC	ED	IC	SC	CM	PS	AN	VT	CL	SH	UL	DL
CM	−26.15	−19.72	−10.29	56.22*	24.34*	−4.95	−12.17	13.61*	0.10	−27.02	−12.01	−3.09
PS	−12.68	−8.58	−3.17	−6.09	−9.11	106.96*	−7.17	2.75*	−3.01	−13.21	−5.39	−3.79
AN	−1.89	−11.52	−2.71	−9.26	−15.89	−8.13	111.46*	−3.12	−7.59	−14.49	−5.08	−15.64
VT	−11.32	−6.82	−3.74	17.54*	3.33*	2.93*	−2.84	16.12*	1.63	−9.40	−3.93	−0.10
CL	−9.54	−4.62	2.25*	−2.70	−0.52	−1.26	−6.81	8.48*	32.64*	6.82*	−4.62	−9.60
SH	−6.34	4.32*	16.60*	−16.35	−20.15	−12.37	−10.37	−8.61	16.11*	69.16*	−3.18	−19.63
UL	−3.76	−3.23	0.96	−9.35	−12.96	−5.69	−3.62	−4.74	−4.54	−0.48	99.33*	−5.88
DL	−26.52	−14.40	−9.51	−0.41	−20.74	−3.27	−15.58	0.17	−11.67	−21.40	−8.22	133.87*

*$p < 0.05$.

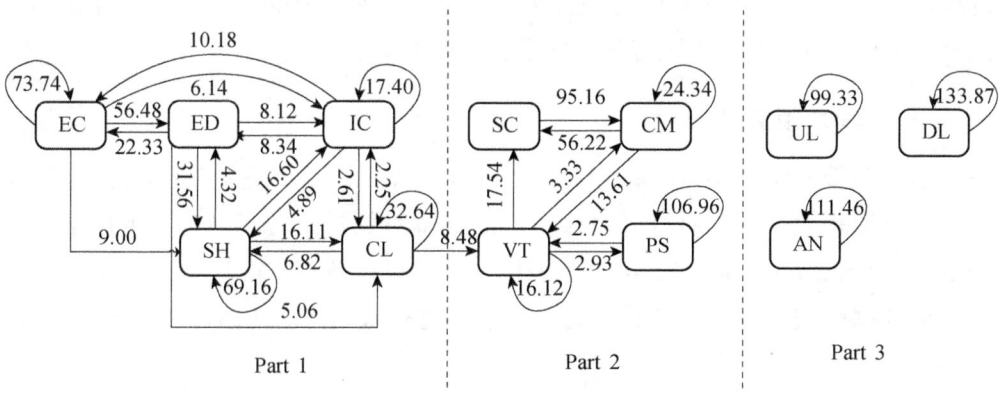

图 5-3　行为转换图

资料来源：杨现民，王怀波，李冀红. 滞后序列分析法在学习行为分析中的应用. 中国电化教育，2006（2）：17～23+32.

在线学习行为主要包括学生的外显行为和内隐行为（杨现民，等，2016）。其中，外显行为包括登录系统、检索信息、浏览网页、点击链接、下载资料、发表帖子等操作层面的行为，该类行为数据可以通过系统日志导出或者通过浏览器插件直接采集。内隐行为则包括讨论、答疑、交流、评价等交互内容所折射出来的学生认知行为，该类行为数据需要依据一定的交互模型进行编码，转换为相应的认知行为。

应用 LSA 进行序列分析的过程中，无论采用何种编码框架，均需保证编码过程的规范性与编码结果的可靠性。首先，要求编码者熟悉编码框架，如果有多位研究者进行编码要进行相同的编码培训。其次，需进行预编码，多位编码者需对不一致的编码结果进行协商，保证对编码理解的一致性。最后，对于由一个人独立完成的编码，需随机抽查一定数量的编码结果（具体数量需要根据样本量确定），进行一致性检验。如果不满足信度要求，则需要重新进行编码。

二、学习风险预警分析

分析方法可以应用于教育机构的不同层次，Siemens 等把分析的范围分为五个层次：课程、部门、机构、区域和国家/国际。前两个层次通常是学习分析的重点，后三个层次是学术分析的重点。学习风险预警分析包括学术预警分析和学习预警分析。学术预警分析目标是通过预警促进整个机构、区域学生学业的成功，分析的应用处于机构层面。学习预警分析聚焦于学生个体，通过测量、收集、分析和报告学生的学习、参与、表现的相关数据，找到其中的问题，对学生进行干预。学习预警分析是学术预警分析的重要组成部分。

（一）学术预警分析

学术预警系统（Academic Alert System，AAS）主要是确定具有潜在风险不能完成课程的学生，通过对这些学生的基本数据进行分析处理，生成学术预警报告（Academic Alert Report，AAR），教师可以从 SaKai 项目网站（用于存储学生数据的安全网站）下载报告，对学生进行及时干预（Jayaprakash, et al., 2014）。

首先，系统会提取学生的基本信息、活动日志、成绩单数据等，然后对采集的数据进行处理，系统根据提取的学生数据为其评分，接着会生成学术预警报告（AAR）。报告会传输到项目网站，统一存放在云存储工具中。任课教师可调取所需学生的预警报告，通过特定课程网站的学术表现，采取不同的措施实施干预（图 5-4）。干预措施可分为两种。

第一种措施是意识传递干预。如果意识干预组的学生收到消息，则表明他们没有成功完成课程学习，目前处于学业风险中。预警组成员会为他们提供指导并帮助他们提高学业成功的概率。学生一般会收到以下信息。

"基于你最近作业和考试的表现及其他能预测你学习成功的因素，我越来越担心你成功学完课程的能力"；

"我会为你提供一些帮助，并鼓励你采取措施提高成绩。在本学期早期这样做将加大你成功完成课程的可能性，避免对你的学习造成负面影响"。

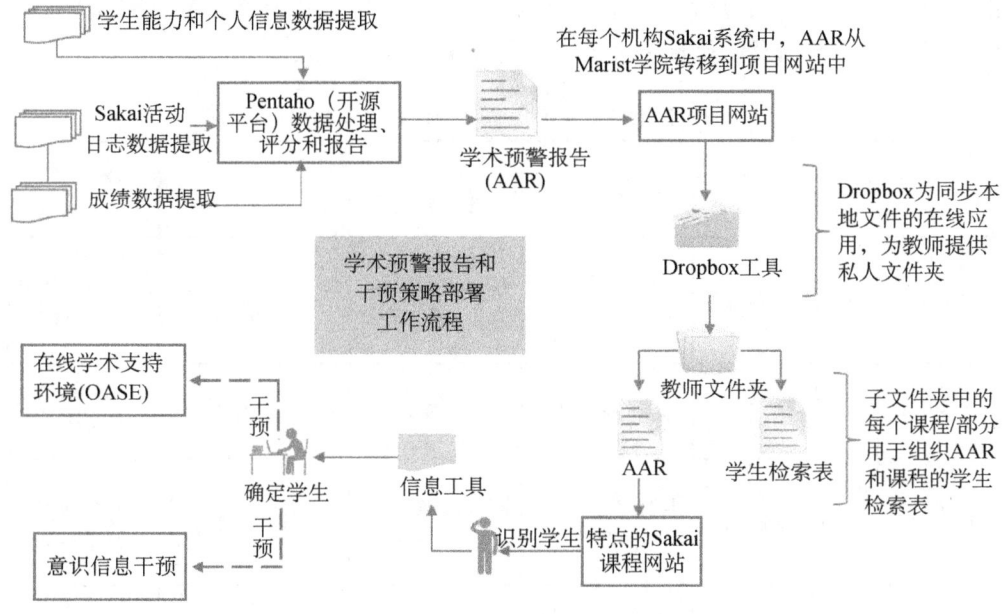

图 5-4 学术预警报告生成和分布工作流

资料来源：Jayaprakash S，Moody E，Lauría E，et al. Early Alert of Academically At-Risk Students：An Open Source Analytics Initiative. Journal of Learning Analytics，2014，1（1）：6-47.

第二种措施是在线学习支持环境干预。当学生处于学业风险时，教学者会建议学生进入在线学术支持环境，学生可以获得开放的教育资源，如可汗学院的视频等。除此之外，教学者还为学生提供专业人员的指导。其中，教师对学生的学业危险状态了解、预警等级的判断、提供有针对性的干预措施至关重要，应力求保证学生有足够的时间改正他们的学习行为，进而获得成功。

管理者需考虑学术预警系统的易用性和早期预警性（Jayaprakash，et al.，2014）。易用性是指任何一种有效的干预都不应给教师带来负担，教师能够自主使用系统对实施干预是非常重要的。早期预警性是指系统能够提供及时的反馈，帮助学生改变无效的学习策略，为学生提供更大的进步机会。

（二）学习预警分析

在线学习预警是通过挖掘、分析在线学习过程中产生大量数据，了解学习者学习情况并及时发现学习中存在的问题，以此对学习者发出的提示或警告，从而督促、引导学习者顺利完成在线学业。

研究从实现形式、预警内容、预警方式、技术/算法工具、成效及不足 6 个方面，对国外 5 个学习预警系统（课程信号系统、学生成功系统、可汗学院的学习仪表盘、电子顾问及海星预警系统）进行了分析比较（表 5-3）。

表 5-3 国外五个典型学习预警系统比较（王林丽，2016）

	课程信号系统	学生成功系统	可汗学院的学习仪表盘	电子顾问	海星预警系统
实现形式	独立的在线学习预警系统（学校自主开发）	独立的在线学习预警系统（企业机构开发）	学习管理系统与可视化工具相结合	在线学习系统中嵌入个性化工具	在线学习平台中的一个模块
预警内容	课程成绩、努力程度、辍学	学业危险、辍学	知识点	学习路径	努力程度、课程成绩
预警方式	电子邮件、短信、学习管理系统中的消息	可视化图形、电子邮件	学习仪表盘、电子邮件	电子邮件	小红旗、短信、电子邮件
技术/算法/工具	预测学生成功算法、数据挖掘和分析工具	语义分解、整体预测建模法、学习分析、数据可视化技术	信息跟踪技术、镜像技术、学习分析	个性化的 eAdvisor™ 点播工具、学习分析	大数据、分布式计算、自矫正系统、学习分析
成效	辍学率降低，学生成绩提高，节省管理所需的时间和金钱	预测学业危险，提供适当干预，降低辍学率，方便管理者管理	提高知识点掌握程度，降低自身欠缺技能，学习内容个性化推荐	推荐适合的专业课程，定制相应的学习路径，安排课程计划，辅助学生按时毕业	尽早了解学生，降低辍学率
不足	不够个性化，提供过量相同的干预，不提供诊断信息，难以提供有效的补救措施	普适性较低，非技术人员不能够很好地解释决策和行动所预测的结果	应用学科有限，只有数学课程，只预警知识点掌握情况（预警内容过于单一）	仅使用电子邮件预警，不够及时准确（预警形式过于单一）	预警内容不全面

资料来源：王林丽，叶洋，杨现民. 基于大数据的在线学习预警模型设计——"教育大数据研究与实践专栏"之学习预警篇. 现代教育技术，2016，26（7）：5-11.

从表 5-3 可以发现，当前国际上大多数预警系统主要是从知识层面进行预警，预警内容包括课程成绩、努力程度、知识点等，而忽视了学生学习行为及学习情绪方面的预警。研究从学习者的知识掌握情况、行为数据和学业情绪三个方面出发，参考教育大数据的技术体系框架（杨现民，等，2016）构建了知行情三维学习预警模型，旨在从知识、行为和情绪三方面对在线学习者进行全方位预警（图 5-5）。

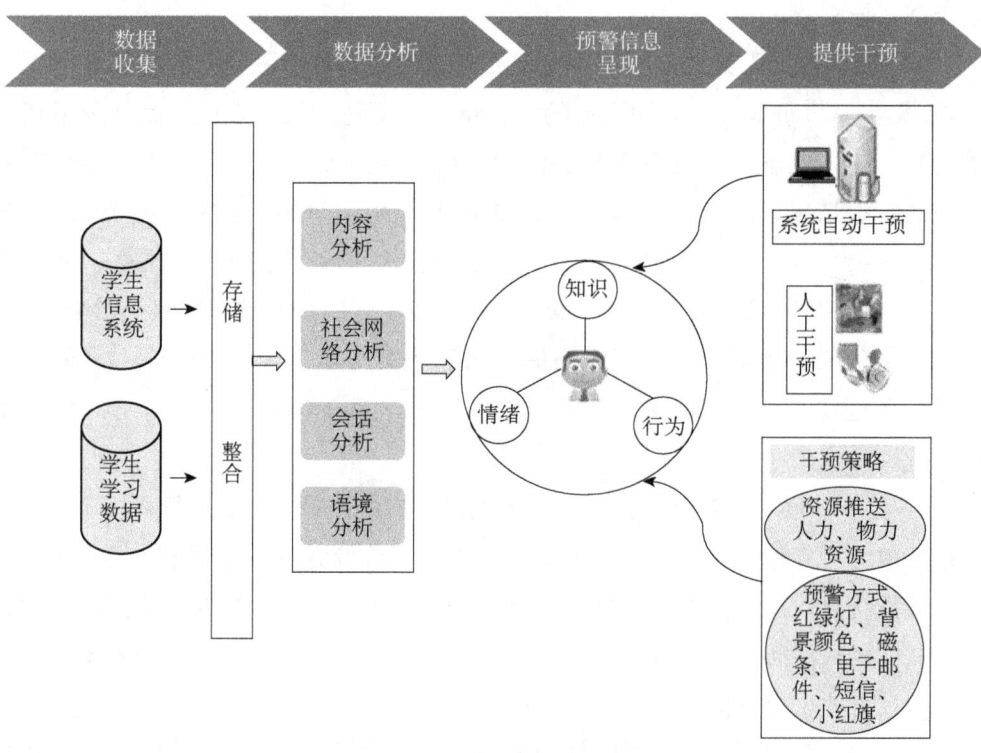

图 5-5　知行情三维学习预警模型

资料来源：王林丽，叶洋，杨现民. 基于大数据的在线学习预警模型设计——"教育大数据研究与实践专栏"之学习预警篇. 现代教育技术，2016，26（7）：5-11.

知行情三维学习预警的主要过程如下。

1）数据收集：在线学习中收集的数据包括学习者相关数据、教师相关数据和课程相关数据。其中学习者相关数据主要包括学习者的基本数据（学习风格、态度）、行为数据（访问次数在线时长、下载次数、最后访问）、交互数据（与在线资源或同学间的互动情况、讨论内容、发帖数、互动次数）、表现数据（学业成绩、排名）、情感数据等。数据收集需要借助一定的平台和技术工具，如 Sakai、Blackboard、Moodle 及学习元平台和社会网络可视化工具等。

2）数据分析：将收集到的海量数据按照不同的类型整合存储，可划分为知识、行为、情绪三类。目前比较成熟的分析技术主要有内容分析法、社会网络分析法、会话分析法、语境分析法和性格分析法等（顾小清，等，2012）。这些分析方法使得数据分析能够顺利实行,从而推测出学习者在知识、行为、情绪方面是否存在异常。

3）预警信息呈现：从知识、行为及情绪三方面对学习者所处状态进行直观展现。"知识"即学习者对知识点的掌握情况，要适应社会发展，就必须不断接受新知识，持续不断地提升素养和能力，可以通过成绩、内容分析法等来判断知识的掌握情况（陈琳和陈耀华，2013）；"行为"即学习者在线学习时的各种行为，包括登录、浏览、交互等，学习者的行为反映了学习者的态度，能在很大程度上影响学习效果；"情绪"即学习者在线学习时的情绪，情感是影响线上、线下学习效果的重要变量。通过对海量数据进行分析，准确判断学习者的学习情况及所处状态，采用红绿灯、小红旗、磁条、背景颜色、文本等方式将其直观呈现。

4）提供干预：对获得预警的学习者提供相应的改进策略，进行积极干预。预警系统内置一套完善的学习干预策略库，库中存放着应对各种问题的具体策略，教师或系统可以据此向学习者提供个性化干预。个性化是指当起点不同的学习者取得相同的成绩时，获得的干预方式是不同的，且当学习者及预警内容不同时采用的干预方式也会不同。

接下来将重点介绍在线学习知识预警、在线学习行为预警及在线学习情绪预警的技术框架和主要过程。

1. 在线学习知识预警

在线学习知识预警主要对知识的掌握情况进行分析预警，同时对未掌握的知识进行预警并进行原因分析，使学习者不仅能得到自己的测试成绩，还能对自己的知识掌握情况有清晰的认识。

图5-6描述的是知识掌握程度预警的整体框架，核心是综合三个方面的内容进行知识掌握程度的预警。第一方面是结合试题知识点关联矩阵（Q矩阵）、测试数据、自身认知属性、领域知识库等完成对学习者的知识掌握程度的诊断；第二方面是基于案例推理技术等保证诊断模块的实现；第三方面即在大数据及可视化技术等的基础上完成预警的判断与呈现。具体过程可分为3大模块12小步。

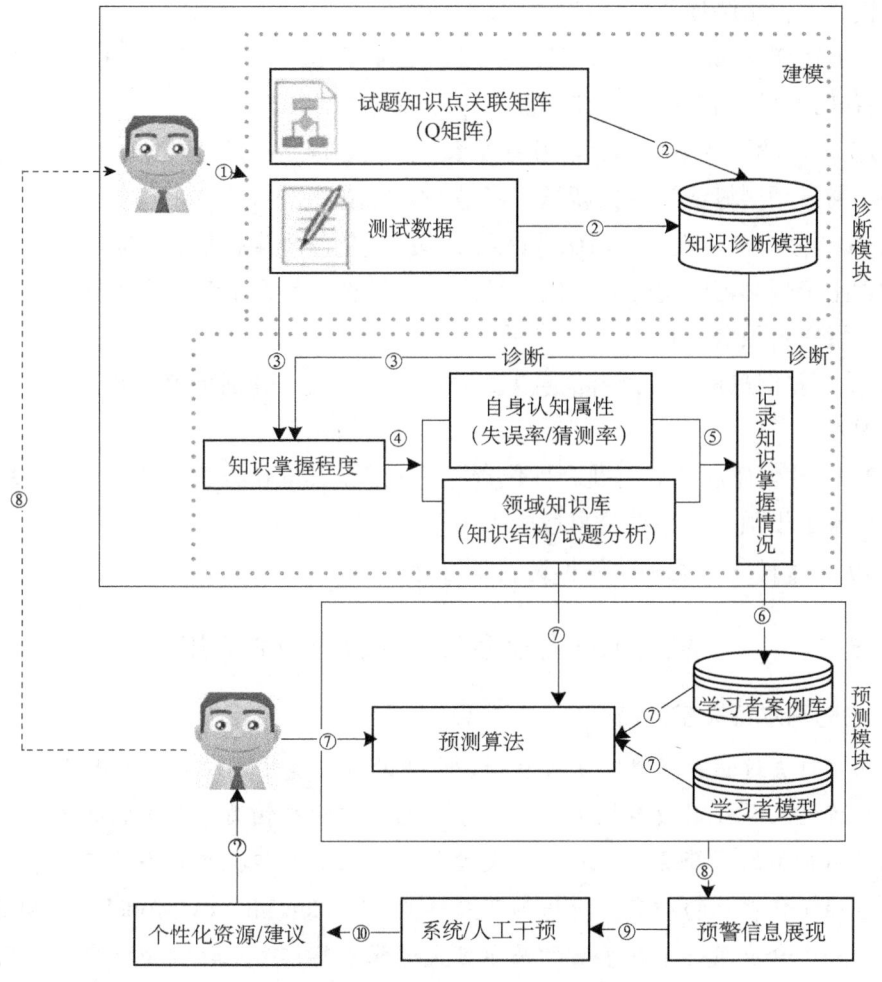

图 5-6 知识掌握程度预警整体框架

模块一：诊断模块

1）引入试题知识点关联矩阵，描述每一道试题所考查的知识点明细（Rupp & Templin，2008）。采集一些学习者在线学习中有关测试的数据，这些数据主要用来构成学习者案例库，为预测模块打好基础。

2）结合试题知识点矩阵与测试的数据构建知识诊断模型。

3）结合知识诊断模型及测试相关数据判断学习者的知识掌握程度。

4）根据知识掌握程度、自身认知属性、领域知识库，分析掌握的知识中存在的问题。

5）记录完整的知识掌握情况。

6）更新具备的知识状态。

模块二：预测模块

1）将诊断模块中的学习者知识掌握情况收集到学习者案例库中，以供预测新学习者知识掌握情况时对比使用。

2）根据学习者案例库、学习者模型、知识结构分析及试题分析库，确定预测算法，通过预测算法计算出新学习者是否需要预警。

3）预警信息呈现，向知识掌握程度差的学生呈现预警信息，向知识掌握程度好的学生呈现学习情况。可采用多种形式呈现学习者的知识掌握情况。

模块三：预警模块

1）预警信息推送。预警信息推送对象分为三类，分别是教师和管理者、系统及学习者。

2）个性化建议的提出及个性化资源的推荐。其推荐方式有两种，一是教师或管理者人工干预，二是系统自适应干预。

3）将个性化资源和建议推送给学习者。

专栏 5-1　　隐马尔可夫模型及其在教育中的应用

1. 隐马尔可夫模型简介

马尔可夫过程是一类随机过程，该过程的特点是其条件概率（事件 A 在事件 B 已经发生条件下的发生概率）仅与系统的当前状态相关，而与它的历史或未来状态是不相关的。简言之，马尔可夫过程是在已知目前状态的条件下，未来的演变不依赖于它以往的演变。隐马尔可夫模型（Hidden Markov Model，HMM）用来描述一个含有隐含未知参数的马尔可夫过程，其作为统计模型被广泛应用于信息处理（如语音识别）、机器学习（如强化学习）与社会经济（如资产定价）等领域。

在隐马尔可夫模型中，状态并不是直接可见的，但受其影响的外在变量是可见的。例如人的行为状态可能受天气状态（晴天或雨天）的影响，假设系统只能观察到人的行为状态，那么天气状态对于我们而言就是隐藏状态。每一个隐藏状态对所有外在观察值都有相应的概率分布，因此外在观察序列可透露出隐藏状态的一些信息。图 5-7 为隐马尔可夫模型的简单示意图。

$X1$ 与 $X2$ 为隐状态，$Y1$、$Y2$ 与 $Y3$ 为外在观察值。$\{A\_ij|i=1, 2 \text{ 且 } j=1, 2\}$ 为隐状态的转变概率（Transition Probability），$\{B\_ij|i=1, 2 \text{ 且 } j=1, 2, 3\}$ 为输出概率（Emission Probability），即隐状态导致外在观察发生的概率。$\pi1$ 与 $\pi2$ 为隐藏状态出现的初始概率。

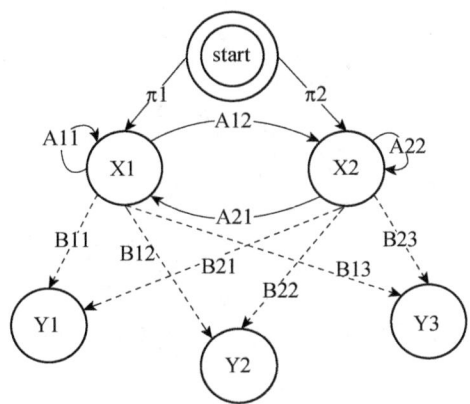

图 5-7　隐马尔可夫模型示意图

隐马尔可夫模型的重要任务之一是已知对隐马尔可夫模型外在观察序列的信息，推测模型内部隐状态，并对隐状态的转变概率和输出概率进行最大似然的估计。

2. 隐马尔可夫模型在教育中的应用

隐马尔可夫模型可以表征学生内在知识状态或技能状态的概率，利用这类内在状态与技能的信息，可以进一步识别、阐释和比较学生的学习行为。学生模型中的知识跟踪是隐马尔可夫模型在教育领域中的一类典型应用。

知识跟踪的主要目的是对人的动态认知过程进行建模。贝叶斯知识跟踪模型（Bayesian Knowledge TracingModel，BKT）是现有最常用的知识跟踪模型之一，用于研究学习过程中知识时序状态变化。BKT 模型通常假设二元知识状态：对知识掌握或者没掌握。基于学习者的时序学习数据，利用隐形马尔可夫模型来更新这些二元状态的概率。BKT 模型最初的假设是知识点被掌握后就不会被忘记，并考虑了猜测（guessing）和滑误（slipping）等影响因素，后续的研究工作又陆续引入了对学习者先前知识及题目难度的估计。图 5-8 展示了简化的基于隐马尔可夫模型的知识追踪。简单来说，该模型根据学生每一次在测试题目（Q）上的行为表现更新其隐含的知识状态（K）。

目前基于隐马尔可夫模型的 BKT 较广泛地应用于智能教学系统（Intelligent Tutoring Systems，ITS）与大规模在线课程（massive open online courses，MOOC）平台中，例如 Vanderbilt University 建立的 Teachable Agents 系统，利用隐马尔可夫模型对学生学习行为与学习策略中的重要模型进行分析和理解。在学生问题解决能力训练与评估系统中，利用隐马尔可夫模型对学生在完成能力评估过程中所采用策略的变迁进行建模，提供隐含的学生解题策略状态之间转换的概率，最终用于分析学生的学习轨迹并对学生下一次可能使用的解题策略进行预测。另外，隐马尔可夫模型在教育领域也被作为预测学生掌握知识点的程度、课程的最终成绩和通过率等重要教学指标。

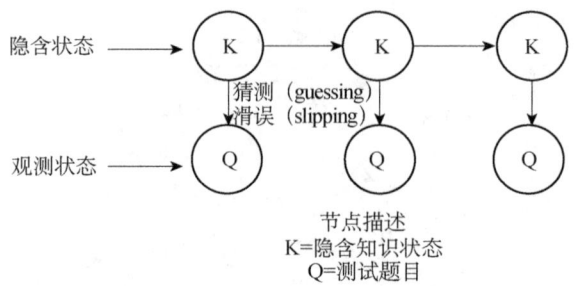

图 5-8　简化的基于隐马尔可夫模型的知识追踪

2. 在线学习行为预警

在线学习行为指的是学习者在线学习时的各种行为，包括登录、浏览、交互等，在线学习过程中行为的发生通常处于一种无意识状态。但是学习中的行为往往能反映出学习者的真实态度、思维及学习情况，因此从行为数据的角度分析在线学习，能提前告知学习者在学习行为中存在哪些问题并及时改正，从行为的角度跟踪、评价和改进在线学习，能够在很大程度上影响在线学习的效果。

为了更加直观地理解在线学习行为预警的实现，以下设计了在线学习行为预警整体框架（图 5-9）。

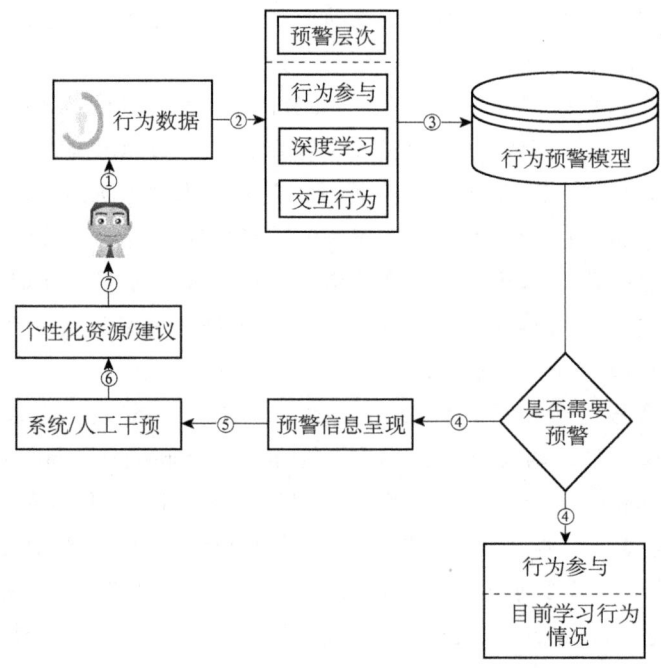

图 5-9　在线学习行为预警流程图

一般而言，在线学习行为预警的具体流程共分为七步。

（1）采集学习者在线学习中的行为数据，数据的采集是在线学习行为预警能够实现的基础保障。

（2）将学习行为数据分为不同种类，从而预警在线学习行为的不同层次，如预警行为参与、深度学习及边缘学习行为。从不同角度对学习者行为进行分析比较，以使行为预警达到全方位、多层次的效果，确保预警更加全面和准确。

（3）按照不同的预警层次确定不同的预警算法，构建在线学习行为预警模型。通过不同的预警算法对行为的不同层次进行分析，判断各层次学习行为是否需要预警。

（4）预警信息或学习情况的呈现。如果需要预警则呈现相应的预警信息，如果不需要预警则呈现学习者目前的学习行为情况。

（5）预警信息推送。预警信息的推送对象包括三类：一是推送给教师和管理者（可以查看所有学生的预警信息）；二是推送给系统；三是直接推送给学生（鉴于有些信息可能会伤害学生的自尊心，所以推送给学生的预警信息只是所有预警信息中的一部分）。

（6）个性化建议的提出及个性化资源的推荐。教师和管理者根据推送的预警信息，人工进行干预，提出适合学习者的个性化建议，并推荐适合学习者的个性化资源；系统根据推送的预警信息结合自适应引擎，可以自动生成适合学生的个性化建议和个性化资源。

（7）将个性化建议和个性化资源推送给相应的学习者。

3. 在线学习情绪预警

从情绪数据的角度分析在线学习，提前告知学习者在学习过程中的情绪存在哪些问题并提供相应的干预措施，能够在很大程度上影响在线学习的效果。情绪测量是情绪预警的基础，只有首先对学习者的情绪进行测量才能了解其情绪状态，从而判断是否需要对学习者进行预警。

目前，国内外已有不少关于情绪测量的研究，测量方法主要包括主观测量和客观测量两种（姜媛和林崇德，2010）。主观测量以自我报告法为主，通过量表来测量学习者的主观情绪体验。Nowlis（1959）和 Watson 等（1985）分别通过编制心境形容词量表（Mood Adjective Check List，MACL）和积极消极情绪量表（Positive and Negative Affect Schedule，PANAS）来测量学习者的情绪。我国中科院心理研究所（李晓明，等，2008）修订的《2012 中文简化版 PAD 情绪量表》、董妍等（2007）编制的《青少年学业情绪问卷》和汤诗华等（2013）编制的《成人在线学业情绪量表（Adult Online Academic Emotion Schedule，AOAES）》，均是通过量表测量学习者的情绪状态。但是，主观测量以学习者个体的主观体验为主，量表的诊断结果容易受到使用者主观性的影响。因此，若在一个项目中多次使用同一个量表，数据质量将难以保证。

客观测量分为生理测量和行为测量两种。有机体在情绪状态下出现许多生理反应，生理测量指根据情绪与生理反应之间的关系，运用各种生理记录仪器把变化记录下来，通过生理反应指标来综合判定情绪。如韩国BIOPIA公司研制的"情感鼠标（Emotion Mouse）"通过检测学习者的脉搏（通过红外线侦测）、体温（通过热感应芯片量取）、皮肤流电反应等方面的变化得知学习者的情绪变化。同时，也可以使用核磁共振成像（functional Magnetic Resonance Imaging，fMRI）或正电子断层扫描技术（Positron Emission Computed Tomography，PET），通过标明血氧水平fMRI的变化或与神经放电相关联的区域脑血流PET的变化来判断学习者当前的情绪。

行为测量主要指通过对面部表情、身体动作、语音特征和文本信息的测量来判断情绪。在面部表情方面，通过面部动作编码系统（Facial Action Coding System，FACS），基于过去面部表情评定工作的总结来制定一个尽最大可能区分面部运动的综合系统，该系统是迄今为止最为精细的面部运动测量技术，能够测量并记录所有可观察到的面部表情。在身体动作方面，Darwin提出躯体行为是个体行为与同类进行情绪沟通而产生的生物演化结果（谢晶，等，2011）。在语音特征方面，Banse等（1996）检验了14种诱导情绪与29种声音变量之间的关系；中科院自动化研究所、清华大学、南京航空航天大学等机构目前正从事情感语音的研究。在文本识别方面，朱祖林等（2011）建立了基于情感权值词典的成人在线学业情绪倾向的测量方法，该方法综合情感计算、社会网络分析、文本挖掘、多元回归分析等技术，分析在线交互文本中蕴藏的学业情绪信息，从而了解成人学习者的在线学业情绪倾向及其影响因素。由此可见，任何一种与情绪有关的身体机能都存在着一定的关联，在对情绪测量模型构建的研究中，应尽可能地采用多种测量方法，以确保情绪测量的全面准确。

基于大数据的一般处理流程，综合视频监控、可穿戴设备、网络爬虫、情感识别、文本挖掘等技术，构建在线学习情绪预警模型（晋欣泉，等，2016）（图5-10）。

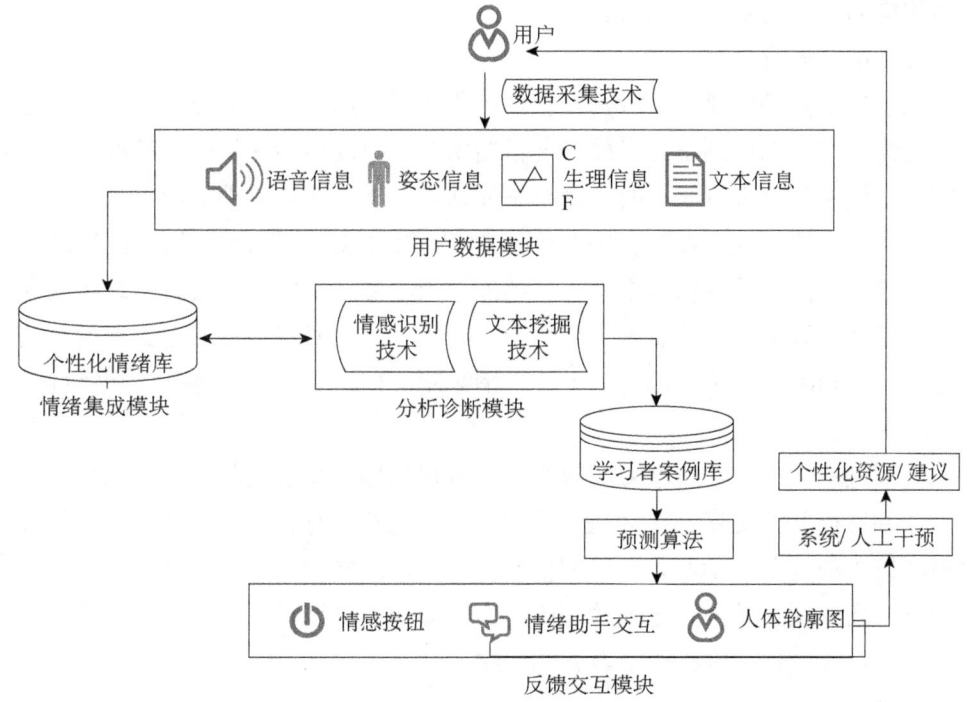

图 5-10 在线学习情绪预警模型

资料来源：晋欣泉，王林丽，杨现民. 基于大数据的在线学习情绪测量模型构建. 现代教育技术，2016（12）：5-11.

（1）用户数据模块

用户数据模块包含在线学习中学习者产生的全部数据，即利用数据采集技术所收集到的学习者的语音、姿态、生理和文本等数据。语音信息主要是指通过视频监控技术采集的学习者的语速、音调、分贝、流利程度和口音等信息；姿态信息主要指从动态图像序列中提取的面部表情、姿势动作、持续时长、频率快慢等物理运动信息；生理信息主要指利用可穿戴设备采集的心率、脉搏和热量摄入等各项生理指标信息；文本信息主要指通过网络爬虫技术采集的学习者发布帖子，在线检索，浏览评价的词汇、句子或文章等信息。

（2）分析诊断模块

分析诊断模块基于 OCC（Ortony Clore Colins）模型，结合情感识别技术、文本挖掘技术对情绪进行测量。OCC 情感模型是以对价值的主观认知的思想为依据，将人的情感进行分类，其定义了 22 种情感，是第一个以计算机实现并发展起来的、目前应用最广泛的情绪模型。该模型将处理后的情绪诊断返回到结果层中，并将相应的数据更新到数据层。

（3）情绪集成模块

该模块主要是构建学习者个性化情绪集成库。通过对不同类型的学习者建立个性化情绪库，以识别学习者的当前情绪状态，提高情绪测量的准确性。当学习者第一次使用系统进行学习时，系统首先通过数据采集技术根据学习者学习时的习惯性面部表情、姿势动作等特征值建立初始化情绪库，根据反馈交互处理信号，将正确诊断的情绪数据输入个性化情绪库。当学习者正常学习时，系统再次通过情绪诊断技术对采集到的学习者特性值进行分析，同时将数据传送到个性化情绪库进行对比判断。学习者也可对个性化情绪库进行访问，查看自己的情绪特征。

（4）反馈交互模块

为了进一步提高在线学习的效果，以可视化形式将情绪的诊断结果呈现给学习者，并进行反馈交互，主动提供学习者需要的新信息，进而缓解在线学习环境中情感缺失的现象。学习者对反馈信息进行操作的同时，还需对情绪变化背后的原因进行新的反馈并实时更新数据库。本模块主要以情感按钮、人体轮廓图、情绪助手等形式直观呈现在线学习者的情绪。

1）情绪按钮

情绪按钮是一个动态变化的面部表情按钮。系统自动优先推送情绪测量出的与其相对应的表情图标，学习者通过鼠标点击情绪按钮进行情绪表情变换，自行选择相适应的表情图标。同时根据用户反馈，对分析诊断技术进行及时更新调整。

2）人体轮廓图

人体轮廓图是一种以最直观形式呈现学习者生理特征情绪波动的表现方式。定位情绪反应活跃异常的学习者，并将其身体部位在一张人体轮廓图上进行标记，可得到相应反馈结果的可视化呈现。增加活跃度的区域进行从黑色到红色再到黄色的颜色标记，而减少活跃度的区域则由越来越明亮的蓝色表示。

3）情绪助手

情绪助手是指系统中根据学习者当前情绪自动采取措施的虚拟人物程序。由于影响消极情绪生成的因素有很多种，因此需要结合OCC情感模型剖析学习者学习特征，分析产生消极情绪的原因。借助情绪助手，系统能够适时自动弹出对话框，与学习者进行交互，判断影响因素并及时进行干预引导，从而加强在线学习情感交互体验。

通过对在线学习者的情绪诊断结果进行分析，若学习者当前为消极情绪状态，系统会自动暂停当前学习任务，并弹出对话框，通过情绪助手以一对一交流的形式询问学习者当前情绪状态不佳的原因，对其采取相应措施进行适当调节，如推送个性化的学习资源，以提升学习者的学习兴趣；提供教育娱乐游戏，以激发学习者的积极情绪；选择退出在线学习活动进行适当的休息，以提高学习效率。若学习者当前情绪状态良好，系统则会采取即时正向强化措施，如提供奖励机制、在线学习群体交流讨论等。

三、多模态学习分析

多模态学习分析（Multimodal Learning Analytics，MLA）是按照人的多重感知模式分析测量生物数据，以同步处理被试者不同模态的数据，如同步记录和分析眼球运动轨迹和关注焦点、脑电和事件相关电位、心电、肌电、皮肤电等生理信号。多模态整合分析可以使实验结果更加客观和全面，能够更深入地揭示学习者的信息感知和认知加工规律（Merceron，et al.，2016）。

多模态数据是指对于同一现象、过程或环境，采用多种方式获取的相关数据。多模态数据一个重要的性质是互补性，任何一种模态的数据都能提供关于某一现象或过程的部分解释，而这些信息从其他模态的数据中是无法获得的，利用多模态数据可以实现多种学习分析（如图5-11）。

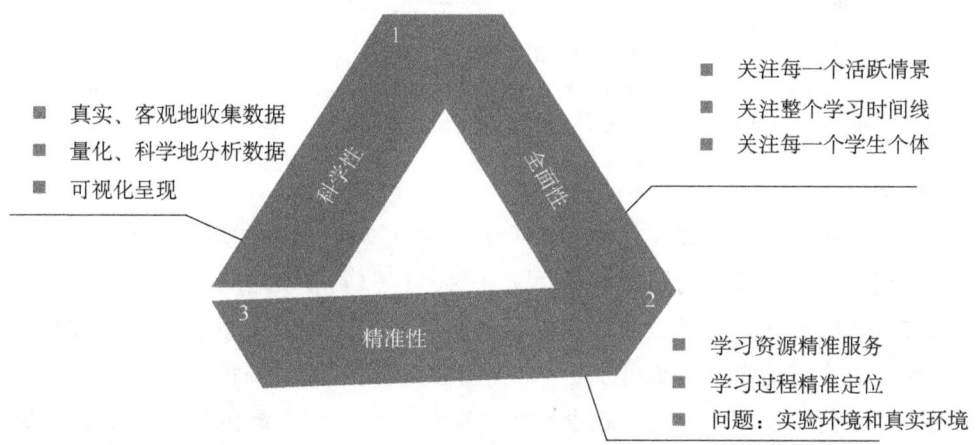

图 5-11　多模态学习分析的特点（吴永和，2017）

（一）以教师为导向的多模态和情境情感仪表板

学习者的情绪数据对提升学习效果有至关重要的作用，同步在线学习环境中将学习者的情绪可视化处理，能够帮助教师建立和保持与学习者之间的社会情感关系。情感分析的多模态数据收集可通过学生学习的自我报告、视频、音频、交互轨迹四个方面来获取数据，建立以教师为导向的多模态和联系上下文的情感仪表板（Ez-Zaouia et al.，2017）。

　　Ez-Zaouia等依托实时交互的Speak Plus学习平台开展有关的外语研究实践，教学者通过平台和学习者进行实时交流，及时解决学习者的问题。在使用过程中，师生的交互行为会产生各种数据，平台会基于不同的线索和非侵入性的设置，利用异构API标准对采集到的数据进行情感分类处理（图5-12）。

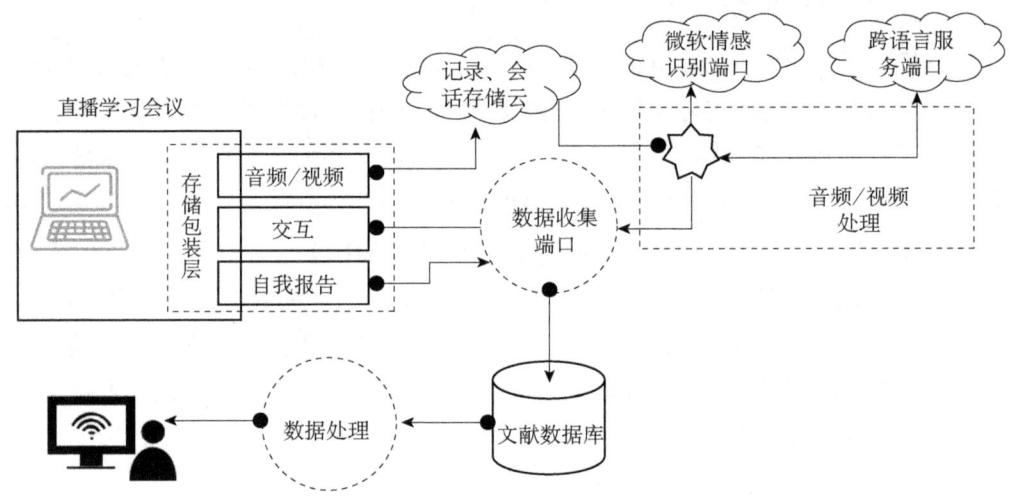

图5-12　情感仪表板总体架构

资料来源：Ez-Zaouia M，Lavou，Elise. EMODA：A Tutor Oriented Multimodal and Contextual Emotional Dashboard. International Learning Analytics &Knowledge Conference. Vancouver：ACM，2017，429-438.

1. 自我报告

　　该研究开发了一个交互式的界面，学习者可以利用空间和离散的方式，在学习之前和之后表达自己的情感。空间交互界面有一个情绪地图工具，它提供了二维的方格区域，学习者可以通过点击它表征自己的评价值（通过打分的形式表达不同程度的情感反应）和唤起程度（外界对象对自我的刺激程度）。圆锥梯度形式运用四种颜色代表四个层次：正性和负性的评价值分别由绿色和红色表示，高唤醒和低唤醒分别由蓝色和黄色表示。平台可通过鼠标悬停事件跟踪和显示鼠标的位置。自我报告中学习者的情绪能通过方格区域底部的镜像条形图正确反映出来。

2. 视频

　　学习视频可以记录在平台上，每次会话都可能有一个或多个归档文件夹，每个存档文件夹包含两个文件：一个用于学习者流，另一个用于教师流。当需要分析视频时，研究者可以采用基于快速转换（fast forward，FF）视频标准解码器的算法进行提取。对视频进行结构化处理后，调用微软情感识别端口（Microsoft emotion recognition service application programming interface，MS API）标准对视频中提取的情感数据分类存储，并返回相关的情感得分。如果返回值为空，则表示没有检测到人脸。

3. 音频

音频分析采集只保存学习者的音频序列，其对音频进行结构化处理后会调用跨语言服务端口（beyond verbal service application programming interface，BV API）标准分析，并返回情感数据得分。如果返回值为空，则表示没有检测到音频。

4. 交互轨迹

研究者会跟踪教学者和学习者在 Speak Plus 学习环境下的所有操作行为，如教师对学生的肯定、纠正，学生的疑惑、问题。教师和学生可以实时对话检验学习效果，教师的反馈可以帮助学生提高学习效率。这些交互数据可以透视学生的情感数据。

对四个维度的数据进行分析能可视化情感数据，形成情感仪表板。情感仪表板中主要有三种数据，一是总体信息，呈现学习过程中学习者主观和客观的情感数据；二是时间轴信息，主要是学习活动中集成的上下文的学习会话；三是时间段信息，在固定的时间轴片段中，呈现学习者正面和负面的情绪。教师在这个过程中起主导作用，通过多通道的丰富数据，结合视觉分析工具，给学生及时的反馈。教师可以获取每个学习者的情感数据，通过对数据的分析，找到学生的问题，制订合理的教学计划，实现学生的个性化学习。

（二）基于多模态学习分析的学习脉冲

学习脉冲是一种机器学习方法，通过使用多模态数据来预测学生自我调节学习的表现。即通过收集和分析学生的心率、所走的步数、当时的天气情况、学习活动等来预测学生的自我调节学习的表现（Mitri, et al., 2017）。学习脉冲对学习分析的主要贡献是可以在自动化多通道数据采集过程中，列出分析的主要步骤，为学习提供个性化的反馈，提高预测的准确性和干预的及时性。

Daniele. Dimitri 等研究者设计了学习脉冲实验，实验对象是九个博士生，数据源是博士生产生的 10 万条多模态数据集。该研究基于机器学习算法原理，利用一个新型的方法实现预测应用。实验使用数学函数 f 方程表达，$y=f(X)$，其中 X

是一个变量,包括学习经验、学习行为等要素,y是一个特定的学习结果。通过使用这种方法,需要确定三个元素:调查的范围(学习情境)、通道数据(输入空间)、学习结果预测(输出空间)。

学习情境建立在自我导向学习的前提下,学习者可以自主学习,监控、调节、控制自己的认知、动机、行为,通过设定目标,积极参与学习活动,驱动自己实现学业成功的目标。当自主学习者决定自己的学习目标和学习需要的活动时,学习脉冲的分析指标也会异于普通的课程评价。

输入空间可以理解为在数字和物理环境内,随着学习时间的迁移,学习事件的发生顺序(图 5-13)。数字空间是指笔记本电脑、智能手机或平板电脑等数字媒介形成的学习环境,数字化的学习使收集数据和跟踪学习轨迹更加容易。物理空间是指读书、讨论等传统的学习环境,未涉及数字设备的使用。

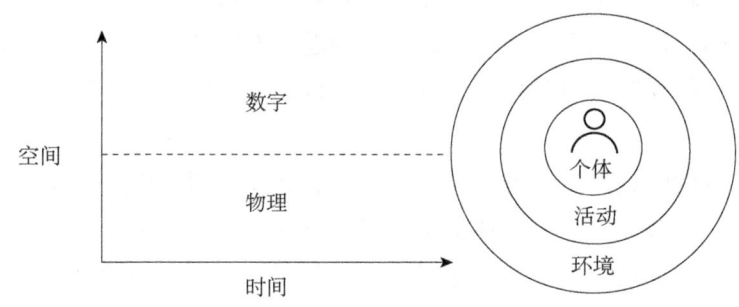

图 5-13 输入空间划分维度

资料来源:Mitri D D,Scheffel M,Drachsler H,et al. Learning Pulse:A Machine Learning Approach for Predicting Performance in Self-Regulated Learning Using Multimodal Data. Vancouver:ACM,2017,188-197.

预测模型的输出空间是学习结果的呈现,输出结果对区分学习的成败至关重要。

实验选取的研究对象是来自荷兰开放大学的9名博士生(5名男性,4名女性),平均年龄在25~35岁,有不同的学科背景,包括计算机科学、心理学和学习科学等。博士生学习经验丰富,自主学习能力强,对研究有强烈的参与动机。研究者为所有参与者提供了携带式雷达和安装了跟踪软件的笔记本电脑,其能够收集一些敏感数据。为了保护隐私,个人数据被编成 1~9 号匿名存储。实验总计为 8 周,分为三个阶段,第一阶段是预测试,对系统基础设施进行功能测试,介绍实验设置和研究目的。第二阶段是培训,历时三周,对参与者每小时进行活动评级。第三阶段是验证,休息两周后再利用持续两周的时间进行验证,目的是比较预测性能指标与实际额定值并确定预测误差。学习脉冲的指标有四个,包括应激、生产力、挑战和能力。研究者对学习者早上 7 点到下午 7 点之间的学习行为进行评价分析，从而得出多模态的数据对学习结果的影响程度。

实验分为三个步骤，首先是收集生理数据。腕带可以测量学习者的心率值和步数。心率值是连续的时间序列，也被称为固定事件，步数每分钟的更新是随机事件。其次是学习活动的数据收集。参与者的学习任务是多样的，活动发生的平台也是不同的，其中包括应用软件、网站、网络工具等，这些数据可以通过安装在电脑里的采集软件获取。监测工作完成效率可以用 Rescue Time 工具管理，它可以每五分钟传输一次学习行为（通过 API 规范达到的最大细节级别）到一个专有的云数据库，其中包含学习者正在使用的应用程序的数组，以秒为单位进行加权。最后是收集学习环境数据。研究者跟踪与学习有关的室内周围的信息环境，如测量光照强度、湿度和温度，从而结合这些天气信息，判断环境对学习结果的影响。

研究者将采集到的不同的数据源组合到中央数据存储中，并对数据进行实时处理。图 5-14 是学习脉冲系统架构，其分为应用层、控制层、数据层。顶层为应用层，它将所有服务进行组合，终端用户界面包括携带式雷达和 Rescue Time 应用程序等第三方传感器。活动评分工具（activity rating tool，ART）处于同一个等级。

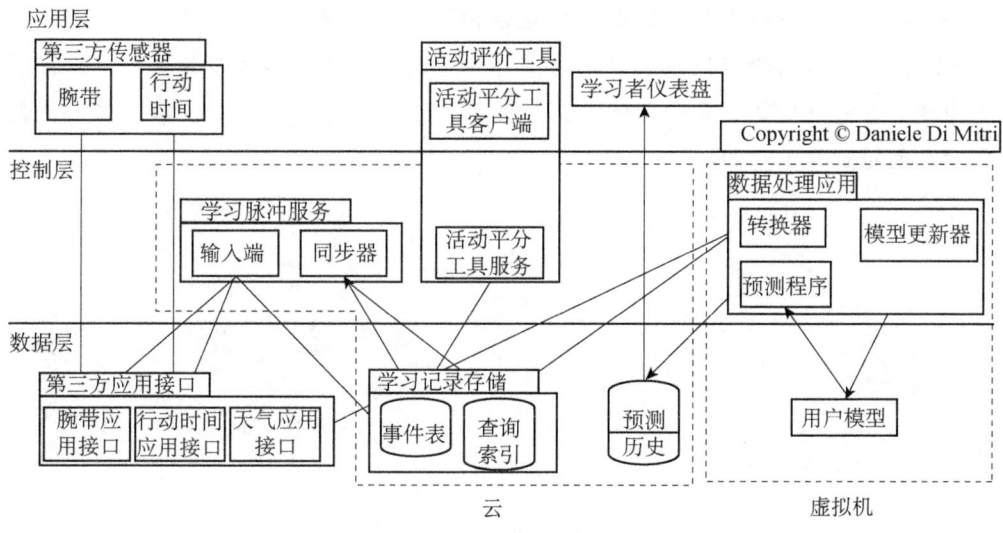

图 5-14　学习脉冲系统架构

资料来源：Mitri D D，Scheffel M，Drachsler H，et al. Learning Pulse：A Machine Learning Approach for Predicting Performance in Self-Regulated Learning Using Multimodal Data. Vancouver：ACM，2017，188-197.

中间为控制层，将应用程序的后端组件集合起来。该软件在两个服务器基础架构上运行：云和虚拟机。学习脉冲服务器是运行在云端运行的脚本软件，负责从不同的 API 输入数据并将其存储到学习记录存储中。活动评分工具服务也运行在云端，主要负责连接用户界面与数据库。数据处理服务器在虚拟机上运行，实施后期处理操作，包括数据转换、模型转换和预测。

底层为数据层。第三方服务器使用自己的 API 接收学习脉冲服务定期查询。学习记录存储是基于云的数据库，由事件表和一个大的查询索引组成，收集所有参与者的学习经验数据。

利用学习脉冲对多模态数据进行分析时，需考虑每一个学习者的数据，区分固定和随机效应，对评估测试产生的预测精度差要根据实际情况做出实时调整。

专栏 5-2　　人工神经网络模型及其在教育中的应用

1. 人工神经网络简介

人工神经网络（Artificial Neural Network，ANN）模型是由大量简单的高度互连的处理单元（神经元）所组成的计算模型。人工神经网络的产生受人脑结构的启发，一定程度上反映了人脑功能的若干基本特征，是模拟人工智能的一条重要途径，也是人工智能的重要工具之一。与人脑相仿，人工神经网络获取的知识是从外界环境中学习得来的，同时利用互连神经元的连接强度（权值）存储获取的知识。神经网络的学习过程就是用特定算法不断修改各连接强度的数值，从而使得神经网络可以模拟所需的功能和函数关系。图 5-15 是人脑神经元和人工神经网络神经元的简单示意图。

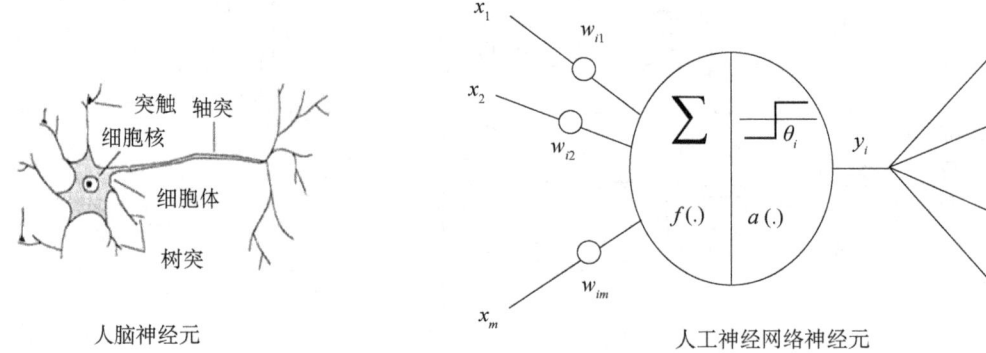

图 5-15　人脑神经元与人工神经网络

人工神经网络模型可以被应用在监督式学习（Supervised Learning）与非监督式学习（Unsupervised Learning）中，其中监督式学习应用更广泛。传统的人工神经网络可以分为前馈神经网络、反馈神经网络及自组织神经网络等。前馈神经网络只在训练过程会有反馈信号，而在分类过程中数据只能向前传送，直到到达输出层，层间没有向后的反馈信号。感知机与反向传输（Back Propagation，BP）神经网络就属于前馈网络。反馈神经网是一种从输出到输入具有反馈连接的神经网络，其结构比前馈网络更复杂。典型的反馈型神经网络包括 Elman 网络和 Hopfield 网络。自组织神经网络是一种非监督式学习网络。它通过自动寻找样本中的内在规律和本质属性，自组织、自适应地改变网络参数与结构。

近年来深度学习（deep learning）神经网络被提出并且越来越受到重视。该类神经网络通常包括多层结构，从低到高、等级渐进地进行特征学习（feature hierarchies），最终达到解决复杂问题的能力。图 5-16 展示了一种基于长短期记忆（long short-term memory，LSTM）网络单元的深度递归神经网络示意图，图中模型的隐含层共有两层。预测模型的输入是各数据特征向量，并且特征向量按照时序的前后关系构建。例如，假定 FT 与 RT 是两类关键影响因素的数据特征在 T 时刻的数值（比如学习者的认知能力值与学习专注度值），则实际的输入特征向量应包括 $T-1$ 时刻、$T-2$ 时刻等历史时刻的相同数据特征，从而组成输入特征向量。图 5-16 右侧给出了 LSTM 单元的基本结构。

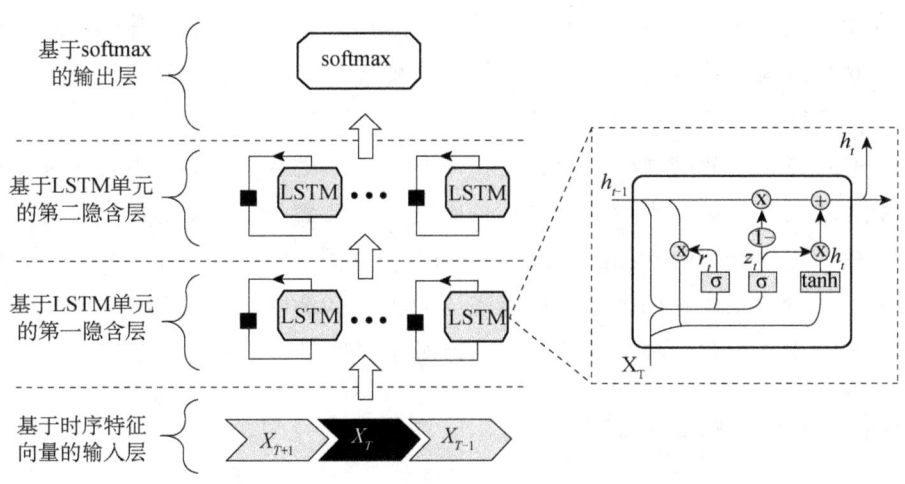

图 5-16　基于 LSTM 单元的深度神经网络示意图

简单来说，LSTM 单元包含一个尝试将信息储存较久的存储单元。这个存储单元的入口被一些特殊的门神经元所保护，被保护的功能包括保存、写入和读取操作。存储单元的输出通过各个门神经元进行调控并作用于下一时刻。利用这种结构可以有效地解决深度神经网络训练中的梯度消失等问题。

2. 人工神经网络在教育中的应用

人工神经网络尤其是深度神经网络在教育领域的应用涉及以下几方面。

（1）教育大数据的建模与分析：针对学生知识测评数据、行为数据、能力数据、健康数据、日常表现数据、兴趣偏好数据等，利用神经网络的非监督式与监督式学习算法，进行学习者个体与群体建模与分析，从而进行资源推荐、预警与干预等。例如 Amirkabir University of Technology 利用人工神经网络对学校的课程进行优化安排。台湾国立彰化师范大学利用多层人工神经网络，为学生推荐课程并帮助其完成在线选课等活动。

（2）教育教学中的图像视频分析：神经网络模型能够显著提升图片、视频分类与标注的准确性，因此被广泛应用到教育教学中。例如阿凡题公司利用深度神经网络模型和光学识别技术推出的手写公式拍照计算器可以识别手写体或印刷体的数学公式，并进行复杂计算；利用深度神经网络模型对手语进行识别，为聋哑学习者的在线学习提供有力支持；融合视频和音频等多模态信息对教学视频中教师授课的生动与否进行判断。

（3）教育领域的自然语言处理：自然语言处理是人工智能中的传统领域，也是与人工神经网络研究最为相关的应用领域之一。例如，基于深度神经网络模型的语音识别技术被用来帮助学生进行外语口语训练和测试；基于神经网络模型的机器阅读理解模型被应用于机器自动评分与机器自动出题等方面。

（4）新型学生模型：学生模型主要用来对学习者的学习状态进行分析和预测，从而为自适应学习的实现提供理论与技术基础。深度神经网络模型近年来被引入该领域，被用来改进各类学生模型，例如美国斯坦福大学的学者提出了基于深度知识点追踪（Deep Knowledge Tracing，DKT）模型，用来帮助并拓展现有的知识跟踪模型。相对于传统的基于贝叶斯理论的模型，该模型可以有效捕捉学习者的长周期复杂动态变化特征，从而更准确地对学习过程进行分析和预测。

四、嵌入式和提取式分析

嵌入式和提取式分析（Embedded and Extracted Analytics）是分析在线讨论数据的两种不同的方法（Wise, et al., 2014）。嵌入式分析是指通过融入学习环境来分析学习者的在线讨论痕迹、监控学习者的互动，教师可以实时指导学生更好地适应学习活动。这种分析方法的优点是可以无缝监控学生的学习活动。提取式分析是指将学习者和学习活动作为独立的单元，教学者对学习者需要强化的部分和存在的问题加以分析，制定个性化的措施向学习者提供适当的指导，进而整合到学习活动中，促进学习的高效开展。嵌入式分析注重分析学习者、学习环境等相互作用的整体，提取式分析则着重分析整体中的某个元素，如学习者、学习活动等。

（一）嵌入式分析

嵌入式分析可以为学生提供实时活动的信息。利用嵌入式分析方法时可以采用"星爆式论坛"，它是一种双曲线（径向）树状结构，学生从中可以看到讨论的结构和评论的位置。帖子被缩放成不同的形状，由直线连接，每个形状显示学生的答复。当点击一个帖子主题时，此形状被放至最大并移动到图像的中心点，其他的形状围绕在其四周。

对于每个参与讨论的学生来说，三角形是最新的帖子，正方形是旧帖，五边形代表原始帖子。这种形式的设计原理优于传统的线性文本呈现形式，它可以描述学生先前有目的的阅读、回复、讨论的能力。相关帖子之间的简单导航可以为评论提供便于理解的上下语境。根据小组讨论开始的路径和学生个体参与的程度，星爆式论坛可以提供嵌入式的听、说等行为的可视化分析。从小组层面来说，树状的呈现形式允许学生查看讨论的结构，学习者可以看到有多少种不同的观点、自己与这些观点的距离及每个观点的深度。除此之外，学习者还可以查看帖子被关注的程度。如图 5-17 所示，标签"迁移……?"没有继续展开，说明学生对这个主题不感兴趣或没有讨论的欲望，放弃了进一步的研究。

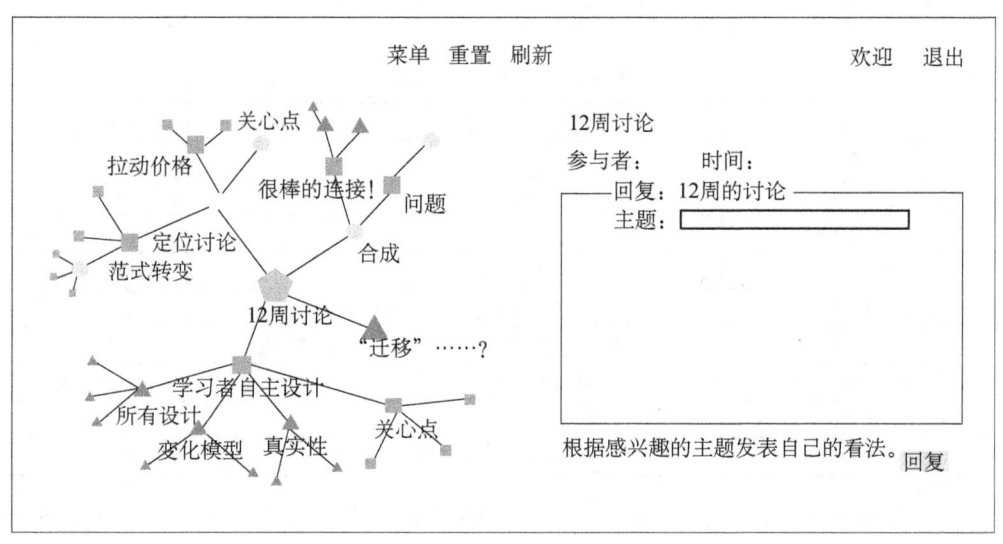

图 5-17　星爆式讨论工具分析图

三角形和正方形的标注可以帮助学习者便捷地追踪他们已经讨论过的和没讨论的帖子。如图 5-17 所示，学生最大程度地参与了左上的讨论，适度地参与了右上的讨论，最低程度地参与了底部的讨论。根据目前的应用，研究者把活跃的学习者的帖子标注为圆形。按照这种方式，研究分析了学生参与讨论的贡献程度，包括数量（在总体数量中的高或低）、宽度（分布在整个讨论中的范围）和强度（对特定主题的多元投入）。

（二）提取式分析

提取式分析可以追踪学习者口语和听力的活动轨迹并可视化呈现。提取式分析的指标选择是尤为重要的，它可以减少分析的干扰因素。首先，所选择的指标要有利于学生理解，它和嵌入式分析应该是互补的而不是重复的，两者指标数量的帖子是可视的。其次，提取式分析帖子的总量应显著低于嵌入式分析的数量，文章阅读的度量百分比是相似的，均用红色和蓝色的球体标注。

对提取的数据进行处理需要使用一个 MySQL 的工具包。首先，从论坛中提取日志文件和发帖表格，形成一个单一的电子表格文件，文件列出每个学生的行为，包括操作类型（帖子视图、创建帖子、编辑帖子、删除帖子）、日期戳、用户执行操作 ID、发帖 ID、帖子长度、创建用户的 ID。其次，系统根据学生参与学习活动的表现，定义学生相应的行为，确定可以提取的符合标准的数据（表 5-4），使参与讨论变得有意义。最后，系统会根据学生的总体表现调整学习者的学习形式，进而使学生更好地融入活动中。

表 5-4 讨论参与的指标

指标	含义	参与标准
参与范围	学生的参与跨度	时间分布
会话数量	学生参与讨论次数	时间分布
帖子会话百分比	学生会话数量/个人会话数量	时间分布
会话平均长度	讨论总时间/个人会话数量	时间分布
帖子数量	学生参与讨论帖子的总数	会话数量
帖子平均长度	学生帖子单词总数/个人帖子单词数量	会话数量
读帖百分比	学生阅读特定帖子数量/他人讨论帖子总量	听力广度
自己帖子评论数量	学生重读之前写的帖子数量	听力反射
他人帖子评论数量	学生重读他人之前评论帖子数量	听力反射

学习者在线学习讨论的操作记录通过视图的形式呈现在学习社区，可以作为自我审查、辅助提升的重要方式。

有效的学习分析干预过程不是简单地给学习者提供设计指标,它需要建立一个课程活动目标和期望的框架。分析干预的设计基于集成、多样、反思及对话的原则,能够帮助学生理解在线讨论中明确提出的教学目标,预估学生讨论的目的、学生参与的数量、讨论质量和讨论时间,发布帖子的广度、深度及对他人帖子的关注程度。对于嵌入式分析,教师作为参与者指导学生,可以为其提供更多的支持;对于提取式分析,教师通过学生在线学习情况,会为每个学生列出一个图表用来描述每个指标的完成情况,并对学生的行为做出评价,以期学生能够加强或者改善目前的学习行为。

第二节 数据挖掘技术在教育教学中的应用

随着教育信息化的推进,教育领域积累了海量复杂的教育教学数据。而在实际的教育系统中,由于对数据间的内在关联把握不足,数据的潜在价值远没有得到有效的发挥,"数据爆炸、知识贫乏"成为了当前教育面临的重大挑战。数据挖掘(data mining)技术作为从海量数据中提取信息的有效手段,可以对观测到的数据集进行分析,从而发现数据背后隐藏的内在关联等重要信息,找出被忽视的关键要素,帮助教育工作者进行科学的教育教学决策。本书主要对聚类分析技术、分类技术、离群点检测技术、关联规则挖掘技术和序列分析技术在教育教学中的应用进行具体的分析和探讨,总结各种技术在教育教学中的应用框架,剖析技术应用流程,辅以案例对技术的应用进行详细介绍,期望能为教育教学中的数据挖掘应用提供参考。

一、聚类分析技术在教育教学中的应用

(一)什么是聚类分析技术

聚类(clustering)是数据挖掘领域最常见的分析技术之一,用于发现数据库中未知的对象类。聚类的目标是在没有任何先验知识的前提下,根据数据的相似性将数据聚合成不同的簇(或类),使得相同簇中的元素尽可能相似,不同簇中的元素差别尽可能大,因此又被称为非监督分类(unsupervised classification)。目前主流的聚类分析有划分方法、层次方法、基于密度的方法、基于网格的方法、基

于概率模型的聚类、聚类高维数据、聚类图和网络数据、具有约束的聚类（Han Jet al., 2012）（图 5-18）。

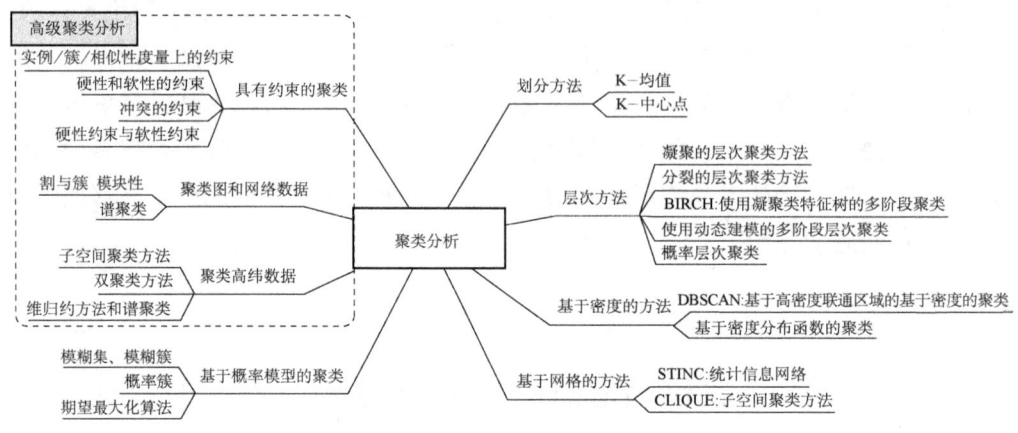

图 5-18　聚类分析方法的分类

（二）聚类分析技术在教育教学中的应用框架

聚类分析作为一种重要的数据挖掘技术，在教育教学中有着广泛的应用。根据聚类对象的不同，可以将教育领域的聚类分为对学习者、教师、研究文献、教育资源、教育平台、教育机构、地区的聚类，其分析结果的应用也涉及教育政策的制定、教育资源的均衡配置、学生的个性化学习、学校的差异分析等方面（表 5-5）。

表 5-5　聚类分析方法在教育教学中的应用框架

聚类对象	应用数据	分析结果应用
学习者	学习者个人信息及标准规定采集的基础信息、在线学习行为、在线学习路径、资源使用等数据	学习需求分析、预测、不同类型学习行为特点和规律分析、个性化教学、资源推送、分层教学等
教师	教师基本信息、科研成果、爱好、行为轨迹、教学历程数据	资源推荐、教师教育培训、教学质量评价、科研能力评估等
研究文献	某研究领域相关的文章、政策、科研成果、最新消息等	研究热点、研究趋势、某教育关注点的走向
教育资源	资源类型、大小、格式、清晰度、点击率、所属领域	劣质资源过滤、优质资源筛选、个性化推送、资源自动聚合
教育平台	平台访问量、访问路径、类型、注册率、用户Web日志、用户数据	平台的分类、评测、优化、管理
教育机构	学校类型、硬件配置、教师规模、教学成果、学科建设、科研经费、科研产出、社会服务、企业类型、产品、地域位置、规模	学校差异性对比、一流学校的潜在特征分析、教育产品分析、机构分布情况、优秀教育机构规律特征梳理
地区	地区教育资源、师资、人口受教育程度	均衡资源配置、制定教育政策方案、比对地区教育差异

1. 学习者聚类

根据学习者的数据信息，将其所在的学习群体进行科学聚类、分组，研究各组的特征及学习规律。目前学习者聚类主要用于学习需求分析、预测，不同类型学习者的行为特点和规律分析，进而实现个性化教学和学习资源的精准推送等。应用到的数据主要包含标准规定采集的学习者基础信息（姓名、学号、成绩、专业、年龄等）、在线学习行为（浏览信息、错题记录、在线讨论、发帖、答疑等）、在线学习路径（访问方式、页面、时间、浏览路径、资源访问顺序等）、资源使用情况、课堂学习行为等所有与学习者有关的学习和生活数据。比如，对学生在网络学习平台中的登录频次、进入课程频次、课程讨论区交互频次、阅读课程通知频次、阅读课程资源频次等数据进行聚类，可以按照网络学习行为活跃度将学生分为"活跃型""中度活跃型""非活跃型"三类群体，并对这三类学习群体采用不同的在线教学策略。

2. 教师聚类

教师聚类一方面可对教师的基本信息及教学历程、经验等数据进行聚类，如对教师的教龄、科研成果、工作时长、行为轨迹、教学经历等数据进行聚类，可以对教师的教学及科研做出评估，发现优秀教师的共性和工作规律及特征，以便对教师的教学反思与教师培训做出指导；另一方面主要针对教师的个人在线数据进行聚类，包括教师在网络教学平台上的教学资源浏览、教学培训参与情况等数据，通过聚类分析可以实现教学资源的精准推送及教师群体的差异性研究。例如基于教学资源的教师聚类可以通过教师对教学资源的浏览频次、内容、评价、观看情况等，将同一主题、检索字的教师自动聚类，并直接应用于教师教育资源的推送（蔡莉和魏云刚，2010）。

3. 教育资源聚类

教育资源的聚类可以通过资源的属性（类型、大小、格式、语种）、资源的分类（媒体素材、图库、试卷、课件、课程）、资源标题、资源内容、标签、关键字、费用、版权等数据设置科学的聚类模型算法，进而实现劣质资源的自动淘汰、优质资源的优先提取、学科资源的自动聚合及资源的个性化推荐等智能性服务。对于管理者而言，通过资源的聚类分析，可以直观地看到资源使用率的变化情况，以便实现更好的资源管理。如研究者可以对某网络平台的在线课程进行聚类，分析点击率高、用户评价讨论较多的资源所具备的特征，提取优势特点，进而对在线课程开发者做出科学指导，或者关注那些点击率低、评价较差的资源，分析资源存在的不足，对在线课程开发者提出有针对性的改进意见。

4. 研究文献聚类

文献聚类是将聚类视为一种文献分析的方法，可以用来追踪某个领域的研究热点及主要研究对象，一般来说文献分析中最常见的是共词聚类。共词聚类分析是内容分析法的一种，其分析法的运算过程主要是两两统计主题词在同一篇文献中的出现频率，以词对频率为统计对象，采用聚类算法的数据挖掘方式，把词间关系密切的主题词聚集成类，形成一个个类团。在共词聚类前一般会先利用词频分析来提取文献中的关键词，进一步筛选出高频关键词实现聚类（张豪锋和李海龙，2011）。通过聚类分析可以获取某个研究领域的相关性，即可对当前研究领域加以归类分析，明确研究的发展方向。

5. 教育平台聚类

教育平台的聚类一方面可将单个的教育平台视为聚类对象用作网络教学效果的评价，例如，收集网络教学平台中学生的学习结果数据（各学科的学习成绩及网络学习中的表现），聚类发现某个高分成绩的学生群体最大的共性是他们都是由经验丰富的骨干教师来授课，这类教师往往能够比较充分地利用现有的网络资源将网络教学效果最大化（李富英和熊卫卫，2017）。另一方面，可将多个教育平台作为聚类对象，例如，收集各个平台的点击率、流量、类型、用户特征、访问频率等数据来对现存的网络教育平台进行聚类分析，以便了解当下教育平台的分类与特征，研究优质平台的共性、平台标准的制定和质量评测等。

6. 教育机构聚类

教育机构的聚类可以以个体学校为单位通过对校内的数据进行聚类，发现学科或专业间的差异与关联、学院之间的教师分配情况等，从而了解校内教育教学现状，制定相应的教育教学对策。此外，可以以整个学校为单位的教育实体为聚类对象，通过对学校类型、硬件配置、教师规模、教学成果、学科建设、科研经费、科研产出、社会服务等学校机构代表性数据的分析实现学校差异性对比、一流学校的潜在特征分析（王传毅和查强，2016）。教育企业是国家教育领域的重要分支，不同企业具有不同的教学特色并且专注于不同的教育产品生产和教学研究。通过对企业的机构类型、产品、地域位置、规模、面向对象等数据的分析实现全国或某个区域内的教育企业聚类，帮助研究者了解教育产品及机构的分布情况，分析优质的教育企业运营特征，为当下的教育企业做出指导。

7. 地区聚类

地区聚类主要以地区的教育数据为聚类对象。通过对地区教育资源、师资、人口受教育程度、各类学校数量等区域性数据的聚类，分析各地区的教育发展水平、教育模式、教育资源分布，进而比对地区教育差异，制定教育政策方案，以实现教育资源均衡配置，提高教育综合水平等。

（三）聚类分析技术在教育教学中的应用过程

随着教育大数据研究的发展，聚类分析在教育教学中的应用也逐渐丰富，研究者往往根据数据的类型、数量及变量类型来选择最适合的聚类方法。聚类分析技术在教育教学中的应用一般需要经过以下五个流程（图 5-19）。

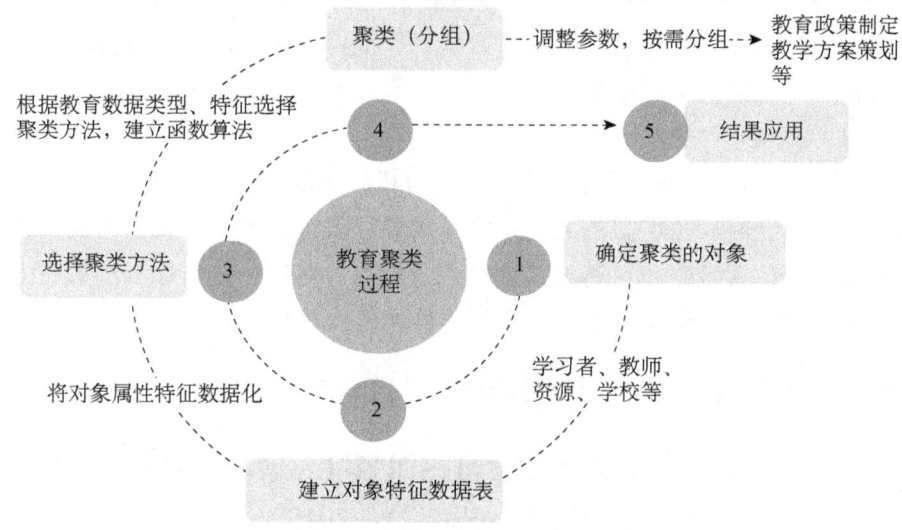

图 5-19 聚类分析方法在教育教学中的应用流程

1）确定聚类的对象。包括学习者、教学者、教育资源、教育平台、文献、学校、教育企业、地区中的任何教育数据，聚类对象的选择取决于研究者的需求。

2）建立对象特征数据表。在确定所要聚类的对象之后需将对象的属性特征数据化。简单来说就是将聚类的对象用数据描述出来，例如，对学习者而言，根据聚类的需求划分数据的边界，最终形成一个学习者特征数据表，可能会包括学习者的年龄、学业成绩、专业等一些与研究内容相关的数据。一般来说，这些数据能够代表聚类对象在研究范围内典型的属性特征，数据粒度越细化越具有代表性，聚类也会更加精准。

3）选择聚类方法。根据对象数据的类型、结构、数量可以选择合适的聚类方法，同一个研究对象可能会因为数据体量结构的不同而使用不同的聚类方法，每一种聚类方法也都有其优势（张静，2014）（表5-6）。比如，对网络平台日志中的学生信息进行聚类可以采用 K-means 方法，将学生按照相似度进行聚类，随着学习活动的开展，学习记录不断增加，每隔一段时间可以对学生进行重新聚类。

表5-6 常用聚类分析方法优势分析（张静，2014）

聚类类型	优势分析
层次法聚类	适用于不同粒度上多层次的聚类结构
网格聚类	有较强的计算优势
划分聚类	在处理聚类个数固定的聚类上有着明显的优势，而且偏好球型的聚类
模型聚类	适用于已知数据分布的聚类
基于密度的聚类	适用于形状任意、数目不确定的聚类，有消除噪声的作用

4）聚类（分组）。当选择好聚类方法之后便可以利用已有的数据对对象进行聚类分析。一般来说常用的聚类分析软件主要有 Spss、Matlab、Excel、Eviews、Weka、R 软件等。

5）结果应用。结果应用指的是对聚类分析结果的解释及应用。一方面，聚类后的对象组内会有较为明显的共性，组间的差异较大，根据需要可将某一组数据作为研究分析的对象，也可将这几组对象进行差异对比，分析原因。另一方面，组间也可以通过差异分析来了解整个聚类群体的发展现状。

(四) 聚类分析技术在教育教学中的应用案例

案例1：基于移动学习感知变量的远程学习者聚类研究（王晓晨，2013）

该研究调查了 3612 名远程学习者在移动学习方面的特征表现，通过问卷调研的形式来获取学生的基本特征（性别、年龄、学历、学习方式、求助方式）和移动学习感知的数据（有用性、感知易用性、态度和使用意愿、感知娱乐性、网络外部性、感知风险性）。邀请相关领域专家依据经验，选择出用于聚类的三个变量：学习方式、求助方式和移动学习感知，并采用聚类分析的方法将学习者分为上进型、群体型和焦虑型三种类型。最后，在此基础上结合访谈调查法，该研究探讨了面向学习者类型特征开展差异化移动学习者支持的层次和示例。

研究发现不同类型学习者对服务期望层次的要求有显著区别。上进型学习者对学习支持的需求明显少于群体型学习者和焦虑型学习者,但其对学习支持要求很高;同一个学习支持对于某类学习者来说可能是必需的可接受服务,而对于另一类学习者可能可有可无;同一项服务对于某类学习者来说是渴望服务,而对于另一类学习者是可接受服务(表 5-7)。实践过程中,可依据各类型学习者的典型特征表现,提供不同层次、不同种类的移动学习支持服务。

表 5-7 不同类型学习者对学习支持的期望

类型	典型特征	可接受的学习支持	渴望的学习支持
上进型	特征非常有利于学习开展,1. 对移动学习的认同感高;2. 学习效能感高;3. 内部学习动机强;4. 大多数体验过手机上网	促进深层次学习,如 1. 相关技术的中/高级应用;2. 激发学习反思;3. 增强知识的实际应用;4. 学习策略、方法指导	丰富学习体验,如 1. 推送学伴;2. 推送更多的扩展信息;3. 增加协作学习元素;4. 引导思维拓展
群体型	特征比较有利于学习开展,1. 认同感、效能感一般;2. 依赖性强,喜欢结伴;3. 不抵触技术,但不自信;4. 部分体验过手机上网	丰富学习体验,如 1. 推送学伴;2. 情感链接消除学习孤独;3. 增加协作学习元素;4. 相关技术的基本应用	促进深层次学习,如 1. 相关技术的中、高级应用;2. 激发学习反思;3. 学习策略、学习方法指导;4. 推送更多的扩展信息
焦虑型	特征对学习开展充满挑战,1. 认同感、效能感差;2. 外部学习动机强;3. 怀疑并抵触新技术应用;4. 基本没有手机上网体验	学习开展、丰富体验,如 1. 相关技术的基本应用;2. 学习策略/学习方法指导;3. 推送学伴(上进型);4. 增强知识的实际应用	深层次学习、丰富体验,如 1. 情感链接以消除学习孤独;2. 增加协作学习元素;3. 激发学习反思;4. 推送更多的扩展信息

案例 2:K-均值算法支持的优质网络学习资源筛选方法研究(叶海智,2014)

该研究选取河南省高校教育信息工程技术研究中心研发的精品资源共享课公共服务平台(以下简称"平台")为测试环境,通过聚类等一系列算法来实现优质网络学习资源的筛选。具体方法可描述为以下两步:第一步,运用 K-均值算法对网络学习资源进行分类;第二步,以各分类的聚类中心为代表,对聚类结果进行支配关系运算,采用优胜劣汰机制筛选出优质网络学习资源。

该研究的数据分析采用 IBM SPSS Statistics 19.0 中的 K-均值算法模块。提取数据为《教学系统设计》课程资源(包括视频资源类、演示课件类、拓展资源类等)相关的服务平台中的数据库记录(包括资源名称、访问频次、学习时间、下载次数、点赞数量等)。以"访问频次""学习时间""下载次数""点赞数量"为聚类分析的目标变量,由于需要使用 SPSS 软件对数据进行 K-均值聚类,对原始目标变量进行了标准化转换,并将聚类数目设置为 12(表 5-8)。

表 5-8　K-均值聚类中心表

聚类	Zscore（访问频次）	Zscore（学习时间）	Zscore（下载次数）	Zscore（按赞数量）
1	0.982 03	−0.703 24	0.639 85	−1.827 05
2	−0.721 77	−0.570 55	−0.455 75	0.329 44
3	−0.471 56	0.722 87	1.424 69	−1.279 46
4	2.191 74	−0.611 98	−0.304 72	0.608 78
5	−0.272 74	0.400 85	−0.184 77	0.093 10
6	2.216 05	1.357 63	1.803 63	0.568 62
7	−0.173 30	−0.988 05	−0.440 77	0.480 03
8	−0.776 90	−0.869 23	−1.336 24	−1.917 67
9	0.753 69	−0.492 60	−0.317 57	0.760 28
10	−0.581 95	−0.331 96	1.512 37	0.090 97
11	1.625 32	1.313 77	−1.054 85	0.398 69
12	0.840 35	−0.795 88	1.392 33	0.254 05

图 5-20 是以点赞数量（f_1）和访问频次（f_2）两项指标为例，以支配关系原理对聚类中心的优劣得出的结果。其中，A～L 分别代表 1～12 聚类中心的资源，横坐标 f_1 表示按赞数量，纵坐标 f_2 表示访问频次。

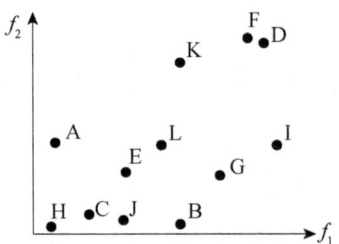

图 5-20　二维指标资源最优候选集分析

从图 5-20 可以得出，按照该研究所给出的筛选方法，就各个聚类中心而言，显然中心 D 所代表的资源要优于 A、B、C、E、G、H、J、K、L 类资源，中心 F 所代表的资源要优于 A、B、C、E、H、J、K、L 类资源，I 要优于 B、C、E、G、H、J 类。由于 D、F、I 之间无法确定优劣，它们所代表的资源划可以分为非劣资源。利用该方法不仅可以把质量最优的资源优先推送给学习者，消除学习者在选择学习资源时的盲目性，而且可以将质量最差的资源从系统中剔除，减轻资源服务器的负担，实现网络学习资源的优胜劣汰。

二、分类技术在教育教学中的应用

（一）什么是分类技术

数据分类指分析数据库中的一组对象，找出数据的共性，然后根据分类规则，把它们划分为预先设定好的不同类别的过程。数据分类过程一般分两个部分：首先确定分类规则，也称为学习或训练过程，即先将训练样本数据集作为输入，依据数据集特征为每一类别建立分类规则或描述；其次通过更多测试数据集测试这些分类规则，以生成更恰当的分类规则并依据最终的分类规则形成数据分类（孙力和程玉霞，2015）。目前主流的分类分析有贝叶斯信念网络算法、后向传播算法、支持向量机算法、基于频繁模式的分类算法、遗传算法、半监督分类算法、主动学习算法、迁移学习算法、粗糙集算法、惰性学习或基于实例的分类算法、基于规则的分类算法、贝叶斯分类算法、多类分类算法、模糊集算法、决策树分类算法（图5-21）。

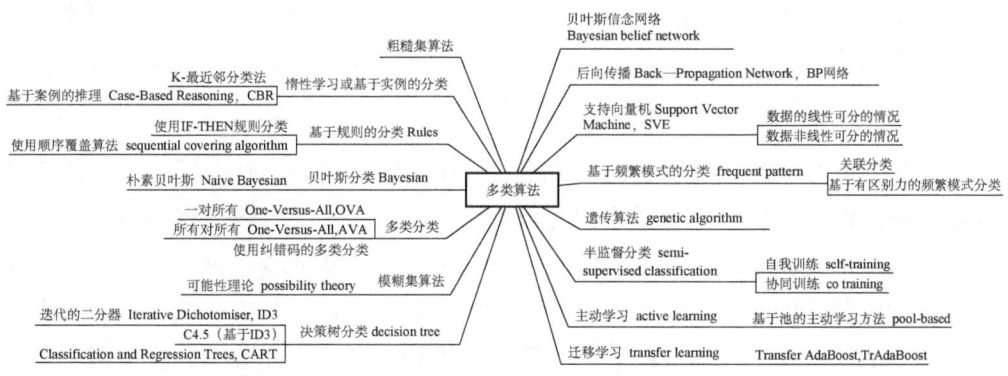

图 5-21　分类算法的划分

（二）分类技术在教育教学中的应用框架

分类技术是数据挖掘中最重要的技术之一，在教育教学中有着广泛应用。本书在文献分析的基础上，确定了分类技术在教育教学中的八大应用方向（表5-9）。

表 5-9　分类技术在教育教学中的应用框架

应用方向	应用数据	分析结果应用
成绩预测	学习者的学号、性别等个人基础信息、各科学习成绩、兴趣爱好、参与的社会活动与文体活动情况	构建成绩预测模型，并根据分类模型的特征变量进行干预，提高学习成绩

续表

应用方向	应用数据	分析结果应用
教学评价	教师基本信息、前期评价结果	构建优秀教师模型,提高评价工作的实用性与科学性并为提高教学质量提供方法与策略
人事管理	科研人员基本信息、科研信息	提炼科研能力核心属性,为教育管理者提供指导
教学决策	用户的兴趣、爱好、知识状态、认知能力等信息	构建学习模型,改善教学系统决策
读者需求预测	学习者的年龄、专业、学历等基本信息;借阅图书的数量、类别	预测学习者的阅读需求,为图书馆提供采购订阅指导
教师培训	教师的专业、研究方向、学历、年龄等基本信息、培训内容	根据教师所属分类进行个性化培训
就业管理	学习者的个人基本信息、成绩信息、参与创新计划信息等与就业相关的信息	辅助管理部门指导学生就业,为学校实现专业培养目标提供指导,为大学生职业生涯规划提供参考
教学管理	学习者各科学习成绩、专业方向选择信息	帮助教学管理部门做出科学的决策,合理分配教学资源

1. 成绩预测

将学习者的学号、性别、各科成绩、兴趣爱好及参与的社会活动、文体活动等信息进行编码整合,构建学生情况数据库。根据特征变量将数据进行分类,通过分类结果构建成绩预测模型,同时依据分类结果的特征变量进行干预,进而提高学习者成绩。例如,丁智斌等(2006)对学号、性别、英语成绩、社会活动情况、文体活动情况、平均成绩、名次等信息进行分类,构建成绩分析决策树,得出学习成绩与社会活动、文体活动互相影响和制约的结论。

2. 教学评价

通过对教师的基本信息(性别、年龄、职称、学历等)、教学风格、教学模式和教学质量等进行分类分析,构建优秀教师模型,并根据分类结果提出提高教学质量的方法和策略。例如,翟继友(2015)对教师性别、年龄、职称、学历等基本信息和教学质量进行分类分析,得出以下结论:45岁以上的教师教学经验丰富,对课堂有较好的把控能力,授课效果较好,因此教学评价较高;处于30~45岁年龄段之间的教师学历较高,教学方法有一定的创新,也积累了相应的教学经验,评价结果相对较高;年龄小于30岁的部分年轻教师缺乏教学技巧和经验,对课堂不能很好地把控,教学评价相对不高。

3. 人事管理

通过对研究者的国籍、民族、出生日期、聘用日期、性别、职称名称、工作岗位、工作性质、学位、教育水平、毕业时间、毕业院校、专业、职务级别等基本信息和发表的论文类别（权威、核心、一般）与数量、著作级别（专著、其他）与数量、作者级别（第一作者、第二作者等）、承担项目的级别（国家级、省级等）与数量等科研信息进行分类分析，最终确定对科研能力最具影响力的特征变量，为教育管理者提供人事管理指导。

4. 教学决策

通过对学习者的兴趣、爱好、知识状态、认知能力等信息进行分类分析，构建学习者模型，通过模型改善教学系统决策。例如，孙中红（2009）运用基于决策树的遗传算法对用户的学习标准、兴趣、爱好、知识状态、学习历史、心理因素和认知能力等信息进行分类分析，挖掘学习者的学习特征，构建学习者模型（覆盖模型、偏差模型、认知型模型或是几种模型的组合），为教师的个性化备课提供先决条件。

5. 读者需求预测

通过对读者的年龄、学历、专业、借阅图书期刊类别、借阅图书期刊数量进行分类分析，获得影响读者借阅图书期刊类别和数量的特征变量，预测不同类别读者阅读和教育需求，为图书馆提供采购订阅指导。

6. 教师培训

将教师的基本信息（包括专业、研究方向、学历、年龄等）、授课情况等信息作为非类别属性，将培训的主要内容作为类别属性，然后对数据进行分类分析，得出教师分类的特征变量，为教师的个性化培训提供指导。例如，胡晓源（2012）针对高校教师教育技术培训，将教师的专业、研究方向、已学课程、授课专业、授课内容、是否已具备培训内容中的一项或者几项能力等信息作为非类别属性，将培训的各项内容作为类别属性，然后对数据进行分类分析。最终得出结论：需对计算机专业学历的教师、非理工科教师非师范类专业的教师进行不同内容的培训，并且需要参加教育技术应用教学实践等相关内容的培训。

7. 就业管理

通过对学习者的年龄、性别、专业等基本信息，考试成绩，参与创新计划等级及次数，语种等级考试等和就业情况信息进行分类分析，得到影响就业的核心特征，为管理部门指导学生就业和学校实现专业培养目标提供指导，为大学生职业生涯规划提供参考。

8. 教学管理

通过对学习者不同科目的学习成绩进行分类分析，预测其专业选择方向。将学生的兴趣爱好与专业知识的掌握程度充分结合，指导学生选择合理的专业。对学生专业方向选择的预测可以帮助教学管理部门做出决策，充分利用教学资源，避免资源的浪费。

（三）分类技术在教育教学中的应用过程

分类技术在教育教学中的应用分为确定分析对象、数据采集、选择分类方法、分类分析、结果应用五个阶段（图5-22）。

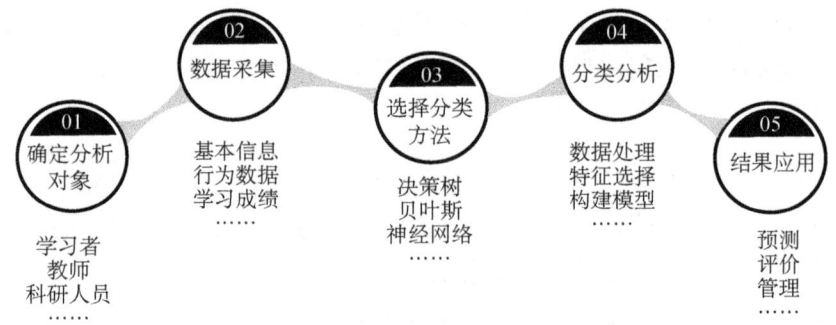

图 5-22　分类技术在教育教学中的应用流程

1）确定分析对象。分类分析的对象包括学习者、教师、科研人员等。

2）数据采集。根据分类对象及数据类型选取适合的工具采集相关数据。采集的数据包括学习者和教师的个人信息与各种行为数据、学习者的学习成绩、科研人员的科研信息等。

3）选择分类方法。根据研究目的和采集数据的类型、结构、数量，选择合适的分类方法。分类方法包括决策树分类算法、贝叶斯分类算法、神经网络分类算法等。

4）分类分析。采用合适的分类算法对采集的数据进行分析。通过整合数据对象、删除无用数据、选取特征变量等步骤建立分类模型。

5）结果应用。对分类分析结果进行合理的解释及应用。根据最终得出的分类模型进行学习成绩、专业选择方向、读书需求等的预测或依据构建的分类模型的特征变量对教师培训、教学决策、就业管理等提供指导。

（四）分类技术在教育教学中的应用案例

案例1：分类技术在高校教学管理中的应用（王与和刘洋，2011）

该研究根据学习者的学习情况，如数值分析、数学建模与计算软件、数据库原理与应用、数据结构等17门课程成绩，运用贝叶斯分类技术对其进行分类分析，预测学习者在进行专业方向选择时，选择软件工程方向和经济金融方向的可能性。

其分类目标属性为本专业方向：软件工程方向及经济金融方向。数据样本包含19个条件属性（即课程），分别为：数值分析、数学建模与计算软件、数据库原理与应用、数据结构、解析几何、概率统计、离散数学、常微分方程、复变函数、计算机基础、高等代数（一、二）、数学分析（一、二、三）等17门课程，课程成绩转化为四级制（优秀、良好、中等、及格）记录。数据中还另外包含2个条件属性，分别是学生对两个方向的兴趣度：对软件方向的兴趣度及对金融方向的兴趣度，其以三级制（较多、一般、较少）记录，即所有属性值均为离散值。选择该专业某届学生成绩及专业方向选择情况作为专业选择训练集样本，经过预处理共得到62条记录，其中2个目标属性数据来自学生方向选择表，19个成绩条件属性来自学生成绩表，而2个兴趣度条件属性则来自对学生的问卷调查。该研究构建了贝叶斯分类流程图（图5-23）。

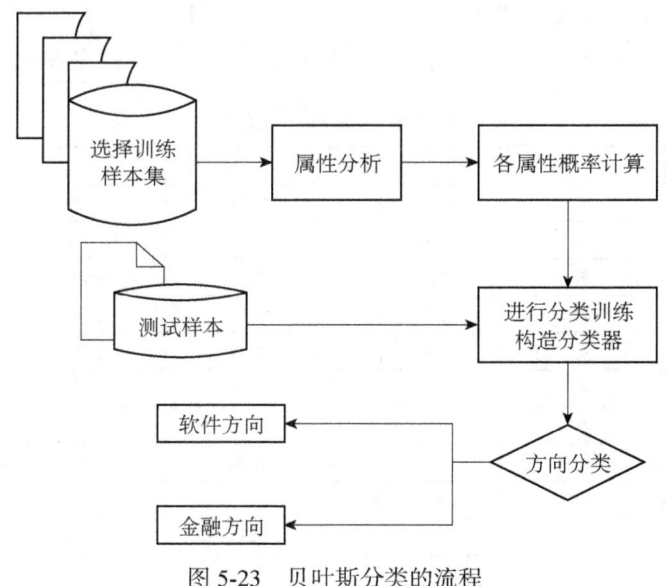

图 5-23　贝叶斯分类的流程

最后用贝叶斯分类法对某高校数学与应用数学专业方向选择进行了预测,例如某学生N的各门课程成绩为:数值分析=中等,数学建模与计算机软件=优秀,数学分析=良好,数学分析二=及格,数学分析三=中等,数据库原理及应用=中等,数据结构=及格,离散数学=良好,解析几何=优秀,计算机基础=及格,程序设计基础=及格,高等代数=良好,高等代数二=中等,概率统计=良好,复变函数=良好,大学英语=及格,常微分方程=良好;其对软件方向的兴趣度为一般,经济金融方向兴趣度为一般。根据贝叶斯算法得出:选择软件方向的概率P(N|软件工程方向)=$2.797E^{-10}$,选择金融方向的概率P(N|经济金融方向)=$2.269E^{-11}$。根据上述结果 P(N|软件工程方向)>P(N|经济金融方向),可以推测该学生有较大的可能选择软件工程方向。结果表明,该预测结果与实际情况相一致。

案例2:分类技术在高职教学质量评价分析中的应用(黄敏和何中市,2012)

该研究在重庆某职业技术学院的教学质量评价结果数据基础上,采用数据挖掘技术挖掘教学质量评价结果中隐藏的大量信息,分析了C4.5算法中信息增益率求法,结合评价结果数据,通过构造决策树挖掘教师的职称、学位、年龄与教学质量评价结果之间的潜在联系,将其运用于学校管理者对教师的安排及教师岗位的确定。

对教师的基本信息如职工号、性别、年龄、部门(学院)、学历、职称和教学评价结果进行数据清理、数据集成、数据消减等,最后生成训练数据(表5-10)。

表 5-10 最终训练数据

职工号	性别	年龄	学历	职称	是否优秀
0001	男	[22, 37]	本科	讲师	No
0003	男	(45, 62]	本科	高讲	Yes
0005	男	[22, 37]	本科	助讲	No
0007	男	[22, 37]	硕士	讲师	Yes
0008	女	[22, 37]	本科	讲师	No
0010	男	(37, 45]	本科	讲师	No
0012	女	(37, 45]	硕士	讲师	No
0014	男	(37, 45]	本科	副教授	No
0015	男	(45, 62]	本科	副教授	No
0017	男	(37, 45]	本科	副教授	No
...	...	...	...	...	...

最终训练数据共有 168 个教学评价数据，4 个属性，分别是性别、学历、职称、年龄。根据教学评价结果属性的不同取值构造决策树，并剪枝形成最终决策树模型（图 5-24）。

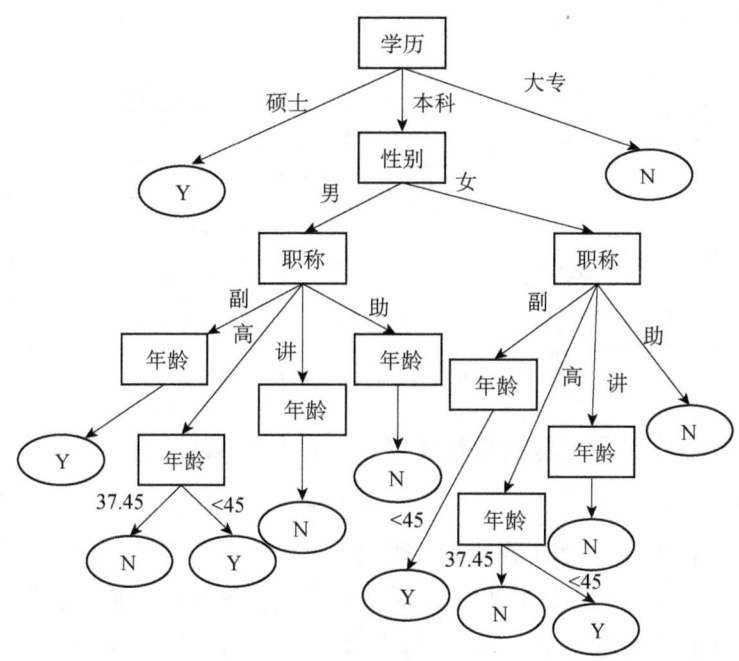

图 5-24　剪枝后的教学质量评价结果决策树

最后研究对结论进行了应用，将从决策树中提取的分类规则汇报给教学管理者。根据规则，教学管理者对学校教师任课情况做了一定的调整：将具有高学历、高职称及年龄在 37 岁以上的教师调整到教学第一线，并适当增加课时量，发挥他们的优势，使其在教学队伍中起到带头、示范作用；对于年轻教师则通过交流、听课、教学活动等手段来提高他们的教学经验及能力；在引进人才方面也以高学历高职称为主。

三、离群点检测技术在教育教学中的应用

（一）什么是离群点检测技术

离群点检测（outlier detection）是数据挖掘领域研究的重要问题之一，着力于捕获那些显著偏离多数模式的异常情况，发现潜在的、有意义的信息。离群点检测又称异常检测，是找出其行为不同于预期对象的过程。该方法已经在欺诈检测、

医疗处理、公共安全、工业损毁检测、图像处理、视频网络监控及入侵检测等方面得到重要应用（Han, et al., 2012）。离群点检测方法可以大致分为以下五类（图5-25）：基于分布的离群点、基于深度的离群点、基于聚类的离群点、基于距离的离群点和基于密度的离群点。

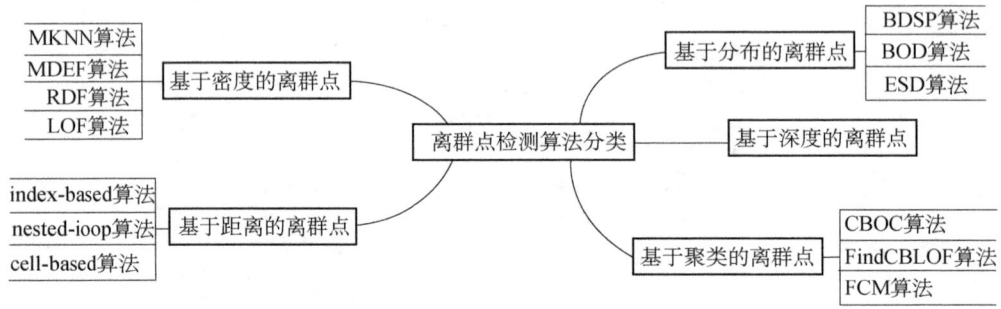

图 5-25 离群点检测算法分类

（二）离群点检测技术在教育教学中的应用框架

对现有离群点检测技术在国内外教育领域的研究进行分析，根据研究对象的不同，可将离群检测分为对学习者、教师、教育资源、学校、地区等的离群，其分析结果则应用于学生状态检测、优质师资鉴别、资源质量筛选、学校水平衡量及教育发展评估等方面。通过发现在教育教学中存在的特殊对象和事件，对存在的具体状态进行分析处理，可能在特殊现象中发现新的规律和方法，对教育的应用指导具有重要意义（表5-11）。

表 5-11 离群点检测在教育教学中的应用框架

离群对象	应用数据	分析结果应用
学习者	基本信息、学习状态（测验评分、考试成绩、课后作业、学习轨迹、互动频次、发言次数）、性格特征、课堂问题行为、家庭状况	纠正学习误区、合理分配资源、增加个性化学习指导、提升课堂管理效率、加强心理辅导
教师	个人信息、职称教学风格、提问倾向、教学行为、个人成绩、学生评教、学生成绩	筛选特色教师、增强讲教有效性、提升教师素养、促进优秀师资共享、识别优秀师资
教育资源	资源内容、资源类型（文本、多媒体、图片、日志）、资源来源、资源操作（资源下载、资源上传、资源删除、资源更新、资源分享、资源浏览、资源转载、资源订阅、资源收藏、资源评论）	快速定位需求资源、检测在线资源质量、分析资源热度、扩散度及淘汰指数
学校	教辅设施（种类、数量、能耗、新旧）、师资力量（职称、获奖情况、教学手段、管理手段、教学风格）、学生表现（学风学气、考试成绩、获奖情况、毕业率）	衡量学校水平、监测校园安全
地区	儿童入学学龄、成人识字率、小学5年级保留率、学生性别	评估教育发展

1. 学习者离群

主要通过收集学习者的基本信息、学习状态（测验评分、考试成绩、课后作业、学习轨迹、互动频次、发言次数）、性格特征、课堂问题行为、家庭状况等数据，对其学习和生活轨迹进行追踪检测，定位异常学生，研究其行为规律，用于对纠正学习误区、合理分配资源、增加个性化学习指导、提升课堂管理效率、加强心理辅导等方面，降低学习者的失败风险，为其提供高效的学习指导。如通过离群点检测算法对学生考试成绩数据进行挖掘，找出可疑离群学生，然后对其进行学习状态分析，判断其是偏科还是状态波动引起的，然后有针对性地采取措施，帮助学习者解决问题，提高学习成绩。Cheng 等（2016）在学习社区中采用基于聚类的离群点检测算法定位社区的异常学习行为，首先使用聚类方法将类似行为模式的学习者聚集到群集中，再对没有聚类的数据离群检测，构建基于行为因素分析的行为过滤模型。该算法的使用提高了结果的准确率，降低了计算的复杂度，有效实现了对学习者的定位与分析，进而为其提供个性化监督与指导。

2. 教师离群

教师质量评估是检验教学质量的重要手段，借助离群点检测技术可以从教师本身及其相关信息视角出发，对教师的教学质量进行评估。该技术主要收集教师的个人信息、职称、教学风格、提问倾向、教学行为等直接说明教学效果，同时收集学生的学习成绩情况、评教等数据，来间接反映教师的教学成果。对数据的离群分析，主要用于鉴别优秀教师，筛选特色教师，加强评教有效性，提升教师素养，促进地区优秀师资共享等，使教师质量的评估结果获得更为准确、客观。Farooqui 等（2014）在对教师的资质识别研究中主张提取离群点的特征，通过学生成绩来识别成功的教学工作范例，研究发现某班级未能通过考试的学生比重高达 42%，其低成绩与教师低素质及和谐相处投入小有很大的相关性，因此该校制定相应措施，为学生配备可以让学生水平得到更大发挥的教师进行授课，改善学生的学习和课堂实践。Hamidreza 等（2016）对 Shiraz University2012—2013 年度的学校学生评价表进行统计分析，借助 Dixon、Gauss、Grubband Graphical Methods 四种检验方法确定离群数据，同时删除记录不正确的数据。通过对几种检测方法的检测结果进行对比，表明每一种方法都能在不同程度上帮助研究者确定离群值，对离群值的确定需要借助描述性分析来综合评定结果，进而增强离群检测的精确性。

3. 教育资源离群

大数据背景下的海量教育资源为教育教学带来了极大的便利，但是网络的开放性和动态性导致资源的来源复杂多样,产生了大量劣质资源、相似资源,给使用者带来了一定的不便,资源的质量问题引起了广大研究者的关注。利用离群点检测技术发现离群数据,达到对信息的检测和量化作用,主要通过收集资源内容、资源类型(文本、多媒体、图片、日志)、资源来源及资源操作(资源下载、资源上传、资源删除、资源更新、资源分享、资源浏览、资源转载、资源订阅、资源收藏、资源评论)等数据,用于快速定位需求资源、检测在线资源质量、分析资源热度、扩散度及淘汰指数等。如网络上一些劣质资源、虚假信息及与学习无关的资源,利用部分相关资源掩护其内容,以避免过滤淘汰。通过离群检测可以发现资源内容异常、识别资源相关度,从而过滤掉不匹配的内容,为用户提供与学习内容相关的优质资源。此外,还可以根据资源的分享、评论、收藏频次指标确定资源的受欢迎程度,分析资源操作异常活跃的学生,识别其学习需求,提供与其个人学习风格相近的学习资源。

4. 学校离群

学校的办学质量和水平是人们关注的重要指标,不同地区的学校在教育管理、教育教学等方面都有着不同的特色,教学成绩也存在较大差异,为了均衡学校之间的教学水平,凸显优质学校特色,有必要对学校的办学情况进行离群检测,主要通过收集学校的教辅设施(种类、数量、能耗、新旧)、师资力量(职称、获奖情况、教学手段、管理手段、教学风格)、学生表现(学风学气、考试成绩、获奖情况、毕业率)等数据,用于对学校的整体教育教学水平和校园安全隐患进行实时监测、统计和分析。McCoach等(2010)调查了某区域学校的学生成绩,并且将成绩超过或者低于预期范围的学校视为离群学校,进而探究影响学生成绩的因素。随后对积极的离群学校和消极的离群学校进行了深入调查分析,结果表明,学校父母、教师和工作人员的多方交流是提升学生成绩的关键因素。徐琰等(2014)对某高校的能耗情况进行了基于统计的离群点检测,结合能耗监控系统发现和分析异常能耗数据,与校园能耗规律进行比较,最后得出该校能耗异常情况并进行及时预警,以达到节约能耗的目的。

5. 地区离群

教育的差异性在很大程度上影响了一个国家和地区的整体教育水平,为了对地区的教育发展水平进行一个整体性评估,有必要对区域的教育发展指数进行离群点检测分析。通过收集地区的教育发展指数,包括儿童入学学龄、成人识字率、小学5年级保留率、教育性别平等指数,将超出设定阈值的数据提取出来,发现教育高风险地区，并调查原因，针对性地采取有效措施，实现区域间教育年龄的均衡发展。Mrityunjoy 等（2016）通过离群检测技术对印度 35 个州的教育发展进行离群定位分析，以教育发展指数的四个指标为基准，最终检测到具有较低或者较高值的数据，对各项指标进行深入分析，找出具体的影响因素，为教育的区域发展制定有针对性的规划和政策。

（三）离群点检测技术在教育教学中的应用过程

随着互联网技术的逐步应用，教育领域打通了线上、线下平台，实现了真正的虚实结合，在线教育的不断发展，同时累积了大量的学习行为、习惯、路径等数据，分析这些学习数据是发现教育规律、提升教学质量的重要途径。离群数据在在线教育中的应用开启了教育领域数据挖掘的新篇章，传统的数据挖掘与分析往往面向一般的常规模式，离群点检测技术"反其道而行之"，专门针对那些与一般常规数据相差甚远的小规模数据。判断一个对象是否离群，需要从多个维度对教育数据进行处理和分析，重视那些偏离正常的数据，从大量数据中发现隐藏的、有价值的信息来指导和发展教育。总的来说，离群点检测技术在教育教学中的应用一般需要经过以下七个流程（图 5-26）。

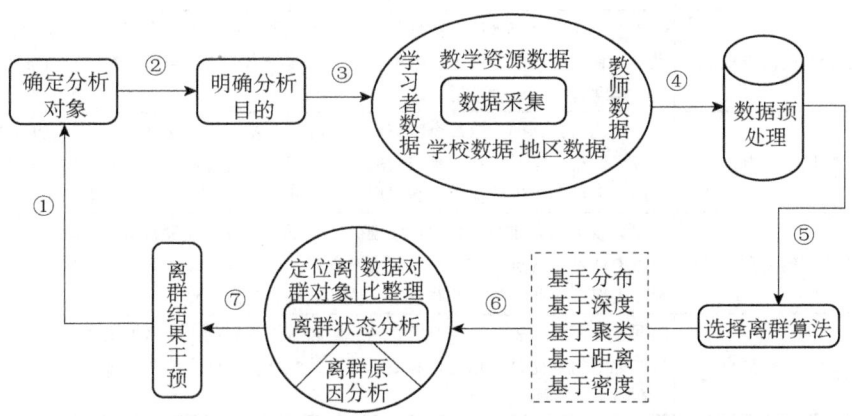

图 5-26 离群点检测技术在教育教学中的应用流程

1）确定分析对象。离群分析对象包括学习者、教师、教育资源和学校及地区等教育要素，离群对象的确定取决于研究者的需求，对不同的研究对象进行离群分析，会得到教育不同层面的研究价值，为各层次、区域的教育教学提供相应的参考价值。

2）明确分析目的。锁定具体的分析对象，根据研究者的关注点确定离群点检测的目的,主要包括积极的离群点检测和消极的离群点检测,然后再将分析目的具体化,如对学生进行个性化指导、鉴别优质师资及剔除劣质资源、监控校园安全等。离群分析的目的直接决定了整个分析流程的走向和趋势,针对分析对象的实际问题及环境背景,离群点检测会对研究对象进行深入挖掘和定位,得到的检测结果及采取的措施都是为分析目的而服务的。

3)数据采集。根据离群对象及目的,确定与分析对象相关的各种影响因素,包括教学活动、管理活动、科研活动及校园生活,也包括家庭、社区、博物馆、图书馆等非正式环境下的学习活动等数据。

4)数据预处理。教育系统的数据类型复杂、多样呈现,因此需要对复杂的时间序列样本、非数值型样本及多维数据样本按照统一的数据标准进行数据的预处理,主要任务包括数据清理、数据集成和数据变换等流程,在不丢失数据意义的条件下将数据转换成规范的、适合离群点检测的形式。

5)选择离群算法。根据对象数据的类型、结构、数量及具体呈现的规律,选择合适的离群算法,每种离群点检测算法都有其独特的适用范围(表 5-12)。

表 5-12 常用离群点检测方法优劣分析

离群检测算法	特点及不足
基于分布的离群点	构造一个标准分布来拟合数据集,数据集服从某种概率分布规则,根据其特定分布规律,利用分布模型的不一致检验特性来检测离群点。但不足在于估计多维数据分布的难度较大且准确性低
基于深度的离群点	以计算几何为基础,给每个数据对象分配一个特定值(深度值),利用数据对象得到的特定值将数据对象和二维空间的层对应起来。通过计算,将外层的对象判定为离群点。不足在于当数据集的数目增长时,此类方法在维数上的伸缩性不好
基于聚类的离群点	与聚类技术结合使用,将数据集划分成若干个类或簇,没有被任何簇包含在内的数据对象就是离群点。该方法不仅可发现簇,还可以发现离群点。不足在于当小聚集簇和大聚集簇非常接近的时候,无法判断是否为离群点
基于距离的离群点	依据某个模型来表示数据对象之间的距离,以距离的大小来检测小模式。离群点是数据集中与其他对象相比拥有更大距离的数据,这些方法在处理大规模数据集时都存在性能上的不足
基于密度的离群点	主要用于局部离群点的有效检测,充分体现了"局部"的概念。利用"密度",通过给定点之间的距离和点的个数来衡量点的离群程度

6)离群状态分析。根据选择的算法进行检测,定位疑似离群对象,与正常状态数据进行比较,结合实际背景单独对离群对象进行深入分析,总结可能引起离群的具体原因。若存在录入错误或偏差,应该及时修正,保证结果的客观性与真实性。若不是由于错误导致的离群,需要进行更严密的检测,并且持续、动态地观察离群对象与一般模式的偏离程度,探究其离群的存在意义。

7）离群结果干预。对离群检测对象的深度挖掘和分析，根据分析存在的原因，结合具体的教学情境有针对性地采取措施，进行适当干预，强化正向的离群现象，改进负向的离群现象。

（四）离群点检测在教育教学中的应用案例

案例1：学生学习状态的离群点检测分析（陆柳生和余明晖，2016）

该研究主要对学生的考试成绩进行挖掘，通过基于离群点检测学生的学习状态找出表现异常的学生，以帮助教学工作者对该部分学生进行个性化和专业化的学习指导，将有限的教育资源分配给需求最迫切的学生，进而提高学生的管理效率。数据来源于我国某高校工科学院2012级本科生23门相同的公共基础课程的考试成绩，研究样本包括该学院3个专业（除留级和转专业）的258名学生。

第一步，数据获取及预处理。在获取学生的考试数据后，对选定的学生及课程的原始数据进行预处理，经过预处理后的数据能真实地反映该年级学生在通常的学业要求条件下进行学习后所取得的考试成绩。同时，在预处理过程中将各门学科对应A-W进行编码。预处理完成后，生成该年级各科成绩分布的直方图（图5-27），直方图横坐标表示分数，纵坐标表示各段分数所对应的密度，垂直点画线处的分数为60，左侧部分表示不及格，点画线及右侧为及格。

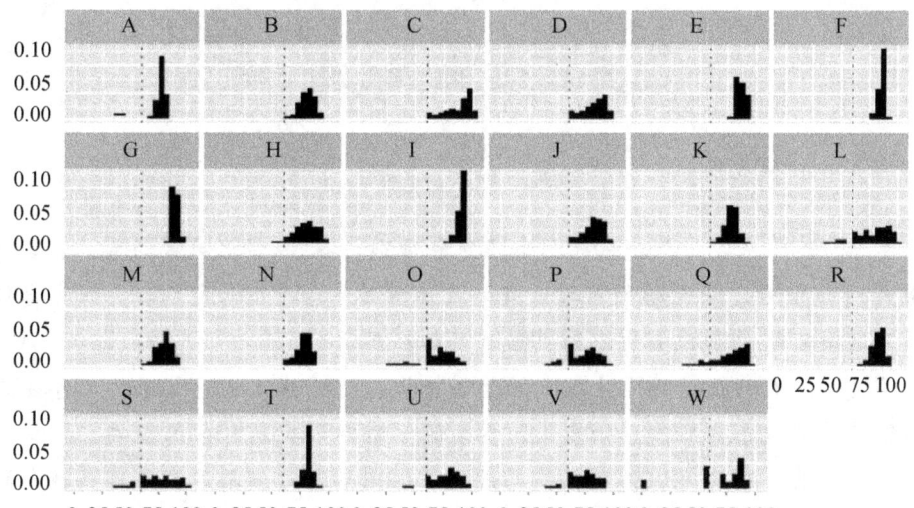

图5-27　各门课程成绩分布的直方图

由图 5-27 可知，该年级学生这 23 门课程的成绩分布差异较大，如思想政治课程（如思想道德修养与法律基础（E）、马克思主义基本原理（N））、人文素质教育课程（如大学语文（A））及实验课程（如物理实验一（P）、物理实验二（U））等只有个别学生不及格，但是该学院的特色课程——C 语言程序设计课程设计（W）——不仅不及格率高（约为 29%），而且学生成绩分布的方差也较大。

第二步，离群点检测。根据课程成绩分布特点，使用基于密度的局部离群点检测算法，通过 R 语言对学生成绩数据进行挖掘。在该研究中，课程之间的学分存在差异，其对学生的影响程度也有区别，故使用带权重的欧氏距离测度。首先确定在所有学生中，可能被认为是离群对象的最大比率 r，然后通过 r 确定参数 k（离群个数）的范围，再计算每个参数 k 下的每个对象的局部异常因子（local outlier factor, LOF），即对象周围的密度与对象邻域周围的密度均值。最后得到结果（图 5-28），横轴表示对象，纵轴对应其 LOF，虚线处的 LOF 为 1。从纵轴方向看，绝大部分对象位于区间，随着 LOF 的增大，黑点的密度越来越小，对象的离群程度越来越高。

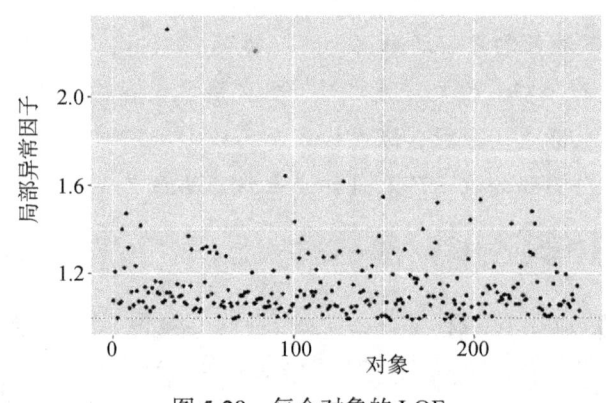

图 5-28　每个对象的 LOF

第三步，学生学习状态分析。通过离群检测获取 19 位可疑离群学生，将该部分学生的 LOF 值、不及格科目数、成绩波动情况等信息进行整理，并且对每位学生成为可疑离群对象的主要依据数据进行加粗显示。

通过对所有可疑离群学生状况的整体把握，选择 4 名具有代表性的学生进行了详细的学习状态分析。总的来说，学生的异常学习状态可分为 3 类：偏科、波动和影响毕业。由此可以证明，使用该方法得出的可疑离群学生确实存在各种各样的异常学习状态，其中绝大部分学生迫切需要教学工作者对其进行个性化的指导。相比于以往忽略学生需求或者被动地接受学生咨询的方式，基于离群点检测的学生学习状态分析方法通过数字化计算方式从所有学生中筛选出学习状态最异常的部分学生（19/258），进而通过更加科学、合理的方式分配有限的教育资源，提升学生工作者的管理效率。

案例2：高校能耗监控系统的离群点检测分析（徐琰和肖基毅，2014）

该研究主要对校园的能耗数据进行挖掘。具体做法是对高校的各个建筑安装分类分项的能耗计量设备，利用高校的网络资源及远程传输手段对能耗数据进行实时采集，对校园关键用能建筑的能耗进行动态解析和在线计量。通过基于统计分布的离群点对能耗数据的检测与分析，判断出能源消耗的异常值，并及时预测、报警给管理人员，进而采取相应措施，以达到节约能耗的目的。数据来源于我国某高校教学楼、图书馆、行政楼、综合楼、医院等楼用能随时间变化的分布图情况，利用高校能耗监控系统对能耗进行实时动态采集。

该系统通过对能耗信息的数据采集与存储、能耗分析、节能分析、用能预警等，得到最终能效分析结果，并采取相应措施以达到节能的目的。

第一步，数据获取及预处理。通过能耗监控系统获取数据，比如北航某线路能耗情况根据不同功能（按相关标准，目前分为13个类别，如教学楼、图书馆、行政楼、综合楼、医院等）的楼用能耗随时间会发生相应变化，根据统计分析，其数据随着时间变化呈现一定规律。

第二步，离群点检测。考虑到能耗数据集中可能符合某种概率分布模型，为提高异常检测准确度，该系统中采用基于统计分布的离群点检测进行挖掘，可通过回归分析方法实现。从严格的数学意义来说，统计分布研究的对象描述的是一类事件的一个时间序列，定位某一点，将其与之前的每一点的序列规律进行比较，查看是否得出异常、异常程度是多少的结论。研究采用X^2检验进行两个或多个量之间的比较，根据其公式计数资料的关联度分析，拟合优度检验，判断是否存在离群现象。

第三步，能耗状态分析。根据收集到的某天各个时刻对应的能耗变化情况，得出能耗或能效在整个时间上的分布情况。实际上，能耗或能效在0～24小时内的投影分布与用能的具体业务具有紧密联系。

根据能耗的历史数据，对每天的同一时间点的数据进行检测分析，得出其符合类似一个双峰的两高斯合成分布，再根据卡方检验法证实以上的分析是正确的。

根据之后的数据就可以准确地推断出实时的能耗数据量是否正常，如不正常，则报告给管理员以检查线路，避免产生更大的损失。

四、关联规则挖掘技术在教育教学中的应用

（一）什么是关联规则挖掘技术

关联规则挖掘技术是数据挖掘领域的重要研究方向，该技术由 Agrawal 等人于 1993 年首先提出，用来挖掘数据间隐含的规则和联系。一般而言，关联规则挖掘是指从一个大型的数据集（dataset）中发现有趣的关联（association）或相关（correlation）关系，即从数据集中识别出频繁出现的属性值集，也称为频繁项集，发现数据之间的这种内在联系，有利于决策者利用这些规则做出正确和合理的决策（Agrawal & Swami，1993）。

令 $I=\{i1, i2, i3, \ldots, in\}$ 为一组属性的可能取值，称为数据项集（itemset），其中 ik（$1\leq k\leq n$）称为数据项（item），通常是数据库中记录某一属性的值。I 中元素的个数称为数据项集的长度，长度为 n 的数据项集称为 n 维数据项集（n-Itemset）。一条关联规则是 $X\rightarrow Y$ 蕴涵式，其中 X，$Y\in I$ 且 $X\cap Y=\Phi$，则称规则 $X\rightarrow Y$ 在事务集合 D 中成立。一般用如下两个参数描述一条关联规则的属性：

置信度（confidence）——如果数据库中包含 X 的事务有 $C\%$ 同时包含 Y，则 C 为关联规则 $X\rightarrow Y$ 的置信度。简单地说，置信度就是指在出现了数据项集 X 的事务中，数据项集 Y 同时出现的概率有多大。置信度是对关联规则的准确度的衡量。

支持度（support）——如果数据库中有 $S\%$ 的事务同时包含数据项集 X 和 Y，则称 $S\%$ 为关联规则 $X\rightarrow Y$ 的支持度。支持度是对关联规则重要性的衡量，说明了这条规则在所有事务中有多大的代表性。显然支持度越大，关联规则越重要，应用越广泛。

按照不同标准，关联规则可以分为以下几类（蔡伟杰，等，2001）。

基于规则中处理变量的类别，关联规则可以分为布尔型和数值型。布尔型关联规则处理的值都是离散的、种类化的，它显示了这些变量之间的关系，即规则考虑的是项的存在与否；而数值型字段处理，是对原始数据进行动态的分割，或者直接进行处理。如：性别="女"→职业="秘书"，是布尔型关联规则；性别="女"→收入=2300 涉及的收入是数值型，所以是一个数值型关联规则。

基于规则中数据的抽象层次，可以分为单层次关联规则和多层次关联规则。在单层次关联规则中，所有变量都没有考虑到现实的数据具有多个不同的层次。

而在多层次的关联规则中，对数据的多层性已进行了充分考虑。如，IBM 打印机→Sony 打印机，是一个细节数据上的单层次关联规则，台式机→Sony 打印机，是一个较高层次的和细节层次之间的关联规则。

基于规则中涉及的数据的维数，关联规则可以分为单维的和多维的。单维关联规则是处理单个属性之间的某些关系，如啤酒→尿布，这条规则只涉及用户购买的物品；而在多维的关联规则中，要处理的数据将会涉及两个或多个维度。性别＝"女"→职业＝"秘书"，这条字段就涉及两个字段的信息，是两个维度上的一条关联规则。

（二）关联规则挖掘技术在教育教学中的应用框架

关联规则在教育教学中应用广泛，在文献分析的基础上，确定了关联规则在教育教学中的八大应用方向（表 5-13）。

表 5-13　关联规则方法在教育教学中的应用框架

应用方向	关联数据	分析结果应用
学生成绩预警	各课程成绩与总成绩之间的关系	中等生：找出导致拉分的课程，加强学习；后进生：分析导致重修、留级、退学的课程，给出预警
个性化学习资源推送	学生个性特征与学习行为模式	应用于在线学习中个性化学习系统的建设
学习资源关联	平台用户订阅和收藏的资源内容	促进资源实体间建立更丰富的关联
学生就业分析	学生生源信息、学习成绩及就业信息	为学生选择就业领域时提供参考
教学管理决策	教学效果、学历、职称、年龄、评价等级	为教育教学活动发挥指导作用，为教学管理提供合理、科学的决策支持
教学计划制订	各相关课程之间的内在规律	合理安排相关课程的开课顺序、调整教学时间和师资配备，为制订最优的教学计划和人才培养方案提供帮助
图书自动推荐	用户信息、图书信息、用户网上查询、借阅、下载图书信息及用户在实体图书馆借阅历史记录	为用户提供更加灵活的个性化图书推荐服务
素质教育决策	学生群体各项素质数据	使教育决策者从整体上对现有教育方法进行改进

1. 学生成绩预警

利用关联规则技术挖掘各科成绩之间及与总成绩的内在关系，找出隐藏的课程关联规则，将这些规则应用于学生成绩预警，及时找出可能出现不及格的课程，对部分学生给出警告，加强学习监督。王华等（2015）以计算机专业相关课程为主,通过关联规则挖掘发现电路原理课程的成绩在60~80分时,会导致大学物理成绩在80分以下,另外如果高数成绩较差,会导致图论、计算机原理等课程不及格,因此对于高数成绩稍差的学生要加强指导,这样可以有效预防学生挂科。

2. 个性化学习资源推送

关联规则技术在在线学习系统中也有较为广泛的应用,通过挖掘学习者个性特征、学习行为及学习资源之间的内在联系来构建个性化教育系统,从而为学习者提供个性化的学习资源和学习服务。王彬菁等(2015)利用关联规则挖掘学生的个性特征(年龄、性别、学历背景、学习关注点与兴趣度等)与相对应的学习行为之间的关系,可预测学生的个性特征与学习行为,以此来推送个性化的学习资源。

3. 学习资源关联

关联规则挖掘技术可以很好地应用于学习资源的动态关联,通过自动挖掘一些潜在的关联规则来促进资源实体间建立更丰富的关联关系,以此来建立学习资源间的语义关联实现资源关联进化。杨现民等(2013)通过自动挖掘一些潜在的关联规则来促进资源实体间建立更丰富的关联关系,比如在某学习平台上很多学习者都收藏了标题为"红楼梦"和"西游记"的资源,则可以推断"红楼梦"和"西游记"之间存在某种联系。

4. 学生就业分析

学生就业分析系统是基于多维关联规则挖掘算法实现的,分为数据库处理和后台数据挖掘算法执行,通过挖掘学生在就业方面的关联信息来有效预测今后学生的就业趋势,为毕业生提供针对性的指导。吕守涛等(2007)将学生的生源信息、高考成绩、就业信息等信息通过主键"学号"匹配成一张具有全部学生信息的事务表,再通过关联规则挖掘技术发现学生性别、生源地、高考分数与就业领域的关系,为学生在选择就业领域时提供数据支持。

5. 教学管理决策

关联规则挖掘技术在教育管理方面应用广泛,一方面挖掘教师的教学工作量与发表论文之间的隐含关系,另一方面挖掘教师教学工作量与学生成绩之间的关系,以此为教学管理提供决策支持。李芳等(2005)通过挖掘教学效果与年龄、职称、学历的关系,教学质量与教学方法的关系等,发现学历高职称好的中青年教师具有丰富的教学经验，置信度较高，教学质量受到好评，该发现为教学管理部门提供决策支持信息发挥了重要作用。

6. 教学计划制订

关联规则通过挖掘各课程之间的内在联系，为高校教学计划制订带来优势，实现教学计划制订的合理性，向教务管理决策者提供准确、有效的信息。潘锋（2008）以"石油工程"专业课为例，通过分析发现以机械设计基础作为石油地质基础的先行课程的支持度是3.95%，信任度是77.78%，表明机械设计基础与石油地质基础这两门课程存在着相当的关联，且机械设计基础作为石油地质基础的先行课程更为合理。

7. 图书自动推荐

利用关联规则技术将读者的借阅图书、性别、年龄、职称、职业、受教育程度、爱好等多维关系生成关联规则，再将读者基本信息与这些规则进行比较，把匹配的关联规则推荐给读者，以此为读者提供更加准确个性的图书推送。姚舜等（2012）利用关联规则算法将读者基本信息，图书基本信息，用户网上查询、借阅、下载图书信息和用户在实体图书馆图书借阅历史记录与读者借阅的图书生成多维关联规则，再将读者的基本信息与这些关联规则相比较，从而提供更加灵活的个性化图书推荐服务。

8. 素质教育决策

利用关联规则挖掘算法开发学生素质关联规则发现系统，可以自动发现学生各群体与各种素质的相关性和规律，以帮助教育决策者发现当前教育管理中的问题，改进教育方法和策略，达到深化贯彻素质教育的目的。白天等（2006）挖掘学生各个群体的各项素质数据中的关联规则，发现各项素质之间的相关性和规律，例如教育决策者可以根据"社会实践能力强的学生超过80%学习成绩好"这样一条关联规则鼓励学生参加社会实践活动而不会坚持"学习第一，一切都要给学习让路"的教育理念，从而给教育决策者起到指导作用，有利于加快素质教育发展的进程。

（三）关联规则挖掘技术在教育教学中的应用过程

关联规则在教育教学中的应用过程（图5-29），主要包括确定关联主题、收集教育教学领域数据、建立模型、Apriori算法挖掘及教育应用五个阶段。

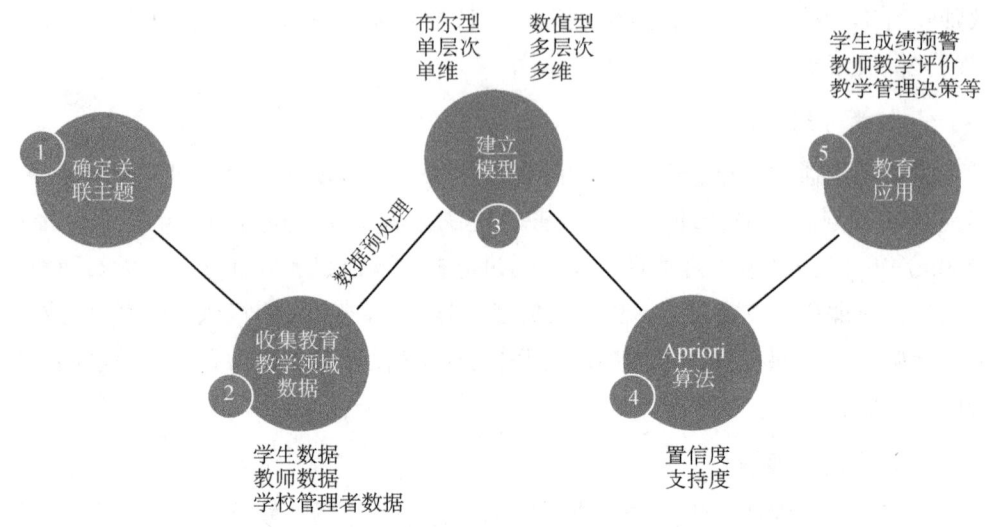

图 5-29 关联规则方法在教育教学中的应用流程

1）确定关联主题。根据教育教学的实际需求确定关联目标和主题。

2）收集教育教学领域中的各项数据。将学生数据、教师数据、学校各管理部门数据等，作为关系挖掘的原始数据。

3）建立模型。根据数据特点选择合适的关联规则方法，包括布尔型、数值型、单层次、多层次、单维及多维，建立相应模型。

4）Apriori 算法挖掘。利用算法将模型内的教育数据挖掘频繁项集，根据频繁项集生成关联规则，对置信度和支持度进行设置。

5）教育应用。根据数据之间的关系对教育决策或管理提供指导性建议。

（四）关联规则挖掘技术在教育教学中的应用案例

案例1：关联规则在学习资源语义关联中的应用（杨现民，等，2013）

学习资源是数字化学习生态系统的核心要素，虽然各种媒介形态的资源数量持续、快速增长，但是资源之间普遍缺乏关联性，而关联规则是构建学习资源语义关联的一种重要方法。

该研究将关联规则应用于学习资源的动态关联，通过自动挖掘一些潜在的关联规则来促进资源实体间建立更丰富的关联关系。依托学习元平台的订阅和收藏功能，挖掘发现被很多用户同时订阅/收藏的资源对集间存在某种联系。如果学习元系统（Learning Cell System，LCS）中有很多用户收藏了标题为"红楼梦"和"西游记"的学习元，则可以推断"红楼梦"和"西游记"之间存在某种联系。

具体而言，将学习元平台中的项集 I 表示所有资源的集合，I={lc1，lc2，lc3，…，lcn}，n 为学习元平台中资源的总数量。事务分成两类，一类是订阅事务，即将一个用户 u 订阅的资源列表作为一个 st（subscribe transaction）事务；另一类是收藏事务，即将一个用户 u 收藏的资源列表作为一个 ct（collect transaction）事务。订阅事务的数据表中每个用户的 id 可以作为 st 事务的 id，1 表示已订阅，0 表示未订阅（表 5-14）。

表 5-14　订阅事务数据表

Stid	Resid1	Resid2	Resid3	…	Residn
User1	1	1	1	…	0
User2	1	1	0	…	1
User3	1	0	0	…	0
…	1	0	1	…	0
Usern	1	1	0	…	1

为了提高关联规则挖掘的效率和准确性，该研究在 Apriori 算法基础上进行了改进，除了考虑最小支持度（min_supp）、最小置信度（min_conf）外，还增加了最小语义相关度（min_semrel）指标来约束关联规则的产生，提出一种基于语义约束的关联规则挖掘算法（SC-Apriori，Semantic Constraint Apriori）。最小语义相关度是指频繁项中包含的实体之间的最小相似度，min_semrel 可以通过资源的语义基因进行计算。通过 min_semrel 一方面可以过滤掉很多毫无意义的候选项目集，提高算法效率；另一方面有助于产生更高质量的关联规则。实验结果表明，关联规则方法在实现资源动态语义关联上能取得理想的结果，具有较高的关联准确性。

案例 2：关联规则在图书自动推荐系统中的应用（姚舜，2012）

针对传统图书自动推荐系统准确性不高的缺点，该研究提出利用数据挖掘中的关联规则算法将读者的借阅图书、性别、年龄、职称、职业、受教育程度、爱好等多维关系生成关联规则，再将读者基本信息与这些规则进行比较，把匹配的关联规则推荐给读者，就能解决传统推荐系统不足的问题，提供更加灵活的个性化图书推荐服务。

图书的自动推荐是一个复杂的过程(图5-30),主要分为数据准备和数据挖掘两部分。其中数据准备主要是收集用户基本信息和用户历史记录,经过数据过滤后作为数据挖掘的数据源。数据挖掘的过程是将数据源的数据经过挖掘算法模型生成关联规则。自动推荐平台通过模型接口以读者借阅历史记录作为条件获取关联规则,生成的推荐列表以多种方式发送给用户。用户根据推荐信息可以去网上数字图书馆或实体图书馆借阅图书,所生成的借阅记录又作为原数据,进入自动推荐模型的下一个循环生成新的关联规则,继续为以后的读者提供推荐信息。

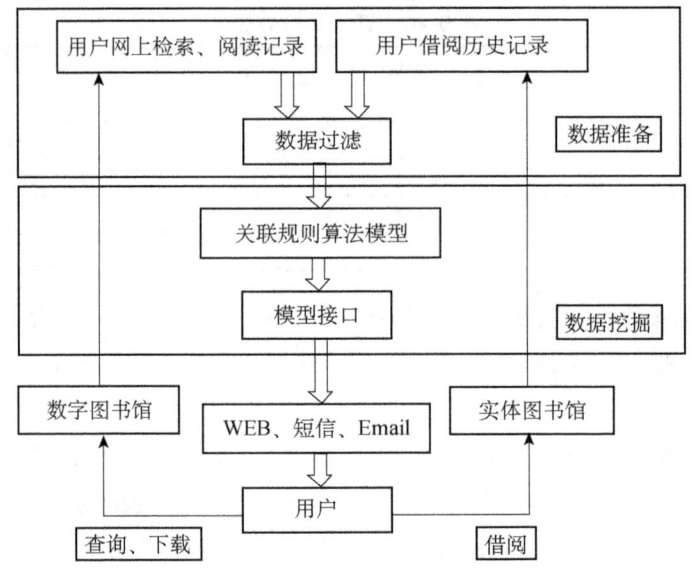

图 5-30　图书自动推荐模型

使用关联规则算法进行挖掘分析后发现如下规则:规则"八荒龙蛇=现有,草莽芳华=现有->亡命之歌=现有,概率=1.000",表示借阅《八荒龙蛇》与《草莽芳华》的读者可能会借阅《亡命之歌》,其中概率为100%;规则"庆余年:天下权臣宝典= 现有,Nianling2=30-39->庆余年=现有,概率=0.962",表示借阅了《庆余年:天下权臣宝典》的年龄在30~39岁的读者有96.2%的概率会去读《庆余年》一书。关联规则是此次数据挖掘中最重要的分析结果,图书自动推荐系统就是根据该规则生成推荐列表的。经过此次实验发现,利用关联规则算法获取图书的自动推荐是非常智能和可行的,在完善图书馆服务工作和提高图书利用率方面有着重要作用。

五、序列分析技术在教育教学中的应用

(一) 什么是序列分析技术

序列分析技术是根据随机过程理论和数理统计学方法，研究随机数据序列所遵从的统计规律，以预测未来事物发展的重要挖掘技术。序列是事件的有序列表，根据事件的特征，序列分析可以分为三类：①时间序列；②符号序列；③生物学序列（Han，et al.，2012）（图 5-31）。

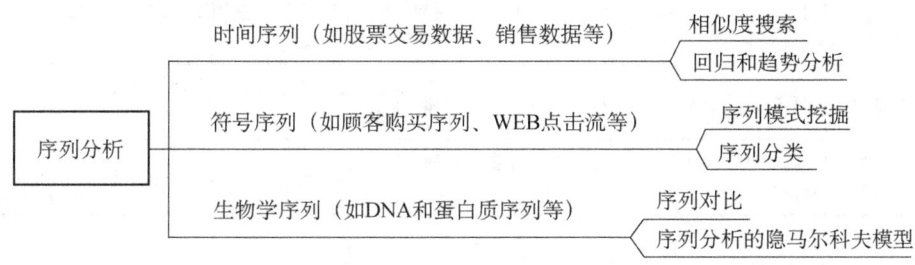

图 5-31 序列分析技术的分类

时间序列数据（time-series data）由不同时间重复测量得到的值或事件的序列组成，这些值通常在相等的时间间隔（例如，每分钟、每小时或每天）测量得到，如学生及格率的变化情况、股票市场分析、经济和销售预测等。时间序列分析主要解决两个问题：一是对时间序列建模，观察产生时间序列的机制和因素；二是时间序列预测，即预测时间序列变量的未来值。

符号序列数据（symbolic sequence data）由事件或标称数据的长序列组成，通常不是相等的时间间隔观测。对于许多这样的序列，间隙（记录的事件之间的时间间隔）无关紧要。如顾客购物序列、Web 点击流及科学和工程、自然和社会发展的事件序列。

生物学序列数据（biological sequence data）通常是指核苷酸或氨基酸序列，这种序列通常很长，携带重要的、复杂的、隐藏的语义。生物学序列分析比较、对比、索引和分析生物学序列，因而在生物信息和现代生物学中起着至关重要的作用。

(二) 序列分析技术在教育教学中的应用框架

本书在文献分析的基础上，确定了序列分析技术在教育教学中的六大应用方向（表 5-15）。

表 5-15 序列分析技术在教育教学中的应用框架

应用方向	应用数据	分析结果应用
教育研究	教师队伍布局、东部与西部及城市与农村教育水平、办学资源	加强专任教师队伍建设和培养，均衡配置教师，实现教育均衡，教育决策
教育投资	教育投入、投资金额、历史数据	建立教育投资法，合理配置教育资源；建立教育投资评价机制，扩大教育投资来源
教育规模	人口因素、大学生人数、扩招政策、国民生产总值	推行政策措施、注重教育规模与教育资源的匹配增长
图书借阅	读者数据、图书数据、借阅图书类别、借阅时间、书目流通信息	制定相应灵活、适用图书馆的规则与决策，开展个性推送服务
课程建设	课程特点、重难点、学科投资力度、师资配备	恰当定位教学目标、合理安排授课内容、灵活选择考核方式
用户行为	日志数据、访问频率、邮件、交友、游戏、网页浏览量	提高资源推荐的准确性和针对性、个性化推荐

1. 教育研究

通过对我国教师队伍、东西部教育差异、各地区办学条件、使用的办学资源进行定性与定量分析，建立相应的动态模型，进而对未来教师的需求状况和高等教育发展速度进行分析和预测。比如，苟斌娥（2012）对四川省出生人口和高中毛入学率建立起时间序列组合模型和生长曲线复合模型。通过对出生人口和中小学在校生数的变化趋势进行分析，预测2010—2020年中小学在校生规模和教师需求量的变化，进而对四川省师范院校毕业生需求量进行预测。

2. 教育投资

以特定年份间的财政教育投资数据为依据，对数据进行平稳化、零均值化处理，结合人口数量、GDP、教育成效，建立序列的合理时间序列模型，最后利用模型进行预测。比如，刘亮等（2010）以1991—2008年的财政教育投资数据为依据，得出相应的结论并提出了保障教育投资的注意点。

3. 教育规模

利用特定的方法对基于时间序列的高等教育规模影响因素进行深入的实证分析，得出影响高校规模的因素，并提出高等教育规模应与我国人口现状相匹配，建议谨慎推行政策措施，注重教育规模与教育资源的匹配增长。

4. 图书借阅

读者的借阅行为是读者最主要的信息行为之一。对读者借阅历史行为的客观记录进行分析，可以改变读者工作主观经验积累的现状，也是图书馆开展深层次服务工作的前提条件。例如，张淼（2013）利用高校图书馆图书借阅行为的发展趋势，结合学生的借书时间、借书数量、学科种类、归还时间等数据，分析挖掘学习过程中的借阅规律，为图书馆信息管理与服务工作提供有用信息。

5. 课程建设

教学管理者可以通过了解学生对新知识的需求和对课程满足实际需要的程度，利用时间序列分析学生在掌握某门课程之后对其他课程的期待，有针对性地进行课程设置。

6. 用户行为

以群体学习者为研究对象，如学习者登录访问学习平台的时间和次数，下载资源的数量，交互的内容，引入序列模式挖掘的方法实现用户行为分析，最终获得用户的频繁行为序列模式，从而对学习者的行为进行有意义的干预（丁振国，等，2013）。

（三）序列分析技术在教育教学中的应用过程

序列分析技术在教育教学中的应用过程主要包括明确分析对象、确定分析目的、数据采集、序列分析、结果反馈与干预指导、因材施教优化学习六个阶段（图 5-32）。

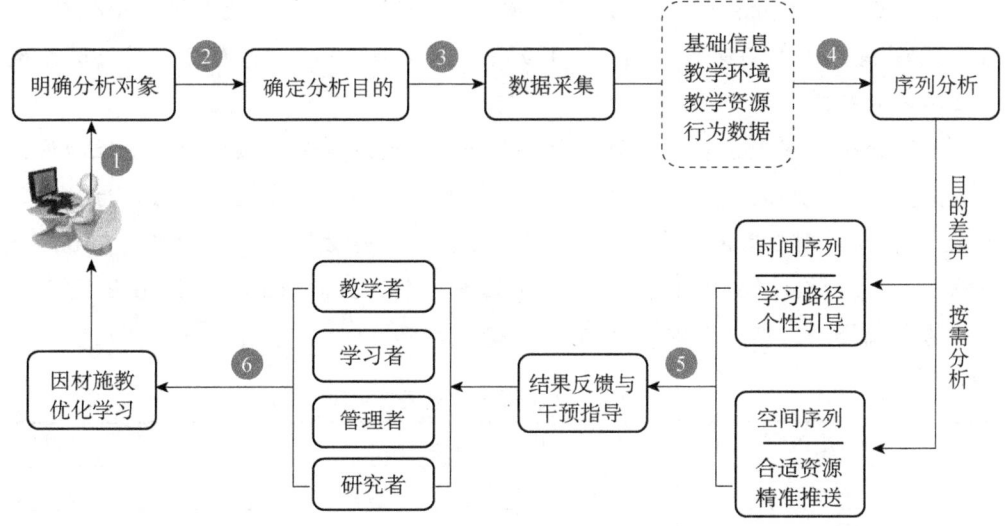

图 5-32　序列分析技术在教育教学中的应用流程

1）明确序列分析的对象。序列分析的对象包括学校、教育机构、图书馆、课程、教师、学生等。

2）确定分析目的。根据选取的分析对象，明确序列分析的目的，如提高教学、促进决策等，有针对性地进行下一步活动。

3）数据采集。根据分析目的，明确数据采集的类型，并选择适当的采集工具或方法。

4）序列分析。对采集的数据进行标准化处理，实施序列分析。由于分析对象和目的不同，序列分析的方法也有差异。

5）结果反馈与干预指导。根据不同的分析过程，教师诊断学生的学情，管理者制定符合师生发展的决策意见，研究者对教学要素进行多角度切入分析。

6）因材施教优化教学。序列分析的应用能够促进学生的个性化发展，帮助学生找到最适合的学习路径，获得最合适的学习资源，使教师因材施教，满足学生多元化的需求。

（四）序列分析技术在教育教学中的应用案例

案例1：基于行为序列分析对在线学习参与模式的探索（李爽，等，2017）

该研究以国家开放大学一门教育专科公共必修课2014年秋季学期Moodle平台记录的2131名学习者产生的191 979条日志数据为样本，分析了开放大学学生在线学习的行为转换特征与参与模式。

通过分析课程log表中记录的学生动作，筛选发生频次极少的偶发性动作，主要聚焦21个动作，并将其归纳为15种行为，作为行为序列分析的行为对象。这15种行为分别在log记录的五个模块（module）中发生，包括论坛（forum）、测试（quiz）、作业（assign）、页面（page）和资源（resource）。表5-16呈现了15种行为所属模块、包含动作（action）及研究编码。

表5-16　15种行为的描述与编码

行为	模块	动作	编码
发帖	论坛	Add Discussion、Add Post	F1
搜贴	论坛	Search	F2
浏览帖子	论坛	View Forum、View Forums、View Discussion	F3

续表

行为	模块	动作	编码
编辑帖子	论坛	delete discussion、delete post、update post	F4
浏览试题	测试	view	Q1
做题	测试	attempt、continue attempt	Q2
保存答题并查看进度	测试	view summary	Q3
提交试题	测试	close attempt	Q4
查看试题答案	测试	review	Q5
浏览作业	作业	view	A1
浏览作业提交状态	作业	view submit assignment form	A2
浏览所有作业	作业	view all	A3
提交作业	作业	submit	A4
浏览内容页面	页面	view	P1
查看页面文档资源	资源	view	R1

该研究将一种行为向另一种行为的转换定义为一个行为序列，并用两种行为的编码组合表示两种行为形成的序列。组合中行为编码的前后顺序代表该序列中行为转换的方向，如先发帖（F1）后搜索帖子（F2）的行为序列表示为F1F2。研究定义的15种行为理论上能够建立210个行为序列，但是数据分析表明学生样本在案例课程学习中只产生了122个行为序列。

将学生在课程期间产生的行为序列总频次与学生课程成绩进行 Pearson 相关分析，结果显示二者呈中度正相关（$r=0.373$，$p<0.01$），表明学生在学习中形成的行为序列数越多，学习成绩就越好。那么是否所有行为序列与学习成绩都相关呢？研究进一步将122个行为序列与学习成绩进行 Pearson 相关分析，结果显示有36个行为序列与成绩显著相关。

四个行为序列与成绩呈现中度相关（$r=0.35\sim0.449$），这些序列都与测试活动有关，其分别是学生提交试题后查看试题答案（Q4Q5）、保存本次答题后提交试题（Q3Q4）、做题后保存本次答题（Q2Q3）、查看试题答案后再浏览试题（Q5Q1）。Q4Q5 与成绩具有最高相关，该序列体现了知识强化与信息再加工的过程。排名第二的 Q3Q4 既可能是学生完成模拟测试并提交，又可能是完成计分测试任务并提交，前者体现了学生在自我评价中的坚持性，后者则是绩效投入的表现。排名第三的 Q2Q3 体现了学生对当次做题尝试的重视，隐含了他们下次继续作答的意愿，进而反映出学生对测试行为的管理和计划。Q5Q1反映出学生查看试题答案后对其他试题的好奇或是重做试题的兴趣。这两个意愿均体现了学生对更多训练以获得好成绩的渴望，是绩效投入的表现。分析课程四个在线测试任务的参与度发现，不计分的模拟测试只有5000多条log记录，显著少于另外3个log记录数在3万~6万条的计分测试任务。可见，大部分测试相关序列可能主要发生在计分任务中，这或许也是相关序列与成绩更相关的原因之一。

行为序列能更细致地反映学生在学习投入中的行为轨迹、意愿与认知过程，表征信息加工、策略应用、努力管理等认知投入，体现投入质量。因此，行为序列指标对成绩的影响会更显著。行为序列分析表明，学生的在线学习需要引导。因此，在线课程建设的重点不应是单纯的资源建设，而是在线学习路径的设计与优化。通过学习路径设计引导资源和学习活动的设计开发，借助更明确、可视化的学习路径为学生提供在线学习脚手架，促进有效在线参与模式的形成，实现在线学习与认知发展。

案例2：基于序列模式挖掘的读者借阅行为分析（陈春颖和熊拥军，2011）

该研究针对高校图书馆读者借阅事务中存在的序列特征，提出一种基于序列模式挖掘的读者借阅行为分析方法。该思想是通过将借阅事务转化为序列数据库，基于PrefixSpan算法来识别读者借阅行为序列模式，发现读者借阅规律，如某个专业的读者在本科（或研究生）学习阶段的借阅序列规律，为图书馆的信息管理和服务提供决策依据。

基于序列模式的读者借阅行为识别过程主要包括提取借阅事务集、序列模式挖掘和读者行为分析三个阶段（图5-33）。其中，提取借阅事务数据是分析和挖掘的基础，其主要任务是对图书自动化系统中的读者数据、图书数据和借阅关系数据进行提取，并生成供挖掘使用的借阅事务集。序列模式挖掘阶段的主要任务是利用序列模式算法从借阅事务集中提炼频繁序列或频繁连续序列。读者行为分析的主要任务是根据读者的特征查找与之相匹配的频繁序列或频繁连续序列，形成读者偏好视图。

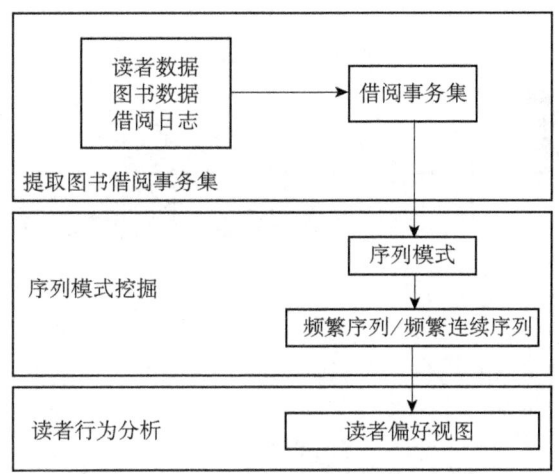

图 5-33 读者借阅行为分析挖掘模型

采用序列模式挖掘的方法能够从读者借阅行为中挖掘出读者在学习过程中的借阅规律。在图书馆信息管理与服务中，其应用价值主要体现在以下几个方面。

1）通过挖掘出某个学科或专业读者的借阅序列规律，可对读者的学习过程起指导作用。学生可以了解到要完成某个专业的学习需要借阅的资源及借阅的顺序。

2）个性化服务信息定制与推送。数字图书馆个性化服务允许读者对所关心的学科或专业借阅序列模式进行定制。

3）促进读者分享交流。读者可以通过交流分享检索历史和分析经验，有效减少读者的重复劳动，提高信息利用的效率和准确性。

第六章

结论、趋势、挑战与建议

第一节 教育大数据的研究结论

1）大数据时代的教学范式正在从经验模仿教学和计算辅助教学走向数据驱动教学，并呈现科学化、精准化、智能化及个性化四大核心特征。

2）教育大数据是有效改进教育方式、提升教育质量的突破口，能够从促进教学模式创新、实现精准学习评价、优化教学决策及提升教学质量四个方面，实现课堂环境和网络环境下的教学整体优化与变革。

3）高效互动课堂是未来课堂的重要发展趋势，以大数据技术和信息化教学媒体为支撑，以促进师生全向互动为抓手，以"低耗高效、轻负高质"为目标，能够为每位学生带来最大的成就感，有助于破解"课堂效率低—学生掌握差—课后拼命补"的教育怪圈，具有数据把脉、全向互动、精准反馈及轻负高质四大核心特征。

4）课堂大数据主要包括四类数据，分别是师生行为类数据、教学评价类数据、师生情感类数据及课堂管理类数据。其中，师生情感类数据采集与分析是"短板"，亟待加强研究。

5）通过对在线教学行为数据的采集与分析，挖掘潜在的行为关联，能够真实反映学生的学习需求、学习状态与偏好，进而提供个性化、适应性的学习支持服务。在线教学行为数据的分析框架主要有深度学习结果分析、在线学习活动指数分析、在线学习者综合评价模型及在线教师综合评价模型。

6）在线教学行为数据分析指标更加丰富，除了次数、时长、内容等基础数据指标外，新数据指标（学习准备度、学习投入度、资源扩散度、资源淘汰指数、用户参与度、交互指数、话题生命周期、提问响应率、问题生成率、做题马虎度、题海压力指数、学习反思力、成果外显度等）的设计与应用，能够实现教学行为数据价值的增加。

7）个性化和自适应学习系统是教育大数据应用服务的主要阵地，自适应学习系统能够采集学习过程中的行为数据，并对学生的学习兴趣、知识水平、学习风格、学习进度等做出分析和预测，以提供个性化的学习服务。

8）学校导入教育大数据项目的三大动因：持续引领学校整体发展、促进学校教育信息化发展及破解学校教育教学发展难题；四种模式：自发探索式、项目参与式、行政推动式及企业引领式；五大实施路径：成立教育大数据课题研究团队、做好教育大数据相关技术产品的选型、制定教育大数据项目实施保障制度和机制、积极营造校园大数据文化、注重提高全校教职工的数据素养。

9）国际学习分析技术研究主要聚焦在六个方面，分别是数据隐私保护、话语分析、意识分析、预警分析、评价分析及多模态分析，四种前沿学习分析技术分别是学习行为模式分析、学习风险预警分析、多模态学习分析及嵌入和提取式分析。

10）数据挖掘是实现教育教学数据潜在价值的重要途径，聚类分析技术、分类技术、离群点检测技术、关联规则挖掘技术和序列分析技术在教育领域的应用正在逐步拓展。

第二节　教育大数据的发展趋势

一、数据贯通教学全流程，助力教师教学活动的精准化设计与实施

随着教育大数据产品的更迭升级，与学校教育教学业务的融合程度也在逐步提升。数据流开始从支持单个环节的教学优化走向支持教学业务流程的再造，教学的精准性和教学效益将大大提升。大数据支持下的高效互动课堂与智慧课堂正在成为热门趋势，数据将贯穿课前、课中与课后的教学全流程，助力打造高品质课堂生态。课堂数据与线上数据的持续采集与多元分析，将促进教师开展更加精准化的教学设计、精细化的教学实施、精益化的教学辅导，促进学生进行更加精准化、个性化及深入的学习。

二、全维度、多模态教学数据的采集与分析，成为学习分析技术重点关注方向

学习分析技术在教育教学中具有广阔的应用前景，越来越多地受到学术界和产业界的关注。随着学习分析技术的逐步成熟及教育领域对大数据诉求的增强，学习分析的范畴将逐步拓展，从单一的知识或行为分析走向"知（知识）—行（行为）—情（情绪）"的综合分析。教学数据的多样化采集与多元化分析，更能精准刻画全维度的"学生画像"，服务于师生教学和学校管理。目前，多模态学习分析已经在学术研究方面取得了一定进展，未来将有越来越多的教育大数据产品集成多模态学习分析技术，提供更加客观、全面、精准的学习分析服务。

三、各级教育管理者与教师的数据意识逐步增强，数据素养教育日益受到重视

大数据正在快速渗透到各行各业，广大民众对大数据的认知度逐步提升，整个社会的数据文化快速形成和扩散。在政府部门、新闻媒体、信息化企业及广大学校的共同努力下，教育工作者的数据意识开始萌芽、生长，未来将有越来越多的教育从业者认可大数据在教育教学变革中的潜在价值。此外，数据素养有望成为教师职业能力的核心要素。师范院校的人才培养将融入必要的数据素养课程，以提升未来教师应对大数据时代挑战的能力。当前，江苏、浙江部分地区已经面向中小学校长、骨干教师等启动了教育大数据专题培训，职后教师的数据素养培训将受到更多地区教育行政部门的高度重视。

四、教育大数据项目率先在区、校两个层面落地探索，企业成为核心参与者

在"政产学研用"的多方努力下，国家提出的"教育文化大数据战略"正在区、校两个层面率先"着陆"。区域层面以浙江衢州为代表，教育局将 2017 年确定为全市教育大数据应用推进年，通过召开专题会议、举办教师培训班、成立专家小组等措施，着力推进大数据技术进学校、进课堂，促进衢州智慧教育发展。此外，浙江的东阳和温州也在积极制定教育大数据建设与应用方案，以此促进区域教育质量和内涵的提升。学校层面以北京、上海、深圳、南京等地部分名校为代表，率先导入教育大数据项目，并取得了不错的效果，形成了一定的示范效应。未来将有更多的地区和学校"拥抱"大数据，尝试引入教育大数据解决方案。企

业作为教育大数据产品与服务的提供者,凭借其技术与市场上的优势,将在区、校教育大数据建设中发挥越来越重要的作用,从边缘参与走向核心参与。

五、大数据与教学实践的融合价值开始显现,公众认知度逐步提升

客观来讲,大数据技术对教育教学的变革性作用还未发生,目前正处于优化教学的探索阶段。发达城市中的一些先行学校经过两三年的大数据产品的常态化应用,已经取得了不错的成果,比如无锡梅村高级中学利用大数据技术开展精准学业诊断,2017年本一进线率和本二进线率显著提高;上海平南小学利用体育运动手环收集学生生理数据,优化体育课教学,仅两年时间学校在全区学生体质健康数据监测合格率达到100%,成绩名列前茅。大数据价值的发挥贵在常态化应用,随着大数据先行学校示范效应的逐步显现及公众认知度的逐步提高,未来几年将有越来越多的地区和学校加入到教育大数据的应用探索中来。

六、智慧课堂与学业测评作为大数据应用的先导区和热点区,将受到政府、企业、学校及家长的更多关注

智慧课堂与学业测评是我国大数据技术在教育领域应用的两大热点,主要有两大原因:一是课堂教学模式与教育评价模式是当前中国教育教学改革的重点方向,也是难点所在;二是课堂教学与学业评价拥有常态化数据采集与分析应用的能力,是大数据技术引燃教育变革的"爆破点"。可以预见,未来几年将有更多中小学校尝试引入大数技术打造智慧课堂,开展基于数据的精准学业评价;教育行政部门将加强区域教育教学数据的统筹规划与教育大数据项目的有序推进;信息化企业将围绕课堂大数据与评价大数据产品进行重点研发;家庭也将作为重要的支持力量协助学校进行学习评价数据的采集。

第三节 教育大数据发展面临的挑战

一、教师数据处理能力不足,难以对教学数据进行多元分析与准确的结果解读

随着各种数据采集技术的快速发展及其在学校教育中的普及应用,教师可以

获取的数据越来越丰富。然而，拥有数据并不等于改善教学质量，拥有数据意识也不等于具备数据处理能力。当前，中小学教师的数据分析、数据解读及数据交流的能力还存在明显不足：一是无法熟练应用 EXCEL、SPSS 等工具进行基本的教学数据分析与处理；二是在教学中缺乏对过程数据和结果数据深入、准确的解读，难以形成正向的教学反馈流，以指导教学实践的改进；三是缺乏应用数据与家长、同事及领导开展交流对话的能力，难以在家校之间、师生之间、教师之间架构起支撑家校共育的"数据桥梁"。

二、线下学习过程性数据的采集仍是难点，该部分数据的缺失直接影响学习诊断与预测预警的准确性及综合评价的科学性

"互联网+"时代的学习一定是线上、线下相结合的混合式学习。当前，学习者绝大多数的线上学习行为印迹都可以被实时、精准记录，极大地促进了线上适应性学习与个性化辅导的发展。然而，在线下学习仍占据主导地位的今天，很多线下的学习活动数据，尤其是过程性学习数据（如作业时长、练习次序、阅读过程等）及学习情绪数据，由于技术、环境、个性差异等诸多因素的限制，无法得到有效全面的采集。线下学习数据的缺失，就好比架在空中的半截"浮桥"，难以支撑完整"学习链条"的构建，直接影响学习诊断与预测预警的准确性及综合素质评价的科学性。

三、教育大数据项目的校企合作机制与规约机制仍不清晰，管理上存在较大的数据安全风险

校企合作是推进教育大数据在中小学校"落地"应用的关键。当前，我国越来越多的中小学开始导入教育大数据项目，企业作为核心力量参与其中。然而，在教育大数据项目建设与应用推进的过程中，校企之间往往缺乏足够的默契和有效协同，主要表现在产品设计与优化、数据管理与维护、教师培训与应用反馈等方面。此外，数据作为学校的新型教育资产，校企之间如何进行协同建设和安全保护，如何进行数据权属的合理界定，如何在高标准隐私保护与开放共享之间寻求平衡等问题已成为影响学校教育大数据项目开展的重要因素。

四、多家企业大数据产品在学校独立运行，直接造成学校教育数据的割裂，影响教育数据的融通共享及更大数据价值的发挥

虽然教育大数据的应用正处于起步阶段，但在我国基础教育领域已经出现了好的发展"苗头"。越来越多的中小学开始引入教育大数据产品，支持学校实施精准化教育，破解学校发展的现实难题。然而，一线学校由于缺少教育大数据项目的顶层设计和统筹规划，常常出现一所学校内多个企业教育大数据产品独立运行的现象，直接造成数据壁垒。虽然少数学校要求企业产品接入信息化门户平台，实现统一认证和单点登录，但并未从数据层面实现互联互通，直接影响了学校教育大数据的一体化建设。长远来看，学校部署的多个孤立的"数据小岛"不是在产生大数据，恰恰是在削弱大数据价值的作用。

五、数据分析模型的科学性和准确性仍是教育大数据的突出短板，制约了大数据技术在教育教学领域的推广应用

数据分析模型是教育大数据产品的核心，好比人类的"大脑"。模型设计的好坏，直接影响产品的质量和市场竞争力。众所周知，错误的数据会把教育者带入"陷阱"。同样，不合理、不准确的数据分析模型，也会让教育者"误入歧途"。然而，当前很多企业在研发教育大数据产品过程中难以摆脱 IT 思维，由于缺少对学校实际教育教学业务的深度理解，在数据源的选择、指标权重设计等方面往往不符合或脱离教育规律，构建的数据分析模型的准确性和有效性都亟待提升，直接影响了基础教育大数据应用实践的推进。

第四节　对教育利益相关者的建议

一、对教育行政部门的建议

1）树立"数据驱动教学变革"与"数据驱动教育决策"意识，制定推进区域教育教学大数据建设与创新应用的实施方案，成立大数据应用推进领导小组、工作小组及专家团队，有组织、有计划地开展区域内的教育大数据应用探索，助力区域教育质量提升与内涵式发展。

2）按照"试点先行，稳步推广"的原则，优先设立大数据应用示范校，给予必要的配套经费和政策支持，设立大数据应用研究专项课题，鼓励示范校从技术产品、应用模式、保障制度等方面进行积极探索、大胆创新，同时注重提炼可复制、可推广的经验模式。

3）加强教师队伍数据素养教育，通过开展教育大数据专题培训、智慧课堂观摩研讨、网络协作教研等活动，从意识态度、基础知识、核心技能及思维方法四个层面提高教师、校长及管理人员的数据素养。制定教师数据素养评估标准与考核办法，以评价和考核为抓手促进教师数据素养的提升。

4）定期组织教育大数据应用区域经验交流研讨会，邀请高校专家、企业人员、学校代表等围绕大数据在教育教学中的关键问题和难点问题展开集体研讨，分享全国各地教育大数据优秀研究与实践成果。

5）探索形成多种切实有效、具备常态化应用推广能力的数据驱动教学模式，不断积累各个学科的数据驱动教学综合课例，形成区域教育教学大数据应用优秀案例库。通过官方网站、新媒体、纸媒等多种渠道实现区域教育大数据应用探索成果的扩散，不断扩大影响力，吸引更多资源支撑区域教育大数据发展。

6）尝试建立教育大数据产品准入机制，从数据安全、技术水平、维护能力等方面加强对企业大数据产品的鉴定与评估，选择信誉良好、技术先进的教育大数据提供商作为合作伙伴，既为学校采购教育大数据服务提供保障，也有利于后期区域层面教育教学大数据的融通共享。

二、对中小学校的建议

1）实行一把手负责制，由校长全面负责学校教育大数据研究与应用的推进。组建校内教育大数据项目课题组，让各个学科的组长或骨干教师加入其中。以学科为单位开展大数据应用探索，加强学科组内部交流研讨，形成具有学科特色的数据驱动教学模式与教学案例。

2）领导干部带头"革命"，学校各级领导应起到模范带头作用，率先在自己的课堂、所在的学科组开展大数据教学应用，积极学习各种数据处理工具和相关软件平台的操作，进而带动全体老师参与其中。

3）制定相关激励制度，可以是物质奖励也可以是精神奖励，激发教师参与教育大数据应用研究的动力和热情。开展学科间的教育大数据应用竞赛，评比年度大数据教学应用优秀学科组与优秀个人，并给予表彰奖励。

4）引入外部智力资源，邀请高校教育大数据专家及学科教学专家加入学校教育大数据课题组,从研究方法、课堂教学、数据处理等方面进行专业指导,促进教师研究能力与数据素养的提升。

5)提升学校信息化水平,配备必要的软硬件工具,支持学校教育教学大数据的采集与分析应用。采取张贴标语,开展教师数据驱动教学比赛、学生数据处理技能竞赛及设立校园数据文化周等举措,营造良好的校园数据文化。

三、对教师、学生的建议

(一)对教师的建议

1)培养一种使用数据改善教学决策的习惯,知道从哪里可以获取学生数据、哪些数据对改善教学有帮助及如何利用数据辅助教学决策。能够正确解读教与学相关的各种数据报告,开展及时、精准、个性化的评价反馈和教学干预。

2)充分意识到数据分析绝不是仅关注学生的分数及考试通过率,而应重点关注学生的综合素质发展及个性化成长。能够与家长就学生的各项学习数据进行沟通交流,帮助家长理解数据的来源与用途,家校合作促进孩子健康成长。

3)对大数据改善教学及实现工作减负保持足够的信心和定力,及早度过大数据技术应用的"疑惑期"。加强与同事、技术人员及校领导的沟通交流,积极借鉴别人应用大数据技术的宝贵经验,少走弯路。

4)积极开展数据驱动教学的实践探索,结合学科特点、学生情况及个人教学风格,尝试提出数据驱动教学的新模式或大数据在教学中的应用策略。每学期精心准备1到2节面向全区或全校的数据驱动教学公开课,参加国家、省、市等各级"优课"评选。

5)加强数据科学知识的学习及数据处理能力的训练,掌握Excel、SPSS等常用数据分析工具的应用,通过参加培训、观摩学习、网络修课等多种方式实现自身数据素养的提高。注重培养学生的数据素养,将数据科学的基本理念、技术与方法渗透到学科教学中。

(二)对学生的建议

1)具备数据安全与隐私保护意识,知道在应用学习平台与工具过程中会产生哪些数据,了解不同数据的用途。

2)掌握常用数据分析工具的基本操作方法,并能正确解读分析报告,能够对自己的学习过程与结果进行基于数据的客观分析与评价,准确识别自己的优势与劣势。

3）养成积累学习成果数据的良好习惯，不断丰富成长档案袋，为考评、升学、就业等提供数字证据。

四、对行业从业者的建议

1）遵循教育信息化行业相关技术标准，秉承"开放互联"的基本原则，提供标准化的数据访问接口，便于在不同大数据产品之间及与学校现有业务系统之间实现数据的无缝对接与共享。

2）从教育教学视角思考教育大数据产品的体系架构与流程设计，高度重视需求分析环节并能根据用户反馈进行快速的产品迭代优化。

3）积极寻求与高校、中小学校、科研机构的深度合作，全面理解、深度挖掘教学业务需求，增强教学数据分析模型的科学性，提升教育大数据产品质量。

4）加强教育大数据产品用户体验的"走心"设计，最大程度地降低技术使用门槛，避免广大师生被"技术"所累，实现常规教学业务的平滑迁移及大数据产品的常态化应用。

5）构建教育数据安全防护技术体系，确保大数据产品在学校教育教学应用中的数据安全。同时，需要加强未成年人隐私保护意识，坚决抵制买卖学生数据的违法行为。

参考文献

巴班斯基，吴文侃. 1982. 论教学过程最优化. 北京：教育科学出版社：34-35.

白天，曾晓勤. 2006. 关联规则发现在素质教育中的应用. 计算机技术与发展，(6)：127-129.

必由学. 2011. 必由学—数据驱动改变教与学. http://www.biyouxue.com/. [2017-05-08].

蔡莉，魏云刚. 2010. 教育资源共享网络中教师聚类的提取与应用. 现代教育技术，(6)：100-102.

蔡伟杰，张晓辉，朱建秋. 2001. 关联规则挖掘综述. 计算机工程，(5)：31-33.

查尔斯·M.赖格卢斯. 2011. 教学设计的理论与模型：教学理论的新范式（第2卷）. 裴新宁，郑太年，赵健译. 北京：教育科学出版社.

陈春颖，熊拥军. 2011. 基于序列模式挖掘的读者借阅行为分析. 图书情报知识，(4)：92-96.

陈丽，李波，郭玉娟，等. 2017. "互联网+"时代我国基础教育信息化的新趋势和新方向. 电化教育研究，(4)：5-12.

陈琳，陈耀华. 2013. 以信息化带动教育现代化路径探析. 教育研究，(11)：114-118.

陈明选，俞文韬. 2016. 信息化进程中教育研究范式的转型. 高等教育研究，(12)：47-55.

陈请，刘儒德. 2009. 当代教育心理学. 北京：北京师范大学出版社：185-186.

陈耀华，郑勤华，孙洪涛，等. 2016. 基于学习分析的在线学习测评建模与应用——教师综合评价参考模型研究. 电化教育研究，(10)：35-41.

大山教育集团. 2016. 大山教育挂牌新三板数据驱动教学打造K12中原第一股. http://www.dashanedu.com/news/jtdt/201612753.html. [2017-05-10].

丁伟峰. 2013. 教育类图书巨头Pearson继续挺进在线教育，收购由哈佛教授研发的学习效果分析评定平台Learning Catalytics. http://36kr.com/p/202783.html. [2017-05-02].

丁振国，宋薇，李婧. 2013. 基于序列模式挖掘的社交网络用户行为分析. 现代情报，33（3）：56-60.

丁智斌，袁方，董贺伟. 2006. 数据挖掘在高校学生学习成绩分析中的应用. 计算机工程与设计，27（4）：590-592.

董妍，俞国良. 2007. 青少年学业情绪问卷的编制及应用. 心理学报，(5)：852-860.

方海光，侯伟锋，王晓春，等. 2014. 基于PADClass模型的数字化课堂学习过程数据挖掘与分析研究. 电化教育研究，（10）：110-113.

方海光，罗金萍，陈俊达，等. 2016. 基于教育大数据的量化自我MOOC自适应学习系统研究. 电化教育研究，（11）：38-42.

费洪晓，李红媛，马彦云，等. 2017. MOOC环境下学习伙伴匹配问题研究. 计算机教育，（1）：84-90.

苟斌娥. 2012. 时间序列分析技术在教育研究中的应用. 四川：四川师范大学.

顾小清，冯园园，胡思畅. 2015. 超越碎片化学习：语义图示与深度学习. 中国电化教育，（3）：39-48.

顾小清，刘妍，胡艺龄. 2016. 学习分析技术应用：寻求数据支持的学习改进方案. 开放教育研究，（5）：34-45.

顾小清，张进良，蔡慧英. 2012. 学习分析：正在浮现中的数据技术. 远程教育杂志，（1）：18-25.

韩后，王冬青. 2015. 促进有效学习的评价反馈系统及其应用. 现代教育技术，25（2）：100-106.

韩后，王冬青，曹畅. 2015. 1∶1数字化环境下课堂教学互动行为的分析研究. 电化教育研究，（5）：89-95.

何克抗. 2014. 从"翻转课堂"的本质，看"翻转课堂"在我国的未来发展. 电化教育研究，（7）：5-16.

何克抗，李克东. 2000. "主导—主体"教学模式的理论基础. 电化教育研究，（2）：3-9.

何玲，黎加厚. 2005. 促进学生深度学习. 计算机教与学，（5）：29-30.

胡弼成，王祖霖. 2015. "大数据"对教育的作用、挑战及教育变革趋势——大数据时代教育变革的最新研究进展综述. 现代大学教育，（04）：98-104.

胡晓源. 2012. 决策树ID3算法在高校教师教育技术培训中的应用研究——以常熟理工学院为例. 教育探索，（10）：98-99.

黄敏，何中市. 2012. 分类技术在高职教学质量评价分析中的应用. 计算机工程与设计，（3）：1257-1261.

黄欣荣. 2015. 数据密集型科学发现及其哲学问题. 自然辩证法研究，（11）：48-54.

贾积有，于悦洋. 2017. 学习活动指数LAI及在线学习活动指数OLAI的具体分析. 中国远程教育，（4）：15-22.

姜强，赵蔚，李勇帆，等. 2017. 基于大数据的学习分析仪表盘研究. 中国电化教育，（1）：112-120.

姜强，赵蔚，王朋娇. 2013. 基于GALSRM模型的自适应学习系统体系结构研究. 现代远距离教育，（1）：71-77.

姜媛，林崇德. 2010. 情绪测量的自我报告法述评. 首都师范大学学报（社会科学版），（6）：135-139.

芥末堆. 2015. 日本在线英语学习应用POLYGLOTS：教育自适应的新玩法. http://old.aieln.com/news/2015/12600.html. [2017-05-08].

晋欣泉，王林丽，杨现民. 2016. 基于大数据的在线学习情绪测量模型构建. 现代教育技术，（12）：5-11.

蓝舰科技. http://www.elanking.com/. [2017-03-22].

李芳, 王恒山, 吕丽娟. 2005. 关联规则在教学管理决策支持中的应用. 上海理工大学学报, (3): 263-267.

李富英, 熊卫卫. 2017. 基于系统聚类分析的网络教学平台效果分析与评价. 价值工程, (3): 167-169.

李浩君, 项静, 华燕燕. 2014. 基于KNN算法的mCSCL学习伙伴分组策略研究. 现代教育技术, (3): 86-93.

李红美, 张剑平. 2015. 面向智慧教室的ARS互动教学模式及其应用. 中国电化教育, (11): 103-109.

李洪修, 张晓娟. 2015. 基于Moodle平台的虚拟学习共同体建构. 中国电化教育, (12): 65-70.

李清臣. 2007. 从模仿到变革: 教学范式的转型. 教育理论与实践, (15): 48-51.

李爽, 钟瑶, 喻忱, 等. 2017. 基于行为序列分析对在线学习参与模式的探索. 中国电化教育, (3): 88-95.

李万春, 朱云东, 刘朝丽. 2009. 基于信息熵的课堂教学过程量化评价模型. 电化教育研究, (1): 99-102.

李晓明, 傅小兰, 邓国峰. 2008. 中文简化版PAD情绪量表在京大学生中的初步试用. 中国心理卫生杂志, (5): 327-329.

林崇德, 杨治良, 黄希庭. 2004. 心理学大辞典. 上海: 上海教育出版社: 946-947.

刘邦奇. 2016. "互联网+"时代智慧课堂教学设计与实施策略研究.中国电化教育, (10): 51-56.

刘亮, 唐海萍, 张丽军. 2010. 基于ARMA模型的财政教育投资时间序列分析. 北京师范大学学报(自然科学版), 46 (2): 194-196.

陆柳生, 余明晖. 2016. 基于离群点检测的学生学习状态分析方法. 计算机与现代化, (3): 35-40.

吕守涛, 毛玉明. 2007. 多维关联规则挖掘在高校就业领域中的应用. 信息技术, (10): 82-84+88.

马修·卡纳迪, 艾瑞克·格林沃尔德, 金伯利·哈里斯, 等. 2015. 对STEM管道比喻理论的质疑——STEM管道比喻理论是否适用于学生和STEM从业人员? 科学教育与博物馆, (1): 20-29.

孟祥增, 刘瑞梅, 王广新. 2014. 微课设计与制作的理论与实践. 远程教育杂志, (6): 95-96.

牟智佳, 俞显. 2016. 知识图谱分析视角下学习分析的学术群体与热点追踪——对历年"学习分析与知识国际会议"的元分析. 远程教育杂志, (2): 54-63.

宁虹, 武金红. 2003. 建立数量结构与意义理解的联系——弗兰德互动分析技术的改进运用. 教育研究, (5): 23-27.

潘锋. 2008. 关联规则在教学计划制定中的应用. 重庆科技学院学报: 自然科学版, (23): 82.

桑新民. 1998. 我国师范教育面临的跨世纪挑战及其对策思考. 高等师范教育研究, (6): 10-14.

数据猿. 2016. 大数据应用于教育行业的十大案例. http://www.datayuan.cn/article/5871.htm. [2017-05-04].

搜狐. 2015. 快乐学"欧拉计划": 来看一场数据驱动学习的教学. http://mt.sohu.com/20150907/n420545175.shtml. [2017-05-08].

搜狐. 2015. 玩自适应的Knewton又谈下一笔生意, 这一次是日本. http://mt.sohu.com/ 20150716/n416897268.shtml. [2017-05-08].

搜狐. 2015. 一文看尽韩国在线教育项目之 K12 篇. http://learning.sohu.com/20151106/n425426614.shtml. [2017-05-02].

搜狐. 2015. 最受日本学生欢迎的 K12 在线教育产品有哪些? http://learning.sohu.com/20151008/n422712157.shtml?from=relevant_425426614.[2017-05-03].

苏仰娜. 2016. 基于多元智能理论与 Moodle 平台活动记录的翻转课堂学习评价研究——以"多媒体课件设计与开发"课程实践为例. 电化教育研究,（4）：77-83.

孙力, 程玉霞. 2015. 大数据时代网络教育学习成绩预测的研究与实现——以本科公共课程统考英语为例. 开放教育研究,（3）：74-80.

孙中红. 2009. 个性化智能网络教学系统中学生模型的研究. 中国电化教育,（10）：107-110.

孙众, 宋洁, 吴敏华, 等. 2017. 教学干预：提升混合课程质量的关键因素. 中国电化教育,（4）：90-96.

谭威. 2014. Hiteach 智慧教室系统在小学数学课中的应用实践. 中国教育信息化,（12）：21-23.

汤诗华, 朱祖林, 毕磊, 等. 2013. 成人在线学业情绪测评研究. 中国远程教育,（6）：43-46.

田爱丽, 吴志宏. 2014. 翻转课堂的特征及其有效实施——以理科教学为例. 中国教育学刊,（8）：29-33.

万海鹏, 汪丹. 2016. 基于大数据的牛顿平台自适应学习机制分析——"教育大数据研究与实践专栏"之关键技术篇. 现代教育技术, 26（5）：5-11.

万伟. 2015. 三十年来教学模式研究的现状、问题与发展趋势. 中国教育学刊,（1）：60-67.

王彬菁, 李明东. 2015. 一种改进的关联规则在个性化学习推荐系统中的应用. 电脑知识与技术,（22）：152-153.

王传毅, 查强. 2016. 基于聚类分析的高等教育系统多样性测量. 统计与决策,（19）：32-36.

王华, 刘萍. 2015. 改进的关联规则算法在学生成绩预警中的应用. 计算机工程与设计,（3）：679-682.

王怀波. 2016. 网络环境下深度学习行为分析及其促进策略研究. 徐州：江苏师范大学.

王鉴. 2007. 课堂研究概论. 北京：人民教育出版社：165-168.

王坤庆. 2010. 对卢梭教育思想的再认识. 教育研究与实验,（2）：1-5.

王林丽, 叶洋, 杨现民. 2016. 基于大数据的在线学习预警模型设计——"教育大数据研究与实践专栏"之学习预警篇. 现代教育技术, 26（7）：5-11.

王伟东, 金义富. 2015. 一对一数字化互动反馈智能课堂学习环境研究. 中国电化教育,（7）：55-59.

王晓晨. 2013. 基于移动学习感知变量的远程学习者聚类研究及其对学习支持的启示. 电化教育研究,（5）：43-47.

王与, 刘洋. 2011. 分类技术在高校教学管理中的应用. 滁州学院学报, 13（5）：124-125.

网易. 2015. "有谱"用数据驱动学习策略优化. http://news.163.com/15/0409/16/AMPAP4FH00014AEE.html. [2017-05-08].

网易. 2015. 24 省教育界人士齐聚京观摩共研"OKAY 智慧课堂". http://edu.163.com/ 15/1118/13/B8N63F8T00294KHN.html. [2017-05-10].

魏书生. 1990. 语文教学探索. 河南：河南大学出版社：60-61.

参考文献

吴永和, 曹盼, 邢万里, 等. 2014. 学习分析技术的发展和挑战——第四届学习分析与知识国际会议评析. 开放教育研究, （6）: 72-80.

武法提, 牟智佳. 2014. 电子书包中基于大数据的学生个性化分析模型构建与实现路径. 中国电化教育, （3）: 63-69.

谢晶, 方平, 姜媛. 2011. 情绪测量方法的研究进展. 心理科学, （2）: 488-493.

邢蓓蓓, 杨现民, 李勤生. 2016. 教育大数据的来源与采集技术. 现代教育技术, （8）: 14-21.

徐鹏, 王以宁, 刘艳华, 等. 2013. 大数据视角分析学习变革——美国《通过教育数据挖掘和学习分析促进教与学》报告解读及启示. 远程教育杂志, 31（06）: 11-17.

徐琰, 肖基毅. 2014. 离群点分析在高校能耗监控系统中的应用. 南华大学学报（自然科学版）, （2）: 89-93.

杨现民, 唐斯斯, 李冀红. 2016. 发展教育大数据: 内涵、价值和挑战. 现代远程教育研究, （1）: 50-61.

杨现民, 唐斯斯, 李冀红. 2016. 教育大数据的技术体系框架与发展趋势——"教育大数据研究与实践专栏"之整体框架篇. 现代教育技术, （1）: 5-12.

杨现民, 王怀波, 李冀红. 2016. 滞后序列分析法在学习行为分析中的应用. 中国电化教育, （2）: 17-23+32.

杨现民, 王榴卉, 唐斯斯. 2015. 教育大数据的应用模式与政策建议. 电化教育研究, （9）: 54-61.

杨现民, 余胜泉. 2010. 教育变革浪潮中网络教学平台的应用与发展. 中国信息技术教育, （23）: 19-23.

杨现民, 余胜泉, 张芳. 2013. 学习资源动态语义关联的设计与实现. 中国电化教育, （1）: 70-75.

杨晓琼, 戴运财. 2015. 基于批改网的大学英语自主写作教学模式实践研究. 外语电化教学, （2）: 17-23.

杨雪, 姜强, 赵蔚. 2016. 大数据学习分析支持个性化学习研究——技术回归教育本质. 现代远距离教育, （4）: 71-78.

姚舜. 2012. 关联规则算法在图书自动推荐系统中的应用. 四川图书馆学报, （6）: 55-58.

叶海智, 程清杰, 黄宏涛. 2014. K-均值算法支持的优质网络学习资源筛选方法研究. 中国远程教育, （10）: 62-66.

悠数学. http://www.yoomath.com/login.html. [2017-03-22].

余燕芳. 2015. 基于移动学习的O2O翻转课堂设计与应用研究. 中国电化教育, （10）, 47-52.

翟继友. 2015. 基于决策树的教师教学质量评价分析. 教育评论, （9）: 65-67.

张豪锋, 李海龙. 2011. 我国教育技术学研究前沿探讨——基于核心期刊关键词的共词网络与聚类分析. 电化教育研究, （10）: 26-29.

张浩, 吴秀娟. 2012. 深度学习的内涵及认知理论基础探析. 中国电化教育, （10）: 7-11.

张静. 2014. 数据挖掘中聚类分析综述. 价值工程, （15）: 226-227.

张淼. 2013. 读者借阅行为的时间序列分析及预测. 河北科技图苑,, 26（5）: 32-36.

张琪, 杨玲玉. 2016. e-Learning环境学习测量研究进展与趋势——基于眼动应用视角. 中国电化教育, （11）: 68-73.

赵可云, 何克抗, 王以宁. 2010. 杜威实用主义思想对教育技术实验研究的启示. 开放教育研究: 16 (01): 60-64.

赵蔚, 姜强, 王朋娇, 等. 2015. 本体驱动的 e-Learning 知识资源个性化推荐研究. 中国电化教育, (5): 84-89.

郑勤华, 陈耀华, 孙洪涛, 等. 2016. 基于学习分析的在线学习测评建模与应用——学习者综合评价参考模型研究. 电化教育研究, (9): 33-40.

郑州教育政务网. 2016. 第三届全国数据驱动教学改进专题研讨会召开. http://www.zzjy.gov.cn/zwwap/sjyjdt/12/1480205.shtml. [2017-05-04].

钟启泉. 2012. 教学范式与课程文化——与日本佐藤学教授的对话. http://www.360doc.com/content/12/0107/12/151138_177863216.shtml. [2017-04-26].

朱雪梅. 2014. "多元交互式"教学评价体系的建构与实践——基于地理教学观察的行动研究. 课程. 教材. 教法, (11): 63-68.

朱祖林, 黄彩虹, 李锐. 2011. 成人在线学业情绪倾向的测度方法研究. 中国电化教育, (6): 55-60.

Adaptive. 2017. 教育部教师适性教学素养与辅助平台计划. http://adaptive-instruction.weebly.com/35336300593177720171.html. [2017-05-03].

Eric Jensen, Leann Nickelsen. 2010. 深度学习的 7 种有力策略. 温暖译. 上海: 华东师范大学出版社.

Han J, Kamber M, Pei J. 2012. Data Mining Concepts and Techniques Third Edition. 原书第 3 版. 北京: 机械工业出版社: 351-354.

LinkinPark. 2016. 当教育学习遭遇大数据, 九大应用案例让你大开眼界. http://www.36dsj.com/archives/56841. [2017-05-03].

ACER. 2015. Trends in International Mathematics and Science Study (TIMSS). https://www.acer.org/timss. [2017-05-11].

Agrawal R, Swami A. 1993. Mining Association Rules between Sets of Items in Large Databases. ACM SIGMOD International Conference on Management of Data, (8): 207-216.

American Public Media. 2017. The Data-Driven Classroom. http://americanradioworks.publicradio.org/features/tomorrows-college/keyboard-college/data-driven-classroom.html. [2017-05-10].

Andergassen M, Mödritscher F, Neumann G. 2014. Practice and repetition during exam preparation in blended learning courses: correlations with learning results. Journal of Learning Analytics, (1): 48-74.

Bakeman R. 1997. Observing interaction: An introduction to Sequential Analysis. Cambridge: Cambridge University Press.

Banse R, Scherer K R. 1996. Acoustic profiles in vocal emotion expression. Journal of Personality and Social Psychology, (3): 614-636.

Barba P G, Kennedy G E, Ainley M D. 2016. The role of students' motivation and participation in predicting performance in a MOOC. Journal of Computer Assisted Learning, 32 (3): 218-231.

Biggs J, Kember D, Leung D Y P. 2001. The revised two-factor study process questionnaire:

R-SPQ-2F. British journal of educational psychology,（1）：133-149.

Biggs J B，Collis K F. 2014 Evaluating the Quality of Learning：The SOLO Taxonomy（Structure of the Observed Learning Outcome）. Academic Press.

Blikstein P，Worsley M. 2016. Multimodal learning analytics and education data mining：using computational technologies to measure complex learning tasks. Journal of Learning Analytics, 3（2）：220-238.

Bloom B S. 1968. Learning for mastery. Evaluation Quarterly,（2）：1-12.

Chen S C，She H C，Chuang M H，et al. 2015. Eye movements predict students' computer-based assessment performance of physics concepts in different presentation modalities. Computers & Education, 74：61-72.

Cheng Y，Miao Y C，Tan P F，et al. 2016. Research on mining and detection method of abnormal learning behavior. International Conference on Information System & Artificial Intelligence：566-570.

Chuang，Isaac，Ho. 2016. Andrew Dean HarvardX and MITx：Four Years of Open Online Courses-Fall 2012-Summer 2016. http://dx.doi.org/10.2139/ssrn.2889436. [2017-05-05].

Cogbooks. 2015. The platform adapts to each student in four different ways. https：// www.cogbooks.com/platform/. [2017-05-03].

Corti L. 2004. Survey data in teaching project（SDiT）：enhancing critical thinking and data literacy. IASSIST Quarterly, 28（2/3）：39-54.

Data Quality Campaign. 2012. State Data Systems Make a Difference for Students. http://dataqualitycampaign.org/blog/2012/11/state-data-systems-make-a-difference-for-students. [2017-05-03].

Data Quality Campaign. 2017. Who We Are. https：//dataqualitycampaign.org/who-we-are/. [2017-05-01].

Education Elements. 2017. Highlight：Personalized Learning Platform [DB/ OL]. https：//www.edelements.com/personalized-learning-platform.2017-05-07. [2017-04 -22].

Ellen，B. Mandinach，Edith S. 2013. Gummer. A systemic view of implementing data literacy in educator preparation. Educational Researcher, 42（1）：30-37.

Entwistle N J. 1991. Approaches to learning and perceptions of the learning environment. Higher education,（3）：201-204.

Ez-Zaouia M，Lavou，Elise. 2017. EMODA：a tutor oriented multimodal and contextual emotional dashboard. International Learning Analytics & Knowledge Conference. Vancouver：ACM, 429-438.

Farooqui T，Mustafa I，Christie T. 2014. Outliers in educational achievement data：their potential for the improvement of performance. Pakistan Journal of Statistics, 30（1）：71-82.

Field A P，Davey G C L. 1997. Conceptual conditioning：evidence for an artifactual account of evaluative learning. Learning and Motivation,（3）：446-464.

Gibson A，Kitto K，Bruza P，et al. 2016. Towards the discovery of learner metacognition from reflective writing. Journal of Learning Analytics, 3（2）：22-36.

Gray G, McGuinness C, Owende P, et al. 2016. Learning factor models of students at risk of failing in the early stage of tertiary education. Journal of Learning Analytics, 3 (2): 330-372.

Houghton W. 2004. Deep and Surface Approaches to Learning. Engineering Subject Centre Guide: Learning and Teaching Theory for Engineering Academics, W. Houghton, ed. Loughborough, UK: HEA Engineering Subject Centre.

Howley I, PensteinRosé C. 2016. Towards careful practices for automated linguistic analysis of group learning. Journal of Learning Analytics, 3 (3): 239-262.

https://www.knewton.com/assets-v2/downloads/knewton-intro-2014.pdf. [2017-06-23].

Jayaprakash S, Moody E, Lauría E, et al. 2014. Early alert of academically at-risk students: an open source analytics initiative. Journal of Learning Analytics, 1 (1): 6-47.

Kelly N, Thompson K, Yeoman P. 2015. Theory-led design of instruments and representations in learning analytics: developing a novel tool for orchestration of online collaborative learning. Journal of Learning Analytics, 2 (2): 14-43.

Kendall P C, Hollon S D. 2013. Cognitive-behavioral interventions: Theory, Research, and procedures. Academic Press, (8): 78-80.

KICKBOARD. 2017. Positive School Culture at Your Fingertips. https://www.kickboardforschools.com/product-features. [2017-05-03].

Kloft M, Stiehler F, Zheng Z, et al. 2014. Predicting MOOC Dropout over Weeks Using Machine Learning Methods. Proceedings of the EMNLP 2014 Workshop on Analysis of Large Scale Social Interaction in MOOCs: 60-65.

Knewton Company. 2014. Heavy Duty Infrastructure for the Adaptive World.

Knight S, Littleton K. 2015. Discourse-centric learning analytics: mapping the terrain. Journal of Learning Analytics, 2 (1): 185-209.

Lai C L, Hwang G J. 2016. A self-regulated flipped classroom approach to improving students, learning performance in a mathematics course. Computers & Education, 100: 126-140.

Laird T F N, Shoup R, Kuh G D. 2005. Deep Learning and College Outcomes: Do Fields of Study Differ. Annual Meeting of the Association for Institutional Research.

Laura Shankland. 2015. Reading the Warning Signs - Using Research to Prevent High School Dropouts in Texas. http://www.sedl.org/pubs/sedl-letter/v22n02/dropout-warning-signs.html. [2017-05-03].

Lexia Learning a Rosetta Stone Company. 2017. Multi-Tier Classroom Setting. http://www.lexialearning.com/solutions/multi-tier. [2017-05-02].

Lindgren R, Tscholl M, Wang S, et al. 2016. Enhancing learning and engagement through embodied interaction within a mixed reality simulation. Computers & Education, 95: 174-187.

Literacy How. 2008. Data-Driven Differentiated (D3) Instruction. http://www.literacyhow.com/assessment-progress-monitoring/. [2017-05-01].

Martinez-Maldonado R, Pardo A, Mirriahi N, et al. 2015. LATUX: An iterative workflow for designing, validating, and deploying learning analytics visualizations. Journal of Learning

Analytics, (3): 9-39.

Mathspace. 2017. The World's Smartest Maths App. https: //mathspace.co/. [2017-05-08].

McCoach, D. Betsy Goldstein, Behuniak J, et al. 2010. Examining the unexpected: outlier analyses of factors affecting student achievement. Journal of Advanced Academics, 21 (3): 426-468.

Merceron A, Blikstein P, Siemens G. 2016. Learning analytics: from big data to meaningful data. Journal of Learning Analytics, 2 (3): 4-8.

Miller G A. 1983. The magical number seven, plus or minus two: some limits on our capacity for processing information. Advances in Psychological Science, (4): 53-65.

Mitri D D, Scheffel M, Drachsler H, et al. 2017. Learning Pulse: A Machine Learning Approach for Predicting Performance in Self-Regulated Learning Using Multimodal Data. Vancouver: ACM, 188-197.

Moon S, Potdar S, Martin L. 2014. Identifying Student Leaders from Mooc Dis cussion Forums thr ough Language Influence. Proceedings of the 2014 Conference on Empirical Methods in Natural Language Processing (EMNLP), 15-20.

Mrityunjoy J, Nityananda S. 2016. Modeling of hotspot detection using cluster outlier analysis and Getis-Ord Gi statistic of educational development in upper-primary level, India. Modeling Earth Systems and Environment, 2 (2): 60.

Next Generation Learning Challenges. 2015. Helping Educators Reimagine Public Education. http://nextgenlearning.org/. [2017-05-01].

NG2: No Grades, No Grades. 2017. Personalized Inclusive Education Pathways. https: //www.ng2personalizedlearning.org/. [2017-05-02].

Nowlis V. 1959. The experimental analysis of mood. Acta Psychologica, (59): 426-427.

OECD. 2015. Programme for International Student Assessment. http://www.oecd.org/pisa/aboutpisa/. [2017-05-11].

Osman G, Herring S C. 2007. Interaction, facilitation, and deep learning in cross-cultural chat: a case study. The Internet and Higher Education, 10 (2): 125-141.

Rodriguez V F. 2014. Reflective teaching: theory within classroom practices. Teaching Education, (3): 294-308.

Rupp A A, Templin J. 2008. The effects of Q-Matrix misspecification on parameter estimates and classification accuracy in the DINA model. Educational and Psychological Measurement, 68 (1): 78-96.

Sackett G P. 1978. Observing Behavior: Theory and Applications in Mental Retardation. Baltimore: University Park Press.

Scardamalia M, Bereiter C. 2006. Knowledge building: theory, pedagogy, and technology. The Cambridge handbook of the learning sciences, (5): 30-31.

ScootPad. 2017. How ScootPad Works. https: //www.scootpad.com/index. [2017-05-08].

Skinner B F. 1969. Contingencies of reinforcement. Encyclopedia of the Sciences of Learning, 802-803.

SMART SPARROW. 2017. Create Learning Experiences as Unique as Your Students. https：www.smartsparrow.com [2017-05-03].

Snow Erica L，Allen Laura K，Jacovina Matthew E，et al. 2015. Keys to detecting writing flexibility over time：entropy and natural language processing. Journal of Learning Analytics，2（3）：40-54.

Steiner，Christina M，Kickmeier Rust，et al. 2016. LEA in private：a privacy and data protection framework for a learning analytics toolbox. Journal of Learning Analytics，3（1）：66-90.

Tabatabase H，Ghahramani F，Choobineh A，et al. 2016. Investigation of outliers of evaluation scores among school of health instructors using outlier determination indices. Journal of Advances in Medical Education & Professionalism，4（1）：21-25.

Taskstream. 2017. Assessment，Accreditation，e-Portfolios to Improve student learning [DB/OL]. https：//www.taskstream.com/. [2017-04-20].

Tore Hoel，Weiqin Chen. 2016. Privacy-driven design of learning analytics applications：exploring the design space of solutions for data sharing and interoperability. Journal of Learning Analytics，3（1）：139-158.

Uncommon Schools. 2005. Driven By Data：A Practical Guide to Improve Instruction. http://www.uncommonschools.org/our-approach. [2017-05-02].

Vozniuk A，Holzer A Gillet D. 2016. Peer assessment dataset. Journal of Learning Analytics，3（2）：322-324.

Waddington R J，Nam S J，Lonn S，et al. 2015. Improving early warning systems with categorized course resource usage. Journal of Learning Analytics，3（3）：263-290.

Watson D，Tellegen A. 1985. Toward a consensual structure of mood. Psychological Bulletin，（2）：219-235.

West L H T，Kellett N C. 1981. The meaningful learning of intellectual skills：an application of Ausubel's subsumption theory to the domain of intellectual skills learning. Science Education，（2）：207-219.

Wise A F，Zhao Y，Hausknecht S N. 2014. Learning analytics for online discussions：embedded and extracted approaches. Journal of Learning Analytics，1（2）：48-71.

XOchoa X，MarceloWorsley. 2016. Augmenting learning analytics with multimodal sensory data. Journal of Learning Analytics，3（2）：213-219.

附录

附录1 中国教育大数据重要事件(2016—2017)

2016年1月14—15日 中国大数据国际峰会在北京召开,会议从大数据发展的总体情况和趋势、国家政策、大数据挖掘与分析角度出发,研究大数据在数字营销、汽车互联网、金融、工业互联网、零售行业、精准医疗及教育等行业的应用,对大数据安全、大数据隐私等热门话题进行分享和讨论,以此促进多个行业更好地理解和运用大数据,让企业的运营和发展更加智慧高效。

2016年1月15日 贵州省第十二届人民代表大会常务委员会第二十次会议通过了《贵州省大数据发展应用促进条例》,这是贵州首部大数据地方法规,同时也是中国首部大数据地方法规。法规第十二条指出,鼓励高等院校、科研机构、职业学校与企业合作,开展大数据发展应用技术研究,建立大数据教育实践、创新创业和培训基地,支持高等院校大数据学科建设,开设大数据相关课程。

2016年1月28日 "中国教育大数据专家论坛"在北京举办,曲阜师范大学校长、中国教育大数据研究院院长戚万学代表发起单位宣读《中国教育大数据发展促进计划》,标志着中国教育大数据发展有了"路线图"。这项计划旨在"以大数据驱动教育改革创新",实施六大行动:战略引领行动、1+X协同创新行动、教育治理+大数据行动、大数据人才培养行动、发展基金筹措行动、高端研讨行动。

2016年2月28日 云南大学大数据研究院成立,旨在开展与大数据有关的基础科学和关键技术问题的特色研究与人才培养,打造高水平多学科交叉融合的国内外学术交流平台,建设集大数据学术研究、技术研发、人才培育和应用服务为一体产学融合的创新研发平台、产业智库。

2016年4月13日　促进大数据发展部际联席会议召开第一次会议，审议通过了《促进大数据发展三年工作方案（2016—2018）》《促进大数据发展2016年工作要点》等文件。该会议强调要深刻领会实施国家大数据战略的重大意义，围绕加快数据共享开放、推动产业创新发展、科学规范利用数据三个关键环节精准发力，加快推进制度体系、综合试验区、重大工程"三大建设"。

2016年4月17日　我国首份面向基础教育领域的大数据研究报告《中国基础教育大数据发展蓝皮书（2015）》在北京师范大学发布。蓝皮书汇聚40多位教育学者、大数据技术专家、一线教育实践者与管理者的集体智慧，深度透析我国基础教育大数据发展的现状、难点和趋势，为教育大数据发展勾勒了蓝图，为各方协同合作搭建了框架。此次蓝皮书发布会引起了社会的广泛关注，北京电视台、中国教育电视台、中国教育报、中国教育新闻网、新浪、搜狐、网易、中华网、今日头条等数十家媒体进行了报道。

2016年5月16日　沈阳市出台了《沈阳市促进大数据发展三年行动计划（2016—2018年）》，明确未来三年全面推进大数据发展和应用、加快构建数据强市的工作任务和具体举措。预计到2018年底，将沈阳市打造成为国家级大数据产业创新发展试验区、东北地区大数据集聚区，形成立足沈阳、辐射辽宁、带动东北的市场布局，实现全市650亿元大数据产业规模。

2016年5月20日　云计算大数据与教育创新峰会在国家会议中心召开。会议专题论坛汇聚产学研用四方智慧资源，邀请国内外在互联网教育领域的权威专家、知名企业家等，以全方位的视角，从趋势观察、实践共享、技术变革等多维度展开深度探索，搭建政府、学校、企业、研究机构的高端交流平台，推动"互联网+教育"的均衡发展。

2016年5月25日　中国大数据产业峰会暨中国电子商务创新发展峰会在贵阳举行，国务院李克强总理与国内外业界人士就"数据创造价值，创新驱动未来"的会议主题进行对话。李克强总理指出，大数据、云计算等前沿技术和分享经济的蓬勃发展，有利于发展新经济、培育新动能。推动大数据、"互联网+"等同制造业相融合，改造和提升传统产业，促进中国经济转型升级，保持中高速增长，迈向中高端水平。

2016年6月4日　首届大数据科技创新与人才发展论坛在北京中关村软件园举行。与会嘉宾针对大数据人才瓶颈问题，深入探讨了大数据领域创新的人才培养模式、大数据人才培养体系及IT人向大数据人才转型的职业发展之路。

2016 年 6 月 18 日　福建省人民政府印发《福建省促进大数据发展实施方案（2016—2020 年）》该方案指出，建立数据资产商品化、数据定价、交易流程和安全准则等机制，探索建立安全、规范、可信的数据交易运营体系，运用大数据改进政府治理方式和提升公共服务水平，运用大数据创新科学研究模式，建立大数据创新服务平台和大数据创新创业孵化基地，旨在充分发挥大数据在经济社会发展中的基础性、战略性、先导性作用，充分释放大数据驱动创新发展、提高治理能力、创新公共服务的巨大潜能。

2016 年 7 月 3 日　第二届教育大数据与基础教育课程改革高峰论坛在上海召开。论坛以"教育大数据与基础教育课程改革"为主题，主要探讨了大数据时代下的基础教育变革方向，分享了大数据在学校教学、学生学习、教学科研、家校互动、校园管理等方面的创新应用。

2016 年 8 月 26 日　国家发展改革委组织实施大数据领域创新能力建设专项，构建大数据领域创新网络，着力提高大数据领域自主创新能力，促进大数据产业快速发展。专项建设的目标是未来 2～3 年，建成一批大数据领域创新平台，为大数据领域的相关技术创新提供支撑和服务。转型内容和重点将围绕大数据基础技术和应用技术两个维度展开，组建 13 个国家工程实验室，其中包括教育大数据应用技术国家工程实验室。

2016 年 9 月 14 日　贵州伯克利大数据创新研究中心揭牌仪式在贵阳市级行政中心举行。研究中心分两个阶段进行建设：第一阶段，2016 年 9 月至 2017 年底，重点完成"学龄儿童大数据分析研究实验室""老人大数据分析研究实验室"基础设施构建，同步开展区域数据资源评估及大数据人才培训等合作。第二阶段，重点在大数据民生服务、政府治理、产业应用等领域，从基础研究、技术开发、产业创新、成果孵化、教学培训等方面开展深度合作，为提升政府治理能力和服务民生效率提供支撑。

2016 年 10 月 22 日　百度文库携手广东省高等教育出版社在广州举行互联网大数据服务教与学成果发布会，并发布《2016 年全国高考大数据分析报告》该报告基于百度文库的高考估分系统数据，邀请多省的教研专家对多个科目进行专业分析，收录诸多资深教育工作者结合大数据技术探究出的高考教研方法论。

2016 年 10 月 27 日　山东省政府网正式公布《山东省人民政府关于促进大数据发展的意见》，提出把济南、青岛建为全国性社会化大数据中心；支持国内外大型企业在济南、青岛集中布局社会化区域大数据中心；大力发展数据交易机构，支持符合条件的市场主体探索设立数据交易市场；在 2018 年之前，重点推进地理信息、道路交通、公共服务、经济统计、资格资质、环境保护、行政管理等政府数据向社会开放。

2016 年 11 月 10 日 西北师范大学申报的"互联网教育数据学习分析技术国家地方联合工程实验室"获批建设,这是该校批的第一个国家级科研平台。工程实验室全面贯彻"互联网+"教育理念,旨在通过集聚互联网教育人才,提升科技创新能力,促进产学研紧密结合,形成互联网教育的科研开发基地、人才培养基地、成果转化基地、咨询服务基地,推进甘肃省互联网教育发展,促进区域教育均衡发展,实现教育公平。

2016 年 11 月 12~13 日 "大数据驱动的教育变革"国际学术研讨会暨首届中国教育大数据发展论坛在山东曲阜举行。主论坛上,何克抗和舍恩伯格分别做了题为"大数据改变人类教育方式与学习方式"和"大数据与教育的未来"的演讲。四个分论坛分别以大数据与教育改革、大数据与学习变革、大数据与教师专业发展、大数据与民办教育为主题,与会嘉宾就各个主体进行了深入探讨和交流。

2016 年 11 月 19 日 《基于大数据的学生分层学习订正系统》在北京通过国家教育部科技成果鉴定。该系统利用信息技术手段,采集学生学习过程、学习行为、学习问题等数据,通过对数据进行深入分析,为学生提供自我订正反馈,为教师提供学生分层手段的教学服务。科技成果鉴定会的结果为部分技术达到国内领先水平,为全国推行专业化的教育大数据应用提供了可借鉴的案例。

2016 年 12 月 17 日 北京大数据研究院举办第一届大数据教育论坛,旨在进一步推动数据科学与大数据专业人才的培养和教学体系的建设,为国家大数据长远发展奠定坚实的基础。论坛的主要议题包括:大数据人才市场需求分析,数据科学与大数据技术专业申报经验分享,数据科学与大数据技术、大数据技术与应用专业学科及其课程体系建设,大数据人才评价标准与体系,大数据实训平台建设,大数据系列教材研发计划,校企合作大数据人才培养等。

2016 年 12 月 23 日 国家发展改革委高技术司组织专家对有关单位申报的"互联网+"和大数据领域国家工程实验室项目进行了评审。经竞争择优,拟确定 8 家"互联网+"领域国家工程实验室承担单位,11 家大数据领域国家工程实验室承担单位。国家发改委和改革委员会首次着眼于技术变革教育立项建设国家级工程实验室、"互联网教育关键技术及应用国家工程实验室""教育大数据应用技术国家工程实验室"同时诞生,由北京师范大学、华中师范大学、全通教育集团(广东)股份有限公司等单位分别承担。

2017年1月10日 《中国基础教育大数据发展蓝皮书(2016—2017)》项目启动暨首次研讨会在北京师范大学京师大厦举行,来自全国各地的十余位专家对本年度蓝皮书的撰写框架、思路与特色进行了深入研讨。蓝皮书将汇聚全国知名教育专家和大数据专家的智慧及一线教育者的工作经验,进一步聚焦教学大数据应用实践,重点探索数据驱动下的精准教学。

2017年1月12日 "大数据与教育变革"高峰论坛在成都举行。论坛上,周涛以"大数据教育革命"为主题,深挖大数据对教育带来的革新。一起作业网联合创始人肖盾认为大数据对家庭教育未来会产生更大影响。成都市教育局副局长陈蕾指出,科学运营大数据,是保证教育决策科学化、民主化、绩效化的重要环节,是检验教育目标能否达成的重要手段。

2017年1月17日 工业和信息化部正式印发《大数据产业发展规划(2016—2020年)》,全面部署"十三五"时期大数据产业发展工作,加快建设数据强国,为实现制造强国和网络强国提供强大的产业支撑。

2017年3月5日 第十二届全国人民代表大会第五次会议在人民大会堂开幕,国务院总理李克强向全国人民做了政府工作报告。报告提出深入推进"互联网+"行动和国家大数据战略,进一步落实国家大力发展大数据战略的宏伟目标,为成为数据发展大国打下来稳固的基础。

2017年3月20—21日 "教育大数据应用技术"国际学术研讨会在上海华东师范大学举行。会议聚焦教育大数据,旨在促进教育领域大数据应用技术研究的国际学术交流,优先了解国际教育信息化推进中的创新理念、技术、方法与工具,参与优秀实践案例的分享与研讨。来自企业的代表也从教育技术研发与解决方案的视角,展示了大数据环境下的教学互动平台,介绍了人工智能采集数据技术、增强现实新技术等依托大数据辅助教育教学的技术研究现状和最新产品。

2017年3月12日 山西省发布《山西省大数据发展规划(2017—2010年)》,旨在加快推进山西省大数据战略实施,促进数字经济的发展。根据目前的发展基础和存在问题,山西省制定了相关的指导思想和基本原则,确定了发展的总体目标,加快推进六大工作任务落实,围绕数据资源、数据应用、数据产业、数据安全四个领域,全力实施"云聚山西""云惠山西""云殖山西""云安山西"四大工程,提出六大保障措施,全面推进大数据发展应用。

2017年4月8日 全国信息安全标准化技术委员会发布了《大数据安全

标准化白皮书（2017）》。白皮书重点介绍了国内外的大数据安全法规政策、标准化现状，分析大数据安全所面临的安全风险和挑战，给出大数据安全标准化体系框架，规划大数据安全标准工作重点，提出开展大数据安全标准化工作的建议。

2017年4月15—16日 首届大数据教育高峰论坛在桂林召开。来自大数据研究、教学与开发等方面的一线知名专家学者做了精彩的报告，内容主要集中在大数据理论研究、技术研发与应用、高校大数据专业人才培养、高校大数据专业申报与建设、大数据教育创新实践与应用等热点方向，从不同的层面、不同的角度、大数据的外延与内涵等方面做了阐述。另外，论坛为参会高校、研究单位和企业等搭建了分享与交流平台，给与会代表交流产、学、研合作提供了机会。

2017年4月17日 中国教育大数据人才培养计划正式启动，全国总第一期教育数据分析师（EDA）培训在中国人民大学世纪馆开班，这标志着教育大数据的普及元年的到来。教育大数据的发展对教育的业务开展乃至教学管理全流程的帮助很大，意义深远。

2017年4月22日 内蒙古数据科学与大数据学会在内蒙古财经大学成立并举行了首届学术年会。学会成立之后，将推动自治区大数据跨层级、跨地域、跨系统、跨部门、跨业务的协同管理和服务，整合和利用区内外教育机构、研究机构、政府、企业等方面的大数据人才和资源，通过课题研究、技术培训、咨询服务、合作开发等形式，为该地区大数据应用水平的提升和产业的发展提供强有力的智力支持和人才支撑。

2017年5月26—28日 中国国际大数据产业博览会在贵阳举行。就大数据时代的教育问题，华中师范大学校长杨宗凯教授讲道，数据驱动教育变革已成为全球改革和发展共识，可能为我国长期困扰的教育难题提供新的可能性。杨教授提出了教育大数据的几大应用场景，包括差异化教学、个性化学习、精细化管理、数据驱动教学和教育智能化，并指出上述场景只是冰山一角，教育的创新空间是无限的，目前面对的是再造一个新生态，是整个教育系统的重组与再建问题，这是一个长期的过程。

2017年7月6日 由福建教育杂志社主办、极课教育研究院承办、极课大数据协办的第三届基础教育大数据技术及应用研讨会在福建师范大学盛大召开。本届研讨会针对当前基础教育大数据技术和应用的热点话题，邀请了多位教育专家，从不同视角论述了"大数据"时代下的教育变革与发展，探讨和展望了教育大数据在学校教学科研、学生评价、教师教学、教师发展等方面的创新应用。

2017年7月15—17日 由北京师范大学课程与教学研究中心举办的基于大数据分析教学核心技术应用研究论坛在北京举行。论坛旨在提升中小学校利用数据把握学情、开展精准教学、提升教学质量方面的能力。与会专家与一线校长、骨干教师等就大数据时代的教育质量评估与监测、数据驱动的精准教学、教师专业发展、学校导入教育大数据等问题进行了探讨交流。

备注：教育大数据重要事件的统计区间为2016年1月1日到2017年7月30日。

附录2　政产学研"共话"教育大数据

《中国基础教育大数据发展蓝皮书》组委会邀请了50名来自电教馆、教育信息化企业、学校及研究机构的专业人士，用简单的一两句话表达有关教育大数据的认识、发展、困境、价值、趋势等方面的独特观点。

1. 教育大数据给真正个性化教育带来机遇，通过对学习者学习行为大数据分析能够准确识别学习者特征、预测学习结果，给予个性化学习干预、指导。然而，干预什么、怎样干预、何时干预等问题是面临的挑战。（赵蔚　东北师范大学计算机科学与信息技术学院教授、博士生导师）

2. 大数据有可能改变教育研究范式与学习评价模式，教育研究将从探索各要素之间的因果关系向寻找数据之间的相关性转变，学习评价将从以标准化考试为主向以智能机器人对学习者全方位评估转变。（王竹立　中山大学现代教育技术研究所副所长、教授）

3. 教育大数据的研究既要关注学生的行为轨迹，又要保护学生的行为隐私，助力学生形成持续学习力。（沈书生　南京师范大学教育科学学院教授、博士生导师）

4. 教育大数据将使人类学习质量超越历史上的任何阶段！（方海光　首都师范大学教授）

5. 数据的最终价值体现在与具体业务的深度融合，实现理性决策和科学管理。教育大数据将在教育监控、教育诊断、教育决策和实现精准教学、精准辅导等方面充分发挥数据的应用价值。（郭炯　西北师范大学教授）

6. 步入课堂大数据时代，数据素养会成为教师教学智慧的重要组成部分，成为教师雾里看花、水中望月的一双慧眼。数据驱动的教学决策，不仅使因材施教的个性化教育梦成为可能，更会帮助教育学科从一门艺术发展为一种科学。（孙众　首都师范大学信息工程学院副教授、博士）

7. 大数据时代，从校长到普通教师，要认识到教育教学过程、管理过程相关数据的采集和存储是一项有价值的活动，要善于在日常工作中发掘大数据分析与利用的需求，要为基于大数据的精细管理和精准教学做出努力。（魏顺平　国家开放大学信息化部副处长、数字化学习技术集成与应用教育部工程研究中心副主任）

8. 教师教育大数据是促进教师职前职后一体化培养最有效的措施。（白浩　陕西师范大学远程教育学院副院长、全国教师创客联盟秘书长）

9. 技术赋能的学习环境下，数字化学习正日益重塑人类学习的时空、模式和方法，由此产生的教育大数据在人类历史上第一次全景式呈现了学习过程，为学习分析和教育数据挖掘学科、专业的诞生奠定了基础，更为改善学习绩效提供了机会，并让个性化学习在最大程度上成为可能。（许涛　同济大学外国语学院副教授、博士）

10. 教育大数据，引领教师从全新的视角分析、诊断基于课堂的教学动态供给和教学优化改进，提升教学的真实效益。教育大数据，让教育的新触角延伸到家长与学生的心田，激发他们自主规划、自主学习的动力，引领孩子们做未来学习的个性化发展的主人。（马耀国　北京教育学院通州分院副院长，通州区教师研修中心副主任）

11. 今天，如果说大数据已成为一种生存媒介——人与各种智化/网络工具的快捷连接与交互——汇成海量数据。那么，教育大数据已不仅仅是一种工具/方法，还成为与人的生活、工作、成长、学习等息息相关的一种文化。教育大数据的服务价值主要在于聚焦、诊断、服务于"人"学习的全过程，有效促进每个学习者的学习绩效以及社群交互/学习。（陶侃　《远程教育杂志》副主编/编辑部主任）

12. 世界就是数据，用数据来表征人的行为及其意识，是技术应用的进步，但是学习有时是非理性和非逻辑的，比如创造性等，是数据难以反映的，不能迷信数据能无限反映世界。（徐辉富　《开放教育研究》编辑部主任）

13. 当前微课、慕课、翻转课堂、教育大数据都是信息技术教育应用的热点。在信息化环境中，如果说微课是资源、慕课是平台、翻转课堂是教学方法论，那

么教育大数据则是评价有效教与学的客观依据。(宋述强 清华大学《现代教育技术》副主编)

14. 教育大数据要以学生为中心,在教育变革的全要素链条上为构建创新开放的教育生态做出贡献,通过教育大数据的力量,真正关注学生的实际获得,尊重学生的个性化发展,让学生有尊严地学习。(赵兴龙 中央电化教育馆副研究员、博士,《中国电化教育》编辑部主任)

15. 教育大数据的应用给深入推进信息技术与教育教学深度融合注入了新的活力,教与学各环节痕迹的数据化处理技术为实现因材施教的教育理想带来了更广泛、更科学的施展空间。(陈海东 教育部教育管理信息中心研究室主任博士)

16. 教育大数据的基础工作是收集、整理,重点工作是分析与应用。这样才能提升教育治理能力和教育质量。(尤学贵 江苏省电化教育馆原馆长,江苏省智慧教育产业联盟理事长)

17. 现阶段基础教育大数据最显著的作用,是以数据为依据发现教育教学中的问题。找到问题,找准问题,才有可能有针对性地提出解决问题的方法、措施和路径。因此,建立客观、精确、理性的数据意识和数据文化,是基础教育大数应用的基本任务。(周岩 江苏省徐州市电教馆馆长)

18. 教育大数据是行业大数据中最特殊最困难的,需要大公司与教育行政主管部门进行紧密的政企合作,摸索出合理的商业模式和严格的数据保密机制。(凌嵘 南京市电教馆网络管理中心主任)

19. 基础教育大数据应用研究的难点在于数据模型的构建,有了科学的数据模型,大数据输入后才能输出对教育决策有参考价值的结论,因此,基础教育大数据的研究还在征途中。(石义琦 深圳市南山区教育局信息中心副主任、深圳市名师工作室主持人)

20. 教育大数据是大数据在教育领域的具体表现形式,正在成为一种新型驱动力。在教育教学研究与实践中,教育大数据对变革教育方式、促进教育公平、提升教育质量起着重要的支撑作用。(王同聚 广州市电化教育馆智创空间创始人)

21. 通过采集学生日常学习中的常态化、连续性数据并建模分析,可以为教育改革和个性化学习提供依据,进而推动整个行业的发展。(田雪松 北京拓思德科技有限公司CEO)

22. 建立教学过程的实时视频云平台,采集师生个体微观的非结构化数据(表情、动作、答题笔迹），通过智能分析与深度挖掘，进一步提高教学研过程评估的客观性与科学性，是未来云视频平台围绕教育大数据发展的一个方向。（赵兴国 小鱼易连联合创始人兼CTO）

23. 针对学校整体、班级、个人的数据，可以帮助教育管理者和老师全面把握网络学习空间的学习情况，开展基于数据的教学和管理。这也是家长学生掌握学习情况的重要基础。（朱奇峰 国家千人计划专家 清睿教育创始人）

24. 教育大数据可以对每个学生的知识脉络进行手术刀般精准的分析，客观地呈现症结，真正做到因材施教，达到心理学上的自我同一性。（陈李江 阿凡题创始人兼CEO）

25. 数据本身的价值并不容易被大众看到，只有结合机器学习，借助人工智能的方式让大数据服务于用户才能真正为社会创造价值。（武星宇 易思宜学/易题库CEO）

26. 传统教育的创新，需要内在的驱动力，而大数据技术无疑是这一变革的重要因素。因为只有通过它，我们才能更好地发现教育内在的很多规律性的东西，才能找到解决教育深层次问题的途径，从这个意义上来说，教育大数据将推动新一轮的教育创新。（毛伟 北龙中网公司董事长、中科院研究员）

27. 教育大数据的正确打开方式是"贴地飞行"，如果飞行是人工智能+大数据革命风口到来的红利，那么贴地依然是我们坚持深耕、洞悉、理解及服务教育的务实心态。（李可佳 极课大数据CEO/Co-Founder）

28. 教育大数据服务于现有教育体制，其核心在于利用数据技术提升资源整合的效率和推动个性化教学的实施。以数据技术完成因地制宜的教育资源整合，以数据分析剖析个性化的教学需求，合二为一，实现供需匹配的效率与效果提升，完成教育资源再平衡。（余海涛 蓝舰信息科技南京有限公司总裁）

29. 教育大数据一直客观存在，可教育大数据是大数据领域中最为复杂的，没有之一。在教育大数据产业发展中，我们需要从人才成长的天然数据和评价数据的记录、清洗、分析中，找到教育改革中教育管理决策的支撑；从重构教育评价的采集方式入手产品打造，从教育行为数据的记刻、建模、分析、呈现和使用，建立并打通人才成长全过程的大数据分析平台，建立人才征信系统。（邓燕 孜点（北京）教育科技有限公司CEO）

30. 构造中国基础教育的知识图谱，提高数据驱动的人才培养模式和教学管

理体制，最终服务于优质教育资源共享和个性化教育机制。（余文华　美国2COMU总裁，江苏省高校教育大数据重点实验室主任）

31. 教育大数据将帮助教师从基于经验的教学转变为基于证据的教学，让精准教学和个性学习成为可能，教育信息化行业需要更多能够深入学科教学的大数据服务提供商！（陈瑞江　批改网联合创始人）

32. 中国教育体系对学生的兴趣导向、个性化培养、个人能力的挖掘以及区域教育、特色教育，可以通过教育大数据产业和应用，提供重要支撑。（成孜论　九次方大数据副总裁）

33. 教育大数据发展面临着数据与人才两座大山的困境。一方面，采集、汇聚数据的人把数据这座山堆积得越来越高，而挖掘数据金矿的人却极少；另一方面，位于交叉学科的教育大数据之山，需要多学科、多领域人才共同开发、共建生态。（李鑫　科大讯飞股份有限公司大数据研究院研究主管）

34. 教育大数据，关键不是数据有多大，核心是如何通过技术去发现数据背后隐含的关系，构建高效的个性化的学习路径，帮助学习者实现个性化学习和成长。（唐琰　焦点教育科技有限公司总裁）

35. 基于教与学过程的数字化是形成教学大数据的基础。（曹书成　南京市玄武高级中学信息技术教师，江苏省特级教师）

36. 将大数据变成小数据，让教育回归人性，关注教育个性化。将小数据变成大数据，让教育尊重规律，走向教育数据化。（王玉家　江苏省梅村高级中学信息中心主任）

37. 教育大数据非常重要，收集与利用好教育大数据，能实现教育的精准性，从而实现人的个性成长。教育是艺术的，也是科学的，教育大数据正是教育科学性的体现，反过来也是增强教育科学性的路径！（沈珺　上海市闵行区蔷薇小学校长）

38. 教育大数据像一条河流，它忠实地记录下学习者的各种学习行为，将其汇聚成这条河的点滴；它描述着学习者的各种学习特征，勾勒出这条河的生命曲线；它承载着学习者的梦想，滚滚向前，直至大海！（胡子扬　徐州市第三十一中学数学教师）

39. 学业大数据的终极价值在于个性化定制服务，实现班级授课制环境下的因材施教；常态化采集学业数据以形成学业大数据是目前面临的难题。（沈志斌　江苏省无锡市辅仁高级中学副校长）

40. 荀子《劝学篇》曰"不积跬步，无以致千里；不积小流，无以成江海。"

教育大数据就是需要关注小数据方能成就大数据。教育的小数据来源于每一个教育者和受教育主体，只有遵循教育规律和受教育者成长发展规律才能使这些小数据汇聚成有价值的大数据，最终成为反哺教育的智慧者。（陈云龙　南京市北京东路小学信息中心主任）

41. 数据+实证，科学地服务于教育，更好地读懂孩子。（张小娟　上海市闵行区平南小学校长）

42. 教育大数据实现"以学生为本"的教育理念，真正读懂学生、满足学生、指导学生。（罗在兵　安徽省合肥市第八中学高一年级主任、地理教师）

43. 大数据是有力的评价手段，是有效的管理途径，但是需要教育行政部门、社会、教师、家长、学生等方面的合作，如此才能让其发挥威力。（王文娟　上海莘庄镇小学校长助理）

44. 大数据可以让每一个学生享受适合的教育，精准学习，精准辅导，不浪费，不重复，把每一个教学常规环节做到极致。（徐健生　浙江省龙游凯马国际学校校长）

45. 大数据给教育打开了"方便之门"，使本来模糊的教育变得清晰，但是数据会使教育丧失朦胧美，师生会在过于清晰的目标和评判下，赤裸裸地丧失教与学的乐趣。被功利绑架，被数据出卖，最终肩上背上沉重的十字架，沦为标准化的牺牲品，被剥夺了世界上最珍贵的隐私与自由。教育不是直线运动，应用好大数据可以帮助我们修正可能偏离的前进方向。（聂晓云　衢州一中信息技术管理中心主任）

46. 教育大数据，借助现代化的设备，可以统计和跟踪孩子的健康数据和学习数据，每天走了多少路，借的什么图书，每天的身体健康情况，每天上课答题情况，学业成绩变化情况等。如何将这些数据分析好，如何指导教育教学实践工作，是教育数据分析的关键与难点。（樊向阳　南京市钟英中学信息中心负责人）

47. "教育大数据"并不是一种新技术潮流，而是在信息技术高度发展之后，我们如何开发利用数据为新的教育模式发展奠定基础的过程，是一种基于新工具的新的问题解决思路。（毛毅平　浙江衢州市工程技术学校副校长）

48. 在技术裹挟生活的现代教育里，不滥用、不迎合科学技术，妥善利用各类数据为教育教学服务才是"教育大数据"的王道。（叶海涛　浙师大附属衢州白云学校校长）

49. 教育大数据已经成为未来教育的一个趋势，是未来教育中不可或缺的一个环节。随着教育大数据的汇聚流转应用进入常态化，新的教学模式必将产生，也必将感受到教育大数据所带来的便利和效果。（张红玉　深圳市南山区学府中学教师）

50. 智慧校园的"智慧"就是体现在对数据的使用，决策层依靠数据做精细化的动态决策，教师依靠数据了解学生情况，实施教学服务，学生依靠数据进行泛在学习，自我提升。大数据工具如何能服务到一线教师和学生是智慧校园建设的核心问题。（李文韬　深圳市南山区珠光小学信息中心主任）

附录3　中国基础教育大数据实践地图

目前，全国各地正在兴起一股基础教育大数据应用实践探索热潮。《中国基础教育大数据发展蓝皮书》组委会于2017年3月发起了"基础教育大数据应用案例征集活动"，结合各地上报的实践案例及编写团队的广泛调研，初步整理出如下表所示的基础教育大数据应用实践地图。

地区	实施单位	教育大数据项目名称
北京	北京师范大学未来教育高精尖中心	大数据助力通州教学质量提升
	北京优学社教育咨询服务有限公司	靠谱COP项目：教育大数据透视课堂教与学
	清华大学附属小学	基于核心素养导向的学生成长大数据分析与评测
	北京培新小学	基于点阵技术打造高效互动课堂
	北京市翠微小学	基于点阵技术打造高效互动课堂
	北京拓思德科技有限公司	基于点阵技术的高效互动课堂与测评研究
	北京天地群网科技发展有限公司	互动课堂与教学过程大数据应用研究
	同方知好乐教育科技（北京）有限公司	基于大数据优化"学与教"方式的研究与实践
	中央电化化教育馆教育信息资源开发部	基于过程性学情数据的中学数学适应性学习系统的开发研究
	北京敏特昭阳科技发展有限公司	数据驱动个性化学习提升学科教育质量的研究
上海	上海市闵行区教育局	数字化环境下数据驱动的教与学方式变革
	上海市闵行区汽轮小学	基于大数据的学生个人成长空间试点项目
	上海市青浦区教师进修学院	基于数据分析的区域教育信息化推进与调整策略的实践研究

续表

地区	实施单位	教育大数据项目名称
上海	上海市格致中学	基于大数据的五能雷达图综合素养评价
	上海市蔷薇小学	应用大数据和物联网技术构建6E校园
	上海莘庄镇小学	开展数据分析促进师生个性化成长
	上海平南小学	体育运动手环项目
	上海教享科技有限公司	面向教学过程优化的大数据应用
	上海市第四中学	基于数据深度挖掘的教学监控行动方案研究
	上海师范大学附属罗店中学	大数据支持下的学生学习个别化诊断及指导
江苏	南京市北京东路小学	基于学生成长全过程数据的综合素质评价
	南京市九龙中学	基于大数据改进教学评价的实践研究
	南京市摄山星城小学	基于纸笔互动小学数字课堂有效教学研究
	徐州市教育局	智能巡课大数据助力徐州学讲计划
	徐州三十一中学	基于过程性学情数据的中学数学适应性学习研究
	无锡市梅村高级中学	大数据支撑下的个性学业辅导与精准教学
	苏州工业园区文萃小学	基于AroundU智写笔的互动课堂
	靖江市斜桥中学	应用极课大数据开展学业信息采集与学情追踪反馈
	无锡祥程科技有限公司	普通高中教与学大数据的形成与应用研究
浙江	浙江省教育技术中心	基于数据分析的初中生自适应学习应用研究
	浙江省教育技术中心	大数据背景下基于名师网络工作室的学习共同体构建与实证研究
	浙江省教育技术中心	大数据视野下浙江省中小学信息技术学科教学平台的构建与应用研究
	浙江省教育技术中心	基于教育资源公共服务平台的大数据分析研究
	衢州市教育局	以大数据为核心全面推进智慧教育
	衢州市书院中学	大数据背景下的教学形态变革
	衢州市龙游凯马国际学校	基于大数据的综合素质诊断
	衢州市白云学校	基于大数据的二维（知识+能力）教学质量诊断系统建设与应用
	衢州市工程技术学校	生活轨迹教育管理大数据应用
	衢州市一中	基于大数据的智慧校园建设
	东阳市教育局	推进大数据运用提升教育管理水平和教育质量
	宁波卫生职业技术学院	基于全过程学习数据分析的智慧课堂构建与实践
	杭州市舟山路幼儿园	利用"运动大数据监测"建立幼儿个性健康档案的实践研究
	杭州市西湖小学教育集团	量化自我：基于"学习分析"的学生数据采集与应用研究

续表

地区	实施单位	教育大数据项目名称
浙江	宁波教育学院	基于大数据技术的教师培训需求研究
广东	深圳市第二职业技术学校	大数据环境下中职共享型教学资源库的建设与应用研究
	深圳南山区学府中学	大数据个性化教与学系统的建设与应用
	佛山市南海区大沥镇盐步中心小学	基于大数据评价的立人教育研究
	深圳市教育信息技术中心	云计算环境下自适应学习系统建设策略与机制研究
	广州执信中学	基于点阵技术打造高效互动课堂
	海珠区教育局	基于大数据的学生综合素质评价与教师专业发展评价
四川	成都市实验小学	"互联网+"与大数据时代的网格化学业评价
	崇庆中学	利用大数据开展高考精准复习
	成都市泡桐树小学西区	基于教育大数据的智慧课堂项目
	成都市玉林小学	基于教育大数据的智慧课堂项目
	成都市棕北中学	数据驱动的智慧教学
安徽	合肥八中	基于动态学习数据分析的智慧课堂研究
重庆	重庆市大渡口区教育局	教育大数据建设项目
福建	厦门英才学校	基于点阵技术打造高效互动课堂
	宁德市蕉城十中	基于大数据的个性化教与学试点
	厦门二中	校园足球大数据项目——京师小将校园智能足球教学系统
	海沧中学	利用大数据开展学生学习预警
山东	青岛第十六中学	基于点阵技术打造高效互动课堂
	淄博周村区城北中学	基于动态数据分析的学科分层走班教学研究
天津	和平区教育局	开展课业测评 用大数据分析教学
河北	石家庄市桥西区教育局	基于大数据支持的区域小学生个性化学习网络支持服务体系构建研究
江西	赣州市南康区第二中学	"大数据"时代文综教学资源优化整合的研究
	江西省新干中学	大数据时代微课技术在高中语文教学中的运用
河南	沁阳市教育局	网络巡课大数据分析
	郑州市郑东新区教文体局	大数据分析提升学业质量的研究与实践
	信阳市电化教育馆	基于大数据的精准教学研究与应用推广
陕西	西安惠安中学	"好人教育"大数据分析系统助力基础教育评价改革
湖南	长沙市教育局	利用大数据支持作文教学课改
湖北	鄂州市吴都中学	基于智学网平台的大数据分析提高教师教学效能
	武汉市楚才中学	基于大数据的精准教与学

续表

地区	实施单位	教育大数据项目名称
湖北	武汉市育才小学	基于大数据的学生数字阅读与评测
山西	运城市盐湖区解放路第三小学	基于"互联网+"教育省平台开展大数据支持下的精准互动教学
贵州	贵阳市教育局	利用大数据开展中小学生德智体项目监测
贵州	贵州省教育厅	"大数据+"智慧教育示范区建设
甘肃	甘肃省教育厅	利用大数据精准实施教育扶贫
甘肃	兰州市城关区教育局	利用大数据发展智慧教育
甘肃	临泽县滨河小学	智慧课堂项目
新疆	石河子第一中学	应用月考大数据开展精准教研
云南	昆明市西山区教育科研信息培训中心	敏特数学大数据项目（敏特数学同步学和敏特数学中学组卷系统）
云南	玉溪第六中学	敏特数学大数据项目（敏特数学同步学和敏特数学中学组卷系统）
云南	昆明市云子中学	"云数据"智慧教学项目
黑龙江	黑龙江职业学院	移动云教学大数据建设与应用
辽宁	沈阳市沈河区电教馆	基于大数据分析的智慧教育平台建设

注：正在开展教育大数据应用探索的单位，可以将相关信息发送到 yangxianmin8888@163.com，以便进一步完善中国基础教育大数据实践地图。